中國學術思想研究輯刊

三六編

林慶彰 主編

第26冊

根據《相應部經》探尋佛陀的思想精華
——與《雜阿含經》比勘

鄧黃雪恒 著

花木蘭文化事業有限公司

國家圖書館出版品預行編目資料

根據《相應部經》探尋佛陀的思想精華——與《雜阿含經》比勘／鄧黃雪恒 著 -- 初版 -- 新北市：花木蘭文化事業有限公司，2022〔民 111〕

目 2+290 面；19×26 公分

（中國學術思想研究輯刊 三六編；第 26 冊）

ISBN 978-626-344-069-2（精裝）

1.CST：佛經 2.CST：阿含部 3.CST：佛教修持

4.CST：比較研究

030.8 111010209

ISBN-978-626-344-069-2

中國學術思想研究輯刊

三六編 第二六冊 ISBN：978-626-344-069-2

根據《相應部經》探尋佛陀的思想精華

——與《雜阿含經》比勘

作 者 鄧黃雪恒

主 編 林慶彰

總 編 輯 杜潔祥

副總編輯 楊嘉樂

編輯主任 許郁翎

編 輯 張雅淋、潘玟靜、劉子瑄 美術編輯 陳逸婷

出 版 花木蘭文化事業有限公司

發 行 人 高小娟

聯絡地址 235 新北市中和區中安街七二號十三樓

電話：02-2923-1455 ／傳真：02-2923-1452

網 址 http://www.huamulan.tw 信箱 service@huamulans.com

印 刷 普羅文化出版廣告事業

封面設計 劉開工作室

初 版 2022 年 9 月

定 價 三六編 30 冊（精裝）新台幣 83,000 元

根據《相應部經》探尋佛陀的思想精華
——與《雜阿含經》比勘

鄧黃雪恒　著

作者簡介

鄧黃雪恒（DANG HUYNH TUYET HANG），三寶弟子，法名蓮慶，1977 年出生於越南南方，1997 年出家。2014 年～ 2016 年在廣西師範大學攻讀外國哲學專業碩士學位，師從吳全蘭教授，獲得哲學碩士學位。2016 年～ 2019 年在四川大學攻讀宗教學專業博士學位，師從段玉明教授，獲得哲學博士學位。現任教於越南胡志明佛教大學中文系，近年來主要致力於南傳佛教和原始佛教經典的研究。

提　要

在佛教還沒有分開成兩個系統——大眾部系統和上座部系統，乃至還沒有跨入部派佛教之前，是否曾有一個《古代大藏經》流行在原始佛教時期，得到全部佛教界的持誦，吸引了越來越多的學者的注意力。《相應部經》和《雜阿含經》作為較為原始的佛教經典，幾十年來因之得到了各界學者廣泛的研究。

德國學者溫德尼茲（M.Winternitz）在《印度文學史》（A History of Indian Literature）中，首先提到了「古代大藏經」的概念。這個提法得到法國東方文化研究專家安德烈．巴羅（André Bareau）的認同，開啟了學界多方面加以論證的努力，比如越南學者釋明珠的博士論文（1961 年）的《中部經和中阿含經的對照》（The Chinese Madhyama Agama and the Pali Majjhima Nikaya: A comparative study），在明珠法師的論文裏，還提及了一些德國、日本學者的相關作品。在研究方法上，他們都和明珠法師一樣採取了南北傳佛教經典對照的思路。

1923 年，中國學者呂澂在《雜阿含經刊定記》一文中表示，他在研究《瑜伽師地論》時，發現長阿含、中阿含、增一阿含經是從《雜阿含經》編輯出來的。後來，印順法師在研究《大智度論》時，也有同樣的發現。1994 年，印順法師在《雜阿含經論會編》中，對照《雜阿含經》和《相應部經》，揭示出這兩部經都是屬於上座部系的，甚至指出了它們編輯次第的共同性。由此以還，通過對照研究兩部經典尋找《古代大藏經》的學術進路，便逐漸成為學者的主要取徑。

無論是《相應部經》還是《雜阿含經》，都只是上座部系的頌本。流行於佛教還沒有分成兩部（兩個系統）之前的所謂《古代大藏經》，迄今為止還沒有真正找到。今天的《相應部經》／《雜阿含經》，內容分為三大部分：經（Sutra），偈（Geya），記說（Veyyākaraṇa）。Veyyākaraṇa 是用來解釋 Sutra 和 Geya，而現在的 Sutra 和 Geya，已有「編輯有失、後人編輯、多餘的編輯、外道破壞」等等的影響，所以想找出什麼是真正的佛陀原義——或叫「佛法中的精華」，在《相應部經》與《雜阿含經》的比勘研究中還有很多事可做的。

越南繼承了兩個重要的佛教傳統，即南傳佛教和北傳佛教。意味著作為一個越南人，必須面對兩種不同的佛教傳統。而兩種傳統對佛法的解釋分歧很大，是否有一個共同發端的原始佛法，對筆者來說自然更有興趣。本文在前人研究的基礎上，「以佛法義理來審定佛教經典」，用「佛法的精華」作為標準估計、審查《相應部經》，看看它有多少經文符合「佛法的精華」。本文選擇了十個標準，對《相應部經》內的五篇、五十六章（相應）、每一品、每一首經一一加以審訂，其結果是符合「佛法的精華」的不太多，「編輯有失」的非常多，「後人編輯、多餘編輯」的最多，「外道破壞」的有幾個。審訂以後，本文將尋出的「佛法的精華」連貫起來有一個綜合的介紹——不是統括全部經本，只是「佛法的精華」的介紹而已。雖然還不能提供一個完整的《古代大藏經》，但經本人的努力，原始佛教時期的佛教精義應該有了更為明晰的輪廓，將可推動人們更為準確地認識和理解早期佛教。

目次

第一章　緒　論

一、選題意義

自從意識到自己在地球生存以來，人類總在思考：我們從哪裏來？死後往哪裏去？什麼是幸福？該怎麼樣生活才能得到幸福？幸福會不會永久？幾千年來，出現了許多大大小小的哲學理論，在世間形成了一些主義、哲學（phylosophy）和宗教（religion），目的就是為了解決人生觀和宇宙觀中的這些問題，也是為了徹底解決這些困擾人生的問題。正是在這種背景下，大概在公元前五世紀出現了佛教。

佛教從古至今已經歷了很多發展階段，思想系統也不斷地改變。學者們根據佛教思想自身的演變和環境的變化，把佛教分為原始、部派、大乘、密乘和現代五個階段。原始佛教本身並不是一個宗教，而是一個清淨、和諧的僧伽（sangha）團體。僧伽團體的生活有實驗的性質，不注重遙遠且不現實、缺乏驗證的虛論。所以，對於一些問題——如：我從哪裏來？死後又往哪裏去？世界是長存還是不長存？如此等等。——原始佛教時期的佛陀是避免提到它們的，或者被問及時保持沉默、不予回答，因為這不是明智與切實有用的問題。

大約公元前 600 年，在當時的知識分子大部分都受婆羅門的吠陀（Veda）思想和社會分別、注重階級的影響，佛陀已經提出了「無我、平等」和關於如何感知痛苦、幸福和化解痛苦的方法，這是全新的思想。原始佛教的教理雖然簡單，但不是不深刻；雖然很實際，但不在意實用和物慾享受，而是充滿了人文性，確實稱得上是一個超越時代的思想學說。

如果說在原始階段印度中部的佛教是唯一的源泉，那麼，這源泉又根據時間和空間的不同，變成了許多大小不同的河流而向四方傳播。與此同時，原始佛教的教理也從「無神非宗教」，到部派階段時分成「無神宗教」和「無神非宗教」兩個主要分流。滔滔的時間與演變之流，沖走或縮小了一半的「無神非宗教」的原始佛教精華，而另一半「無神宗教」很快也變成了「有神宗教」，並迅速廣泛地發展。剩下一半的「無神非宗教」的原始佛教的精華，則穿上了色彩鮮豔的「大乘空性」哲理思想外衣，變成了淡水潛流，悄悄地隱藏在「有神宗教」的海洋之下。

原始佛教的教理是否可以幫助人們完全脫離所有生活中的痛苦？涅槃境界——完全沒有痛苦的生活境界，對於當時和現在的全人類是否就是一個理想的境界？平心而論，對整個人類社會來說，很難確認這是真理。但在某些方面，在某些情況下，甚至是在一個大的團體、大的潮流、大的教派中，原始佛教的教理——通過自己經歷、體驗證得的本師釋迦牟尼佛的智慧，完全可以帶給人們一個平安涅槃的生活。這涅槃的生活，是在這裡涅槃的人，亦即生活在一個和平、沒有戰爭、以古代社會的農業文化為背景的世界，那裡的人對環境是親善的，為人是良善、誠實、溫和的，是有人文精神、有文化知識的，而且是勤敏、向善、向上的。這樣的涅槃生活，現代社會的人們還是可以在其生活中實踐的。但它是否能幫助社會更好地發展呢？如果能夠靈活應用、能夠應機順時，回答是肯定的；相反，如果呆板僵化，不能靈活應用，回答就不能確定。

佛教教義的起源是以得到終極解脫為目的。但從部派時代往後，佛教內部一些缺乏知識的人，在無意之中導致了原始佛教教義的價值被蒙塵，甚至被摻雜。再加上口口相傳的方式和方便法門的「隨緣」適應，致使佛教發展沒有一個固定的模式，不可避免地發生了多樣性的變化。特別是對於佛陀的教誨，每個人都有自己的理解，有的想遵守傳統的思想，有的則想創新，佛教因之產生了許多不同的宗派。在此發展變化的過程中，它們和原始佛教產生了很多偏差。此外，一些反對佛教的人故意加入佛教，從內和外一起解構佛教，也導致了原始佛教教義的歧義發展。所以，面對今天繁雜的佛教理論，不僅僅是筆者，每位研究佛教的人都想找到「原汁原味的佛法」。特別是在現代社會，科學技術高度發達，「中古哲學」的神話已然退去神秘的面紗——依黑格爾《信仰與知識》和尼采《快樂的科學》所說的「上帝死了」，與「人們很難在用一種信仰的思想來安慰自己，蒙蔽自己，古老的宗教與哲學思想在現代社會到底還有無生存的空間？那些原初的宗教和哲學思想精華，還有沒有起死回生的現代價值？這些追問引誘著當代學者回溯古代，重新發現古老宗教與哲學思想的精神內核。」意味著，人們相信有「上帝」是因為人們的深處內心都有深層的恐懼與憤怒。上帝已死了，因此無法成為人類社會道德標準與終極目，也是說明人類再也不能相信這種宇宙秩序的方法，因為人們已無法識別這種秩序是否真正的存在。對尼采而言，虛無主義是所有理想化了的哲學體系的必然後果，因為所有理想主義都有像基督教道德觀一般的弱點即沒有的基礎。

佛教不是宗教，因為本師釋迦牟尼佛是一位覺悟的歷史人物，而不是神。佛教也不是一個純粹、系統的哲學思想，因為佛教除了理論之外，更注重個人的體驗實行。佛教還不是純粹的信仰，因為除了敬仰佛陀之外，佛陀的徒弟亦相信自己能夠成為未來的佛陀。那佛教是什麼呢？佛教是「智慧的道路」，即一種包含智慧的生活方式，能夠帶給人類真正的幸福快樂。佛教的本質是慈悲和智慧。所以，佛教的教理不是叫人來「信」，而是來「聞、思、修」。但佛教存在太多的形式、法門、經論，有時會產生衝突和矛盾。如此，問題又出現了，大智慧的佛陀會「出爾反爾」說出有衝突的教義嗎？答案是肯定不會。佛陀不可能說自相矛盾的話，佛教的教義是不二的、是統一的。佛教出現的唯一目的，是「知苦和滅苦」，要求提高個人責任，用智慧轉化貪嗔癡，而不是祭拜與祈福。佛陀涅槃一百年之內，佛教徒還很在乎原始經典。但一百年後，佛教思想受其他宗教影響，尤其從部派往後只注重理論，越來越少的人想驗證原始佛教已經提出的解脫生活、現法樂住的涅槃，甚至很多懷疑涅槃的言論開始出現。如何驗證它們真是佛陀的金口玉言？哪些是佛陀說的？哪些不是佛陀說的？現在的佛教信徒，有哪一位足以知道什麼是佛教的核心教義？又有哪一位已經踐行了這些核心有效的教義？因而，在學術方面應該對原始佛教精華有一個真正的研究和討論，以佛教出現的目的和主張為本，瞭解印度佛教歷史的流轉，站在理論和應用的角度提出假設與反辯，解答似是而非的疑問，最後篩除不符合原始佛教的精神，追回真正的佛教傳統。這不僅僅是責任、理想、遵重事實、遵重真理的問題，而且還是重建強大而又符合真理、適應社會而又切實可用的化解煩惱、便於修行的佛教理論的當代要求——即把理論和實踐融合起來，提出應用佛學的優越方案，培養有道德和追求有效生活方式的學佛者。對於現在的佛弟子來說，掌握和復原最原始的佛教精華教義，即佛陀在生活中經過自己的證悟，然後用以教誨徒弟的真理，有非常特殊的意義——包括理論意義（即復原當時真實的僧團）和實踐意義（即修行方法的應用）。當有了正見，決定了方向，行者求知證道時就能在浩瀚的佛學海洋里乘風踏浪，並在修行的過程中不被萬千法門所淹沒，只以佛陀為榜樣，依據佛陀教導的方式生活，體驗內心涅槃的安樂，同時幫助周圍需要幫助的人。總而言之，佛教出現的目的是為了給「活人」建立一個充滿人文性、充滿慈悲精神的理想社會。原始佛教的教義是理性的，是平等的思想、深刻的智慧、切實的指導，並不帶有迷信與神話色彩。尋出原始佛教的精華，剔除後來誤加強加的內容，以為現代佛教的發展建立一個可信的教理基礎，是此選題的主要動機與目的。

二、選題依據

眾所周知，從文句，教理與行持方面看，《相應部經》（SamyuttaNikàya）和《雜阿含經》（SamyuktaÀgama）與其他佛教經典相比是最原始和最系統的。「五部經」（Nikāya）和「四部阿含」（Āgama），包括以巴利文「相應部」和漢譯「雜阿含」為基本內容進行編輯剩下的其他「長部」（《長阿含》）、「中部」（《中阿含》）、「增支部」（《增一阿含》），都屬於原始佛教時期的經典。雖然如此，但有兩個問題需要注意：第一，許多學者都認定這兩部經和剛列出的三部有相同的根源，這淵源就是摩揭陀（Magadhi）經本——已經失傳的古文經。第二，《相應部經》和《雜阿含經》都已由南傳和北傳的系統所繼承，但在原始時期只用口誦，後來才書寫下來，所以不能避免脫落和錯誤。在很長的編輯過程中，也有很多新思想被附加上來，被認為是佛陀的思想、是佛陀親口說的。對比巴利語和梵語的兩個版本，我們會發現，每一種傳統版本脫落和錯誤的情況都不一樣。有一些內容在這個版本裏脫落了，但在另一個版本裏還保留著。對學術研究而言，它是一種幸運，可以讓我們有機會推論、重編一個「最原始」的經本。

作為一個必須同時面對北傳和南傳兩種不同佛教傳統的越南人，在這兩種不同的傳統中，到底哪些屬於原始佛教的精華，對筆者來說，不僅是學者的興趣使然，也是出家人內在的修為要求。

根據學者研究，整套「相應部」（「雜阿含」）真正是佛陀親自說的，內容大約只有 45 頁。這是一個很令人期待的成果。但到現在為止，我們還沒有看到這個成果的出版。在沒有盡頭的等待中，還不如根據自己的標尺重新檢討它們，以為此一領域的研究貢獻自己的綿薄之力。即使被期待的成果最終出版了，筆者相信，凡真心付出過的學術研究，必定仍有自己的獨特貢獻、仍有存在的學術價值。

三、研究現狀

佛陀涅槃大約一百多年後，僧團被分成十八個部派。其中，上座部（Theravàda）和一切有部（Sarvàstivàda）由於經藏多和影響廣泛，影響力比其他部派大。除了上座部和一切有部，其他的部派，有的過一段時間就消失了，有的雖存在但沒有什麼特別影響。大多數的上座部（Theravàda）經文都被保留了下來，但一切有部的梵文原本大部分都亡佚了——保留的只是被發現於中亞的幾段，一些是從尼泊爾帶回的，還有最近被發現於吉爾吉特（Gilgit）的一些資料（同時被翻譯成中文和藏文）。研究、對照兩部藏經，可以使源遠流長的古藏經文重現光明，並辨析兩個部派之間相同與不同的思想理論。

西方學術界研究佛教的歷史並不長。18 世紀英國開始正式統治印度，這個文明古國的佛教才引起了歐洲學者的關心和研究。所以大約 19 世紀前，印度佛教還沒有被英國發現，斯里蘭卡的南傳佛教自豪地認為自己是最原始的佛教。相反，傳承北傳佛教的中國與附近接近中國文化的其他國家，都看輕「四部阿含」，認為這是小乘的經典。對於原始階段佛陀思想觀念的精華，不同的宗派有不同的發展方向。從 19 世紀末到 20 世紀，伴隨多位日本學者去到歐洲，佛教研究呈現上升的態勢，尼柯耶（nikaya）和阿含（Agama）兩部經的地位漸被嚴肅認真地看待，它們的重要性也漸被認可。同樣，在東亞和東南亞國家，佛教上座部研究也很興盛。人們相信南傳佛教巴利本的尼柯耶經（nikaya）是佛陀思想的精華。加上漢譯的阿含梵本已經失傳，無法用來對比研究，強化了這種認知。但慢慢地，人們的觀念有所改變，學者們意識到有必要用南傳的尼柯耶和北傳的阿含對照，通過排除不同點，找到部派分裂之前的古經文的共同點，那應該就是原始佛教的思想精華。

近一百年來，以尼柯耶（nikaya）和阿含（Agama）為依據，各個地方的學者都在努力從中尋找原始佛教經典的本來面目。第一位考察這兩部經藏的學者，是日本的赤沼智善教授（ChizenAkanuma 1884～1937），在其《The

Comparative Catalogue of Chinese Agamas and PaliNikayas》(《中國阿含和巴利尼柯耶的目錄對照》)著作中，他列出了四部阿含和四部尼柯耶經文中一些對應的名目，名目中也有《相應部經》和《雜阿含經》的內容。雖然取得了一些重要成果——被現在的臺灣、越南、中國大陸學者廣泛地引用，但赤沼智善教授在其著作中僅止於書名、目錄的對應，並未深入到細節之中。

A. F. Rudolf Hoernle 的《在東土(Eastern Turkestan)被發現的一些佛教文學手稿遺跡》，利用在中亞發現的梵語經文與巴利語經文進行了對比研究，是一個很有系統、很有成就的學術成果。

越南的明珠法師於 1961 年完成的博士論文《A Comparative Study of the Chinese Madhyama Agama and the PaliMajjhimaNikaya》，通過詳細、完整的對比漢本《中阿含》和巴利本《中部經》，將此類研究大大地向前推進了一步，受到相關研究的學者廣泛讚譽與參引。儘管如此，法師在其著述中並沒有指出原始佛教教理的精華應是什麼。

日本學者木村泰賢(Kimura Taiken)1922 年寫的《原始佛教思想論》，被歐陽瀚存翻譯為中文，1967 年越南廣度法師又翻譯為越文，但就原始佛教的精華而言，該書沒有什麼特別的貢獻。

日本學者水野弘元是一位精通巴利語的佛學專家，對南傳佛教經典有很深入的研究和突出的貢獻，著作有《部派佛教與雜阿含》、《從印度佛教全貌瞭解原始佛教》、《原始佛教及部派佛教的般若》、《原始佛教的特質》、《原始佛教》、《佛教之原典》。他對原始佛教的認定，與印順法師類似乃至相同。印順法師在他的一些作品中，常會引用他的著述。

1924 年，呂澂依《瑜伽師地論》發表了《雜阿含經刊定記》。1982 年，印順法師在呂澂《雜阿含經刊定記》的基礎上，重新修訂改編為《雜阿含經論會編》。印順法師認為著作中的「修多羅部分的經論對比」不夠精確，作了進一步的研究，以比對配合、分別部類的方法重新進行編排。具體的做法是：一、先經後論比對合編；二、分別部類；三、校正衍文與訛字；四、採用新式標點；五、經前附入自作的《雜阿含經部類之分編輯》。這五部分形成為三卷。從南朝劉宋求那跋陀羅翻譯 50 卷的《雜阿含經》，到此時方才有了一個順序流暢的版本。這一版本對於懷疑而又想審定的研究學者，有很大的便利和幫助。另外，在 1969 年法師又出版了《原始佛教聖典之集成》，對原始佛教時期的經藏流變有一個概括的定型——即世尊涅槃後，第一次結集的經典應是怎樣？然後通過第二次、第三次的結集經典，佛教的教理思想如何發展？如何轉變？對關注原始佛教教理的讀者很有幫助。

在中國大陸，1997 年郭良鋆出版了《佛陀和原始佛教思想》。這是作者留學學習巴利語後，根據巴利語經典寫出的著作。它是第一部由中國大陸學者撰寫的應用巴利語經典的著作，值得表彰。但在內容方面，卻只是給讀者提供了一些方便的參考資料，在思想探討的領域沒有明顯的學術貢獻。

王建偉跟隨斯里蘭卡的法師學習巴利語，對南傳佛教思想很有研究，於 2014 年完成了《雜阿含經校釋》，一共八冊。內容主要有三部分：一、編類補佚，勘訂足本。二、漢巴精對，以古注古。三、南北相較，證其同源。內容安排很有邏輯性，且經過很仔細的對照和比較，學術參考價值較大。

從原始佛教教義開始被學者關注至今，已經發表了很多富有啟迪意義的研究成果。其中，最有成就和價值的是水野弘元和印順法師兩位。研究原始佛教思想的學者，大抵皆看過他們的著述。兩人之中，印順法師又更學者的歡迎和認同。根據印順法師和呂澂的研究，長、中、增一（增支）部經是以「相應部」（雜阿含）為基礎形成的。《雜阿含經》的內容就是修多羅、只夜和記說。在九分教（或十二分教）之中，這三類教法是最先形成的。《雜阿含經論會編》出版後很受歡迎，最近還有一些碩士、博士論文以他們兩位的著作為研究基礎。例如，2000 年 ChoongMun-keat（Wei-keat，煒傑）的《The Fundamental Teachings of Early Buddhism. A comparative study based on the Sutranga portion of the Pali Sarpyutta-Nikaya and the Chinese saṃyuktāgama》，就是根據《雜阿含經論會編》對《相應部經》和《雜阿含經》進行的對比。2001 年南京大學劉鹿鳴的學位論文，基於漢譯《雜阿含經》討論了有關的原始佛教思想的十二個問題。他們都從印順法師和呂澂的研究中獲益良多。

1998 年，臺灣元亨寺翻譯巴利本藏經，名為「漢譯南傳大藏經」。就《相應部經》和《雜阿含經》出了很多相關的著作，如指導人們怎麼讀《雜阿含經》、《雜阿含經》的精華、《相應部經》和《雜阿含經》對比等等。

綜上所述，就對原始佛教思想的研究，歐美和日本學者貢獻很大。他們結合梵學、巴利學、考古學、語言學、人種學、地理學、科學等等，論證了很多難以解決的問題。但就原始佛教解脫的方法，一條佛陀指出的、能夠幫助人們找到真正幸福的道路，則推斯里蘭卡、緬甸、泰國和中國學者的貢獻最大，就中又數印順法師的貢獻最大。法師精通南北傳統的三藏經典，立處中道，沒有邊見，著作非常中肯。

佛教不是鴉片，讓人上癮，讓人忘記意識到的痛苦。佛教是一種智慧的路徑，無論有無信仰，都可藉此在現實生活中減少或脫離煩惱，只要願意應用實行。關於這一點，印順法師、水野弘元和很多學者都已認可。原始佛教的精華，應是可以解決現實生活問題的方案。那些虛幻不實、無法言說的觀念，原始佛教時期應該還沒有發展成形。在《尼柯耶部》和《阿含經》中，世尊在轉播佛法的時候，並未提到人類現實生活中很難鑒定的神秘、奧秘問題。在 1997 年出版的《Buddhism Without Beliefs》和 2010 年出版的《Confession of a Buddhist Atheist》中，Stephen Batchelor 認為，連業（karma）與再生（rebirth）兩個觀念都是印度古代文化中的，不是佛陀所說；佛陀也不說有天界，其教導的只是樂住，即在這裡、在現在的生活中安住，體驗當下的快樂、幸福。

更進一步，印順法師認為「十二因緣」是按不同的時間形成的順序，這意味著佛陀涅槃後才具有十二支。印順法師未明說是佛在世時還是涅槃後，但當時大概只有五、六支，而不是十二支。另外一些學者在爭論關於「四禪」的問題時，認為當時被接受和排除「四定」（被認為是屬於其他的宗教）的位置混上「四禪」（被認為是本來的佛教），即把「四空定」堆疊上「四禪」，大約是在第一次到第三次結集經典時，即從佛教開始被宗教化以後才形成的。

2012 年以來，佛教界想沿著印順法師和水野弘元的研究方向，對《相應部經》和《雜阿含經》繼續對比研究，成立了「四聖諦佛教」、「中華四聖諦佛教會」。從名字上看，很符合原始佛教思想，但主張還是基於十二因緣，根據十二因緣尋找生死的來源和生死的斷滅。這不還是佛教部派的教理嗎？四聖諦基本上是修行解脫的原始佛教教義的精華，十二因緣則是用來修行成為圓覺（獨覺佛）的道果，都是屬於部派時代的東西。

總的來說，想找到原始佛教的真義，首先要把混合了婆羅門和民間信仰的思想從佛教教理中分離出來，排除模糊玄秘的四禪八定（只留滅受想定）。對部派佛教的核心理論十二因緣，只保留緣起的原理即緣生萬法生、緣滅萬法滅，簡單說就是這生那生、這滅那滅。深刻思考貪愛（苦）和離貪（涅槃）的四聖諦，當意識到人生身心的七種苦（第八苦只是執取五蘊之苦的總結，所以不算），才能知道該如何解脫痛苦，如何真正感受到在生活中安樂的涅槃境界。佛教不是叫你來信，而是叫你來聽、來思，用正見接受、應用，這應該才是原始佛教的宗旨。

四、研究方法

在借鑒前輩學者研究成果的基礎上，本文將把「相應部和雜阿含」兩個版本同一部的內容和兩部經的內容進行對照、對比，根據的標尺是沒有宗教（與此相反，婆羅門的主張是宗教信仰）；脫離兩個極端的中道思想（奢侈即過分追求奢華、享受生活和苦行即用難以忍受的苦練來折磨自己，都不符合中道）；遠離實際的理論和應用體驗的實行（部派時期）；沒有魔術、咒語、神話（民間迷信信仰）。

在具體的研究中，要求本文的考察研究謹慎微觀、忠於事實而進行論證，即用實證與思辯相統一的方法、歷史與邏輯相統一的方法，然後篩選並摘除一些不重要的內容，形成一部屬於原始佛教教義的經典。其中，有些教義雖然是由佛陀的弟子說出，但被佛陀認可。最終目的是要探尋世尊的本意，證實佛教的教理是平等思維、滿蘊慈悲、充滿智慧、適合修行。佛教的出現是為了「活人」，是幫助人們找到淨化自己身心的正確路徑，使人們在生活中真正感受到當下的幸福安樂，不管碰到什麼境況和問題都能保持平靜，並運用智慧、以靈活的方法處理問題，以避免各種關係的緊張，同時帶給周圍的人以輕鬆和快樂。

本文主要依據材料的是：《雜阿含經》50 卷，宋天竺三藏求那跋陀羅譯；《別譯雜阿含經》20 卷，失譯；《雜阿含經》，德勝法師越釋，慧士法師校訂和注釋；《雜阿含經論會編》（全三冊），印順法師著；《雜阿含經校釋》（全八冊），王建偉著；《相應部》漢譯南傳大藏經，元亨寺版；《相應部》越南大藏經，明珠法師越譯。在運用這些材料的時候，（一）通過篩選，選取最原始的經本，即記錄佛陀思想的經本。什麼是原始的經本？是沒有宗教信仰性、沒有民間信仰色彩的版本。（二）與「相應部和雜阿含」已經被選出的原始經文相對照。對比的每一段，筆者都會清楚地注釋頁碼、行號，讓讀者容易查找。同時，也參考南傳越譯和北傳漢譯的大藏經，尋找相關有益的資料，並添加一些評論和論證。（三）刪除一些重疊或太囉嗦或後來加上的部分，然後根據南傳版本的目錄或最近學者們提議的北傳版本的目錄，編排一部最原始的佛經。

相應部和雜阿含有相當的價值，一部是南傳，一部是北傳。兩部經都被認為是原始佛教的基礎，長、中、增支（增一）則是這兩部編輯後剩下的。西方和東方的學者認為兩部經是來自同一個原始的經本。而被認為是原始經本的，也可能只是口傳的經藏，在其形成的過程中不停地被補充，尤其是在第一和第二次結集之間。因此，兩部經中的內容已經存在一小部分不出自於佛陀，乃至帶上了一些違背佛陀本意的思想，以及降低正統佛教的教義、或內容中沒有解悟、解脫的佛教精神。本來佛教的教理是沒有矛盾、沒有兩面的，是很積極的，可以淨化有權有勢的人，振奮被鄙視的人和窮人的精神。但現在，普通人或沒有研究過佛教的學者，很難辨析佛陀教導的思想精華，在生活中不知道如何應用佛陀的智慧化解人生的煩惱。而對於佛教信徒，如何才能理解佛陀的本意？如何才能深刻領悟佛陀自己體驗的思想不是只留給過去的人類，且對現在和未來也有很大的貢獻和作用？所以，找到無我、沒有邊見、見取的原始佛教，不僅僅是肯定佛教的價值，也是幫助人類找回已丟失了的信心，找回失去了的覺悟本能，不再依賴其他，而是依靠自己解脫現世的煩惱，感受到當下每一秒鐘的安樂幸福，不再寄希望於遙遠未知的涅槃或西方極樂世界。

越南繼承了兩個重要的佛教傳統，即南傳佛教和北傳佛教。作為越南法師都有機緣接觸兩個佛教傳統的經文，這可以是說越南法師得天獨厚的條件。而且在越南，出家後的法師需要經過兩年的入門教理學習和四年的基本教理學習，才有資格領受大戒。這意味著越南法師對原始佛教思想的研究，具有先天的優勢。筆者作為一個越南人，尋找世尊的本意既是信仰的內在驅動，也是學術研究的興趣使然。根據五部《尼柯耶》和四部《阿含》，筆者在攻讀碩士學位時已經完成了《佛教無我思想的流變及其意義》。根據《相應部經》和《雜阿含經》探尋佛陀的精華思想，不過是此一研究方向的繼續前行。

第二章　《相應部經》和《雜阿含經》簡介

根據歷史記載，在印度的佛教分為五個階段：原始、部派、大乘（初期空心和後期唯心）、密宗和近現代。大概地說從世尊涅槃一百年（589～489BC），通過兩次集合經典形成五部（Nikaya——聖典初期），主要使用摩揭陀語（Magadhi，巴利名，中印度之古國）口傳與轉譯了很多本地的語言。這是原始佛教的第一階段。第二階段是部派，從佛涅槃 500 年以後（489～089BC），244BC 在阿育王（Asoka——公元前 273～前 232 年在位，是佛教護法名王）時期舉行第三次集合佛教經典。上座部（Sthaviravada）分裂七次形成十一個宗派。大眾部（Mahasanghika）在兩百年後分裂成七個宗派。第三階段是大乘，佛涅槃 200 年後，大眾部發展和分化成幾個宗派，主要用阿含經（Agama），語言是梵語（Sanskrit），有了大乘思想的內容。150BC～100AC 從短短的經典集合成大部經，從菩薩乘（Bodhisattvayana）到公元一世紀變成了大乘。在公元四世紀大乘發展並影響整個印度。因為有大乘這個詞，筆者想解釋一下「小乘和大乘」的含義。原始佛教（Original Buddhism）、佛教經部（Nikaya Buddhism）只使用原始經典，保持傳統，是比較守舊的佛教宗派，也叫南方佛教（Southern Buddhism）、南宗佛教，包括泰國、老撾、柬埔寨、緬甸、斯里蘭卡的佛教。大乘佛教（Mahayana Buddhism）、發展佛教（Developed Buddhism）是指革新、入世的佛教或北方佛教、北宗（Northern Buddhism），包括指中國、朝鮮、日本、越南、西藏、韓國的佛教。有時北方佛教也指西藏佛教（密宗）。從佛涅槃到 500 年沒有大乘和小乘的概念。大概公元前一世紀，它和大乘佛經（具體是妙法蓮華經（Saddharmapundarika Sutra）同時出現。根據佛教發展的歷史，在阿育王的時代，他已經派他的兒子即摩曬陀皇子（Mahinda，公元前 284～前 204）和僧伽蜜多比丘尼（Sanghamitta）是阿育王的女兒，公元前 281～前 202）到斯里蘭卡傳播佛教。屬於上座部，大概公元前 29 在斯里蘭卡舉行一次重要的經典結集，誦過上座部的三藏和義疏，並決定把一向口口相傳的經典，用巴利語寫在貝葉上保存。後來上座部經典長期流傳，有著決定性的作用，並傳入緬甸、泰國、柬埔寨、老撾。近代學者把這一系的佛教稱為南傳上座部或巴利語系佛教。根據時間可以認定南傳佛教不是小乘佛教，所以到 1950 年，世界佛教徒聯誼會（World Fellowship of Buddhists）在科倫坡（Colombo——斯里蘭卡的最大城市）舉行，同意消除「小乘」，這跟南傳佛教一點關係也沒有。現在在印度也沒有哪個佛教的宗派屬於小乘佛教。

上個世紀 50 年代，原始佛教的研究逐漸邁出新的步伐。在佛教分支部派和部派階段之前，被提議有一本古經文合用於所有佛教徒，南傳佛教和北傳佛教的對照研究獲得廣泛展開。

眾所周知，原始佛教是一個不接受神聖力量的宗教。法術、魔鬼和神靈等等元素，都是後來編輯加上的。佛陀在世時，甚至連第一次結集經典時，無法獲得這些信息。今日原始佛教的全部佛經，都是許多重宣和審定的繼承。傳統文獻告訴我們，佛陀涅槃之後，佛教內部對佛陀的學說存在諸多矛盾的理解。那時，仍然還是口傳的形式。因為口傳的性質和傳統，應該是用相似的詞語，以刻板的形式重複所見所聞，難免會發生差異的描述。組織結集經典的目的，就是要解決這些問題。

所有巴利經藏和相當的 Prakit，Sanskrit 片段的《阿含》漢釋，被認為是原始的佛經。當然，這些經典系統並非出現在佛陀在世的階段，也不是在佛教還沒分裂前。我們今天看到的所有經典都是佛教部派的產物，根據相應各部派的認識形態而進行編輯，並在其後以書面的形式記錄下來。有理由相信，每個派系都有自己版本的藏經。然而，伴隨印度佛教歷史的起伏，這些大藏經都已失傳，目前，世界上只有上座部的巴利藏保留，另外還有屬於《阿含》漢釋的三個不同部派。考古學家發現的古代文本，經論中摘錄的一些早期內容，以及藏傳系統的《大藏經》，是否包含了一些部派佛教的經典，需要更多的研究予以證實。這些早期的佛教經典，包含了佛陀教導的歷史真相。

因其產生於部派時期，想通過上述經典來理解佛陀的學說，必須瞭解部派的分裂，由此導致了這些經典的多樣分化、遺漏和欠準確。尋找原真的佛陀教誨，是一個困難而複雜的工作。

以上面所說的，在阿育王的支持下，Mahinda 長老將佛教傳播到了斯里蘭卡，並帶去了三藏經的文本。這些經文首先是被口傳，直到大約第一世紀末，在 Vaṭṭagāmini Abhaya 朝代，整個佛陀完整的教義方才正式寫成書面的經文。沒有證據表明，在印度舉行三次結集經典前，有用文字寫下來的經文〔註 1〕。

斯里蘭卡佛教典籍的根本轉變，還由於這個島國的歷史形勢。大約在公元前二世紀末，斯里蘭卡陷入 Tamil 的入侵之中，並不斷遭受許多自然災害。面對嚴峻的國家形勢，佛教傳統也受到了威脅。據說，在如此困難的情況下，三藏經律論被決定寫成文本，稱為「維護導師的佛法」（Ciratthitattham Dhammassa）。佛陀教義被寫成文本，是斯里蘭卡佛教新發展的標誌。在阿育王的諭旨 Bhābru 中，提到一些尼伽耶（Nikāya）的文本，在這個諭旨中，我們可以看到阿育王的話與佛陀教導的尼伽耶有關。這表明阿育王已經接觸過很多佛經，或者帶有佛陀教義的法藏（Dhammapariyāya）。Buhler 博士指出，文中的「Pacanekāyika」名字（Pañcanaikkāyika）表明，或有存在五部尼伽耶文本的搜集。完全、完善的四部尼伽耶，出現於公元前三世紀。根據上述證據，我們可以證實尼伽耶經藏是在公元前一世紀後半葉前被記錄的。之後，尼伽耶經文在斯里蘭卡、泰國、緬甸得到了精心保存。

巴利經藏是佛陀四十五年在不同地方、場合教誨眾生的所有教義的集合。有一些是佛陀的弟子講的，但為佛陀認可——「如果是我也這麼說」，具有與佛經相同的價值。借助語言形式、完整性和年代學，巴利經藏是研究原始佛教最重要的資料。區分本文與羼入、正文與注釋，與漢藏等同文本比較，它們有助於還原一個基於文獻的原始佛教（包含佛陀最原始的教義）。

《相應部經》（Samyuttaikāya）是尼伽耶的第三部經文。作為佛教教義的來源，《相應部經》包含許多特殊而豐富的教義。在經文中，正統的教義被詳細提及，作為佛陀講座分類的重要依據。相應（samyutta）的字面意思是「對應」，被翻譯成英語「yoked」，是「pair'」「together」的意思。如果採用佛教語言，就是「密切相關」或「捆綁在一起」，也就是與經文意義相關的含義。

〔註 1〕Rhys Davids，佛教印度，第 188 頁。

根據今天流行的版本，《相應部經》有短長的不同。大多數是短的，根據每個主題排列和分組，稱為相當（Samyutta）。一共有五十六相當，排列在五集之中，稱為五篇（Vagga）：

1. 有偈篇（Sagāthāvagga Samyuttapāli）：十一 相應
2. 因緣篇（Nidānavagga Samyuttapāli）：十 相應
3. 犍度篇（Khandavagga Samyuttapāli）：十三 相應
4. 六處篇（Salāyatanavagga Samyuttapāli）：十 相應
5. 大篇（Mahāvagga Samyuttapāli）：十二 相應

在漢藏系統的《阿含》中，《相應部經》相當於《雜阿含經》（Saṁyuktāgama）。《相應部經》是屬於上座赤銅葉部的經文，而《雜阿含經》是屬於上座說一切有部，兩者都來自上座部。東西方學者都認為這兩套經典來自同一套原本的經典。這套原本經典，也被稱為《相應部經》（《雜阿含經》）（因為「相應」或「雜」只是南北不同的翻譯，原本只有一個意義，而尼伽耶（經部）或者阿含（Agama）也是同一搜集（Collections）的意義）。根據部派的影響，當說一切有部和分別說部從上座部分出，然後從分別說部又分出赤銅葉部，這兩套經文逐漸變得或多或少有所不同。在這些經文中可以看到古代佛經的痕跡。但現在流行的《相應部經》和《雜阿含經》版本，沒有看到第八品「摩犍提（Màgandiya）所問而說」和「帝釋（Sakka）所問而說」。

有一點該說明的是，也有很多學者認為，從梵版翻譯成漢版的雜阿含經，是屬於化地部的，但還是與巴利傳版有一個共同的原本，也是從說一切有部分出，梵本後來也失傳了，最近在中國新疆發現一些散梵本，現代的學者很重視研究這一版本。《法華經玄贊》、《大乘法苑義林章》、《華嚴經懸談》都認為「雜阿含經」是屬於大眾部的。《俱舍論偈》（上）認為「雜阿含和中阿含」是屬於薩婆多部即說一切有部。論證最有說服力的是印順法師，法師已證明漢譯的雜阿含經由說一切有部傳承下來，雜阿含別譯由飲光部傳，而巴利語的相應部經由赤銅葉部傳承。另外依史傳，雜阿含有五十卷，原本失傳了兩卷，編輯後又被補充加進了兩卷（二十三和二十五），讀兩本經的內容可知與雜阿含是不相干的，所以如果排除它們，雜阿含只有四十八卷，但現在大藏經還是保留著。對於雜阿含的名稱，依《四分律、五分律》，因為把佛給不同的聽眾〔註2〕講的四諦、八正道、因緣、覺支……集合起來，因此稱名「雜阿含」。

〔註 2〕比丘（bhiksu）、比丘尼（Bhikkhuni）、近事男（upàsaka）、近事女（upàsikà）……

摩訶僧祇律（Mahasangha-vinaya）認為因為集合一些繁雜的句子，因此稱為「雜阿含」。《瑜伽師地論》（Yogācāra-bhūmi-śāstra）認為所有的「相」都相當於「教」，把所有的意義集合起來，所以為「雜」……。總之，之前雜阿含經的編排很亂，不完整，重疊太多，經文難懂，因此不太普及，後來直到「佛光山」細緻地編輯，和印順法師用《瑜伽師地論》來對照，才成為一部保持原始佛教特色的「雜阿含經」。

重點是《相應部經》和《雜阿含經》擁有一個相同的古版經本。所以，它們的結構是相同的，都包含五篇（相應）或五品（雜阿含）〔註 3〕。五篇的內容在古老的經文中，順序應該先是四品修多羅，最後是衹夜。在此之後，逐漸加入一部分的記說補充四品修多羅〔註 4〕。在說一切有部的《雜阿含經》和赤銅葉部的《相應部經》之後，記說品的內容已有差別，順序三分教修多羅、衹夜和記說也不同〔註 5〕。

雖然順序有一點差別，但《相應部經》和《雜阿含經》的內容現在都包含修多羅、衹夜和記說的三個部分。相應有五篇（05 集），就是修多羅的四部分和衹夜的一部分。但是衹夜（有偈篇）被放置在第一位，修多羅的四分放置後，記說被嵌套在修多羅四後面的每一部分。衹夜在先，修多羅放後，這是上座部最古老的安排方法〔註 6〕。結集經典，第一次集合的是相應教，包含法和律的內容，但主要形式是修多羅和衹夜。修多羅是短的經文，而衹夜是偈誦（或總結經文的意義，或總結每部分、每一章、每一篇的含義，以便記憶）。第一次結集之後，出現記說。記說是解釋衹夜和修多羅的一些內容。

〔註 3〕《雜阿含經》全部，上座部各派應該都是分為五誦（五篇）的。參見印順法師：《雜阿含經論會編》（上），p.53。

〔註 4〕上面曾一再說到：《雜阿含經》與《相應部》本來都是分為五品（五誦、五篇）的，記說附於修多羅四品之下。參見《雜阿含經論會編》（上），p.65。

〔註 5〕印順法師：《雜阿含經論會編》（上、雜阿含經部類之整編），p.66～p.68。

〔註 6〕印順法師：《雜阿含經論會編》（上、雜阿含經部類之整編），p.66～p.68。按，Vvagga，向來是譯為「品」的；《相應部》日譯本作篇，所以五篇就是五品。「弟子所說」、「如來所說」的記說部分，《雜阿含經》分散而附於〈五陰誦〉，〈雜因誦〉，〈道品誦〉以下；《相應部》分散在〈因緣篇〉，〈蘊篇〉，〈六處篇〉，〈大篇〉以下。《雜阿含經》是說一切有部誦本，《相應部》是赤銅鍱部誦本，二部同出於根本上座部，所以全經分為五誦（五篇），而「弟子所說」、「如來所說」附列於下，可斷定為上座部本的舊有結構。參見《雜阿含經論會編》（上，pp.44～45）和印順法師《雜阿含經論會編》（上、雜阿含經部類之整編、八 雜阿含經與相應部）。

因此，在相應教或相應部或雜阿含之中，按內容和程序，先應是修多羅（04品），然後是祇夜，最後才到記說。

《相應部經》中的修多羅四品內容，按字母 a，b，c，d 順序排列如下：

a. 五蘊（蘊篇——第三集）

b. 六處（六處篇——第四集）

c. 因緣（因緣篇——第二集），包括十二界或十八界

d. 道（大篇——第五集），包括四聖諦（三十七道品）

《相應部經》中的祇夜是詩偈的，有時也有經文，內容是原始佛教的精髓總結。詩偈聽著和看著，像詩歌一樣非常美麗、非常神奇。後來被混合進來的經文，平凡而沒有任何意義。

記說是解釋佛經和詩偈，其中可能會發現令人困惑的含義，以及難以理解的佛教名相。在記說形態裏的修多羅和祇夜，往往有死後再生哪裏、前世是怎麼樣的等玄虛問題。

總之，《相應部經》和《雜阿含經》是上座部兩支派的經典，都按一部原本經文而補充。而這原本的痕跡，仍然存在在於《相應部經》和《雜阿含經》之中。

以《相應部經》（《雜阿含經》）為模本，編輯出了其他的三部長、中和僧支部。上面說過，《相應部經》（《雜阿含經》包含修多羅、祇夜和記說。其中，修多羅和祇夜是兩分教，結集在第一次的王舍城七葉窟，然後每年在僧團結夏安居後逐漸添加，出現了解釋經（修多羅）和偈（祇夜）的記說。在《相應部經》原本裏，祇夜被上座部排在第一篇。斯里蘭卡南傳的赤銅葉部同樣，記說被排修多羅四品後。這兩部經的精華思想包含在修多羅中，祇夜是要略，記說是解釋。修多羅四品是相應部的四篇後的五篇，涵蓋五蘊、六處、因緣和道。然而，在長期的編排中，受到許多因素的影響，最後在《相應部經》中仍然存在許多混合，甚至摻雜了一些文化、信仰等方面的內容。所以如此，有時是由於佛教徒的隨緣方便，有時是外道的故意干擾，有時是時勢衰退帶來的災難性後果影響，等等。為此，需要佛教徒與學者細心尋找，以求還給佛教一個本來面目。

第三章 《相應部經》重點概括〔註 1〕

《雜阿含經》在現在的大正新修大藏經中，共 50 卷，由南朝宋（435AC）天竺三藏求那跋陀羅譯（Guṇabhadra），目前看到的梵語原本已不完整了，大概有一千三百六十二首經。在《雜阿含經論會編》中，因為在每首經後，印順法師都列舉有相關的其他經文，所以總共的數量有一萬三千四百零四首經。《國譯一切經》由岩野真雄編輯，也用印順法師的方法，但經文的數量也不同。而對相應部經來說，從 1884 年開始，相應部經的巴利原本就被翻譯成英語、德語、日語等。特別是在 1924 年，W. Piyattisa 出版了著作《相應部注釋》（Sàratthappakàsini），注解了佛音長老（Buddhaghosa_5AD）的巴利經文。總之，對於梵本、漢本、巴利本已有很多學者在用它們來對照、注釋，目的是想找到最原始的版本。當然兩部經的經文排列次序相差不少，所收經文的數目也不相同，但因為兩部經都是從同一個古本的經文演變而來，因此兩部經的結構差不多，是五篇（相應部）和五誦（雜阿含）〔註 2〕。有一點差別，就是部派的問題，說一切有部的雜阿含和赤銅葉部的相應部，記說品有差別，三分教的修多羅、祇夜、記說的秩序也不同，但重要的是現在兩部經都有修多羅、祇夜和記說的內容，而兩部經中經文相當的部分已經被對照和排列了，所以在論文中沒有必要考察相應和雜阿含兩部經的經文數量的差別或者它們如何相當，只通過分析一部「相應」也可以瞭解雜阿含的內容。當然是在最後一章的附錄，筆者提供了一個對照的目錄，可以用來對比一下。這就是為什麼論文中只是對一部「相應」經進行分析、解釋等的原因。

〔註 1〕所有引用的經文都依據 http://cbetaonline.dila.edu.tw/zh/N0006_042。

〔註 2〕五陰誦第一品 ≈ 第三犍度篇（蘊篇）；六入處第二品 ≈ 第四六處篇；雜因誦第三品 ≈ 第二因緣篇；道品誦第四品 ≈ 第五大篇；八眾誦第五品 ≈ 第一有偈篇。

一、《有偈篇》

此篇共有十一相應，二十八品，兩百七十一首經，每一品大概十或五首經。有被重疊的一些首經（多者被重疊了四次），被編輯失誤的兩三首經。這篇大乘思想傾向比較多的經文，有三相應（第三　拘薩羅相應、第七　婆羅門相應和第八　婆耆沙長老相應）屬於歷史，而一些原始偈詩有很深湛的意義。還有「記說」，雖然復述佛和徒弟的故事，被編輯在修多羅和祇夜後，可能有一些被駁雜，但有一些很純粹，如第三拘薩羅相應，不能全盤否定「記說」的原始性。

這裡，依自己的原始標誌（簡單、不戲論、不講究等）簡單的料檢十一相應，看其經文是否符合特定的時代。

（一）諸天相應——Devatāsaṁyutta

共有八品、八十一首經，雖然用了一些方便，但還是環繞著佛法的精華思想。其印象最深的是：

第一葦品

第一瀑流：佛解脫因為不住瀑流——「我不住不求以度瀑流。卿如何不住不求以度瀑流耶？我住時友！我住時沈，求時溺。我如是不住不求以度瀑流。」

第二解脫：對於五蘊不執取，不求長生，不求再生——「有喜之滅盡，亦盡想與識。受滅皆寂靜，友我之如是。知眾生解脫，令解脫遠離。」

第三引導者：世間向快樂，佛陀向寂靜——「生導死壽短，導老無庇獲。觀死此恐怖，棄欲希寂靜。」

第四時乃過去：——「時過日夜移，青春棄我等。觀死此恐怖，棄欲希寂靜。」

第十住森林：現法樂住，所以平安——「不悲過去事，未來勿憧憬。若持身現在，顏色即朗悅。憧憬於未來，悲於過去事。諸愚之為此，如刈綠葦萎。」

第二歡喜園品

〔一八〕慚：有價值的人在於會慚愧——「有慚制止惡，常行正念少。達苦之邊際，以平行不平。」

〔一九〕茅屋：「我實無茅屋，於我實無巢。我實無繼繫，我實脫繫縛。」

〔二〇〕三彌提：修禪比找欲樂更安樂（帶上大乘哲理的思想）——「汝時我不知，為時無隱顯。如是之故我，行乞不享樂。摒捨時之我，是即為恐怖。」

第三劍品

〔二一〕第一依劍：捨離身見，很重要的這首經——「猶如觸於劍，猶燃頭髮時，捨身見比丘，正念於出家。」

〔二四〕第四制止心：佛教的制止心，不是控制全部的心意，而是哪一個地方生起惡法就看清它，放下它——「非總制止心，非制自制心，正於起惡處，應制此之心。」

〔二七〕第七流：放下執著的四大身是解脫，意義玄奧，很難讓人讀懂——「地水與火風，四大之滅處。由此流不流，於此止渦流，於此滅名色，無有餘殘留。」

〔三〇〕第十纍鹿之縛：離五欲是解脫，這是佛教的精華思想——「世間有五欲，意示為第六，於此離欲愛，如是苦解脫。」

第四沙睹羅巴天群品

〔三二〕第二慳貪：「依慳貪放逸，如是不布施，因明知其果，由欲功德者，而行於布施。」

〔三八〕第八岩石之破片：相關以後的提波達多——「以捨憍慢行，令心善寂靜，諸行皆清淨，由是得解脫。單獨住森林，不行於放逸，渡脫死魔域，可到達彼岸。」

第五燃燒品

〔四二〕第二以與何：在生活中給什麼最重要——「與食物與力，與衣與美貌，與車乘與樂，與燈明與眼，與住處人者，是為與一切。教與正法者，是與不死人。」

第六老品

〔五一〕第一老和〔五二〕第二依不老：戒、信、慧和功德在生活中最有價值——「老時戒最善，信仰善住處，智慧乃人寶，功德盜不奪。」

〔五三〕第三友和〔五四〕第四支持：生活的經驗——「母為自家友，朋友事起時，屢次皆為友，自作功德者，乃為未來友。」

第七勝品

十首經大概的內容是人類的心被貪、愛、喜引導和被名利纏繞，當對六處而捨離，達致解脫的狀態。

第八斷品

〔七一〕第一殺：殺憤怒有利——「殺忿樂寢臥，殺忿為不悲，聖贊忿殺害，殺而不悲傷。」

〔七三〕第三富：信、善法、真實和智慧很重要——「信在此世間，乃人最勝富。若修諸善法，帶來安與樂。真實乃果實，是最上美味。智慧之生活，謂生活最勝。」

〔七八〕第八欲愛：——「人追求利益，不以與自己。自己不施捨，應放善良語，不得放惡語。」這首經還提到了佛陀不同意徒弟們自殺，好心的人應該為其他的人不尋短見。

（二）天子相應——Devaputta-saṁyutta

沒有什麼該討論的，但在第一迦葉有大乘思想的文風。

（三）拘薩羅相應——Kosala-saṁyutta

共有三品、二十五首經，但第一品的〔二〕第二人和第三品的〔二三〕世間是重疊的。重要的內容如下：

第一拘薩羅品

〔一〕幼少：拘薩羅國波斯匿王懷疑佛那麼年輕能覺悟嗎——「瞿曇曾宣示證悟無上之正等覺否？」

〔二〕第二人和〔二三〕世間：人被苦惱因為三毒——「三法生於人中，即成為人之不利、苦惱與不安住。三者為何？大王！貪生於人中，即成為人之不利、苦惱與不安住。大王！瞋生於人中，即成為人之不利苦惱與不安住。大王！癡生於人中，即成為人之不利、苦惱與不安住者。」

〔三〕第三王和〔二二〕第二祖母：不論是哪一位，凡夫或聖人一定都會死的——「任何生物亦不能免老死。」

〔四〕第四愛者：愛者就是約束自己——「知自可愛者，勿自連接惡；以行惡行人，難得於安樂。」

第二拘薩羅品

〔一一〕第一結髮行者：一起共住，才知道是否是有道德的人——「大王！彼之戒依於共住而且非短時，依長時而非不思惟、依思惟而非無智、應。」

〔一二〕第二五王：如何是幸福，隨每個人的感受——「限以人心所好之程度，為欲愛之第一。此等諸色，或為心之所好者，或為心之所不好者。有人或依色而歡喜，若能滿足所思，則更希望求其他更殊勝微妙之色。於彼而言，則其色乃無上之最殊勝。」

〔一六〕第六公主：別輕慢女孩——「人主或婦人，勝比於男子。有智慧全戒，敬姑及事夫。以生其子者，英雄地上主。實如賢妻子，亦教導王國。」

第三拘薩羅品

〔二一〕第一人：有四種類型的人——「四種者何耶？由暗入暗，由暗入明，由明入暗，由明入明者是。」

（四）惡魔相應——Māra-saṁyutta

共有三品、二十五首經，九首經有該提的問題。〔二〕第二象、〔一一〕第一岩、〔一二〕第二獅子與提婆達多有關。

〔一〕第一苦業：當時社會注重苦行，但佛陀看輕它——「我今實已脫離彼苦行。善哉！我今實已脫離彼無利益之苦行。善哉！證得堅毅、正念、菩提。」

〔一五〕第五意：兩種修行不同的方法痕跡（婆羅門是滅意，佛教是離貪）——「惡魔：意之馳騁轉，虛空掛係蹄。我係蹄縛汝，沙門未脫我。世尊：色聲香味觸，是等五境樂，於此我不欲，破壞者汝敗。」

〔一八〕第八團食：「我等喜為食。」

〔二〇〕第十統治：佛考慮能用道理治民——「能不殺、不害、不勝、不令勝、不悲、不念悲，以行如法，不行〔非法〕否？」

〔二三〕第三瞿低迦：佛陀不認可比丘自殺——「大雄之勝死，卿弟子想死，以死是期望，光明主止此。世尊知是惡魔波旬，以偈語惡魔波旬曰：不欲於此生，大雄乃如是。拔除渴愛根，瞿低迦涅槃。」

（五）比丘尼相應——Bhikkhunī-saṁyutta

共有十首經，但僅一首應該引起注意：

〔十〕第十金剛：沒有一個叫「眾生」的，只有諸行的緣合——「汝何言眾生？汝行於魔見。此唯聚諸行，眾生不可得。猶如諸支集，而起車之名。因於有五蘊，而有眾生名。有起是苦惱，停滅且苦惱。苦惱外不生，苦惱外不滅。」

（六）梵天相應——Brahma-saṁyutta

共有兩品、十五首經。

〔一二〕第二提婆達多：相關提婆達多的——「芭蕉竹及葦，生果實則萎。如驢生子死，惡人名譽殺。」

（七）婆羅門相應——Brāhmaṇa-saṁyutta

共有兩品、二十二首經，有價值的只有三首，其他的經文內容都跟婆羅門日常生活有關，沒有多少特別意義。

〔四〕第四毗蘭耆迦、〔五〕第五不害：佛陀珍重不害——「清淨無穢惡，以污無垢人，惡還其愚人，逆風撒細塵。」

〔七〕第七淨者：佛陀不認同誦咒語、求願等——「雖多唱馱咒，埃滿內不淨，外依於欺瞞，非生婆羅門。」

〔八〕第八拜火：不吃被誦過咒語的食品——「我唱此偈者，非為得食者。婆羅門於此，知見者非法。」和〔一一〕第一 耕田：——「唱偈非為食，婆羅門有此，知見者非法。」

（八）婆耆沙長老相應——Vaṅgīsa-saṁyutta

共有十二首經，大多數是詩歌（第 1，2，4，5，6），屬於衹夜，沒有什麼值得特別注意等內容。

（九）森林相應——Vana-saṁyutta

共有十六首經。

〔一〇〕第十誦經（法）：過河扔船、見月忘手指——「依離欲至果，前望於法句。今依離至果，見聞思何物。依智慧捨棄，善人是為教。」

（十）夜叉相應——Yakkha-saṁyutta

與給孤獨長者有關，〔八〕第八須達多：給孤獨長者第一次見佛。

（十一）帝釋相應——Sakka-saṁyutta

方便應用，沒有什麼該討論的。

二、《因緣篇》

此篇共有十相應，但其實只有六個相應（1，3，5，6，9）其他都是編輯的錯誤。

（一）因緣相應——Nidāna-saṁyutta

共有九品、九十三首經。

第一佛陀品

共有十首經，大概內容提到十二因緣起和七位佛，沒有太多的價值。

第二食品

共有十首經，介紹十支、十一支和十二支的因緣起，個支之中的相關，出現的緣由。佛陀用方便的方法排除兩個疑問：三時——過去、現在、未來的「我」和「沒我」如何解釋？苦從哪裏來？——「苦是自作耶？如何？迦葉！如作者與受者是同一，汝先以苦是自作者，如是之所說者是墮於常見者。迦葉！如作者與受者是相異，於受重壓者苦是他作者，如是之所說者，是墮於斷見者。」所以，沒有一個叫「我」的受苦，有貪有苦，因貪果苦，而苦由因緣起，緣生是苦起的向，緣滅是苦滅的向，因緣滅是苦滅。這是輔助「無我」的學說。後來被穿上了輪迴再生的外套。「無我」教理本身，不同意有一個叫「識」或者「我、人、眾生、壽者」去再生。因為「無我」沒有輪迴的境界，沒有涅槃的境界，還是一個遙遠的境界。

〔一三〕第三沙門婆羅門（之一）：介紹因緣起十一支老死、生、有、取、愛、受、觸、六處、名色、識和行，以及斷滅與引導斷滅的道路——「世尊曰：『諸比丘！任何沙門、婆羅門，彼等不知老死、不知老死之集、不知老死之滅、不知老死滅之道跡、不知生……不知有、不知取、愛受、觸、六處、名色、識、行、不知行之集、不知行之滅、不知行滅之道跡。諸比丘！彼等沙門、婆羅門者，即於沙門而非正沙門，於婆羅門而非正婆羅門。又彼尊者等，對沙門之義、或對婆羅門之義，於現在為非自知者，為非住入實證者。』」

〔一一〕第一食：因緣起十支無明、行、識、名色、六處、觸、受、愛、四食和有（生）的編輯——「諸比丘！如是，緣無明而有行，緣行而有識……如是，此是全苦蘊之集……無明之無餘，離貪滅、乃行滅，行滅乃識滅……如是，此是全苦蘊滅。」

〔一二〕第二破群那：因緣起的十支識、名色、六處、觸、受、愛、取、有、生、老死的憂悲苦腦和輪迴痕跡啟發——「識食為未來之再有、再生之緣，因有識故有六處、緣六處而有觸……破群那！六觸處之無餘，離貪滅者乃觸滅，觸滅乃受滅，受滅乃愛滅，愛滅乃取滅，取滅乃有滅，有滅乃生滅，生滅乃老死、愁、悲、苦憂、惱之滅。如是，此是全苦蘊之滅。」離貪（對於六處完全斷滅了貪），但觸、受、愛、取、有滅等於苦集滅（這樣對離貪和愛有點齟齬的解釋）。

〔一五〕第五迦旃延相當〔一七〕第七阿支羅：是說因緣起具有十二支。筆者認為，因緣起學說出現是幫人們避免執取兩個極端的「有和空」與「斷見和常見」。加上〔二〇〕第十緣：是法住、法味——「諸比丘！何為緣起耶？諸比丘！緣生而有老死。如來出世，或如來不出世，此事之決定、法定性、法已確立，即是相依性。如來證於此，知於此。證於此、知於此，而予以教示宣布，詳說、開顯，分別以明示，然而即謂：汝等，且看！」十二因緣起努力用方便幫人們向離貪、放下六處（原始思想）、別在意有——常見和空——斷見，更不再關心三時的我。

第三十力品

共有十首經，依據上面的第二品，特別地強調一些關鍵的學說。有一首經讓學者看到了因緣起十二支的最初來源，是跟無明、行、識有關的姻緣起之後。因為「無明」等於不瞭解五蘊／六處是無常、苦、無我，有貪的「行」一定會有苦。斷了無明，離貪的「行」就是解脫。但很可惜，這首經文被外道混雜，失去了本來的意義。苦樂由緣生，觸／離貪斷無明滅→不執取苦樂。無明、行、識的定義，「行」是身口意的行；「識」是有或沒有「意識」演變的「行」；「無明」是遮蓋了「有和沒有」行的三身口意的「識」。

〔二四〕第四異學：外道當時對「業」的主說——「友，瞿曇！業論者之沙門、婆羅門有說示：『苦為自作。』友，瞿曇！業論者之沙門、婆羅門有說示：『苦為他作。』友，瞿曇！又業論者之沙門、婆羅門有說示：『苦是自作、他作。』友，瞿曇！又業論者之沙門、婆羅門有說示：『苦非自作、亦非他作、乃無因生。』」佛教主張苦由緣生、由觸生：「友！業論者說示：『苦為自作。』沙門、婆羅門，實者『不依觸而得經驗』，彼不知此理。又業論者說示：『苦是他作。』沙門、婆羅門，實者『不依觸而得經驗』，彼不知此。又業論者說示：『苦是自作亦他作。』沙門、婆羅門，實者『不依觸而得經驗』，彼不知此理。又業論者說示：『苦非自作亦非他作，乃無因生。』沙門婆羅門，實者『不依觸而得經驗』，彼不知此理。……阿難！如舍利弗之正當說示，予說示。阿難！『苦是緣生』，此乃我之所告。緣何如是耶？是依觸。如是乃我所說者。無以無實謗我，任何人之同學說隨順說者、不往於難詰處。」這裡有因緣起七支（六觸處、受、愛、取、有、生和老死）的憂悲苦惱。

〔二五〕第五浮彌：相似上面的一些經文，是無明、行、識的原始（行是身口意的行；識是「行」的演變運行有或沒有意識；無明是包含有和沒有意識的身口意的三行）和苦由緣生，斷了觸與離了貪而無明滅，那時身口意就沒有了。為什麼？我行（身口意）有意識或沒有意識都造成苦業，因為無明等於不知道六觸處的無常、苦、無我，「我」會「行」與貪愛。——「阿難！於此等諸法，不生無明。阿難！由無明之無餘、離貪、滅，無有其身緣此而生內之苦樂，無有其語緣此而生內之苦樂，無有其意緣此而生內之苦樂。緣此而生內之苦樂，無其田（無生起之餘地）、無其事、無其理、無其論事。」因緣學說不外「有我」或「沒有我」，因此我不會回答是有或空，而只注重的是苦和滅苦。

第四伽拉羅剎利品

是價值相當的第二品，同樣解決的兩個疑問：「我」和「苦是從哪裏來？」第八、九和十同名為「思」，是很有特色的三首經，內容解釋是有欲意（思）時再生識出現，而如果「無念」（無思）再生識無條件生起→是入涅槃的狀態：——「諸比丘！若無思量，無企劃，然有思慮時，此為識定之所緣。有所緣故有識之住，其識之住增長時，於未來有再生，於未來至有再生時，生未來之老死、愁悲、苦、憂、惱。如是乃此全苦蘊之集。諸比丘！若無思量，無企劃，無思慮，則無此識定之所緣，無所緣故無識之住，無識住且不增長時，於未來則無再生；於未來無再生，則滅未來之生、老、死、愁、悲、苦、憂、惱。如是乃此全苦蘊之滅。」

第五家主品

補充緣起說出現的理由，避免「空和有」兩個極端觀念。「有和空」也是空空，因緣生滅是無我，苦由緣起必由緣滅，而苦生由貪愛起，離了貪苦必滅。有一首經，雖然是被錯雜其中的一段，但還保持著原始的緣生起意義：——〔四三〕第三苦：六處（內外）觸、受、愛等於苦，反而愛滅「依於意與法生意識，三之和合乃有觸，緣觸而有受，緣受而有愛，依其愛之無餘，離貪、滅而有取滅。依取滅而有有滅，依有滅而有生滅，依生滅則老死、愁、悲、苦、憂、惱滅。如是乃此全苦蘊之滅。諸比丘！此乃苦之滅。」

第六樹品

全都是用例如來補充因緣起的學說，沒有什麼值得特別注意的。

第七大品

共有十首經，之中有兩首（同名字）雖然有帶上宗教的色彩，但還是屬於原始佛教的，即〔六二〕第二無聞：按因緣起解釋脫離苦（對五蘊離貪取）——「諸比丘！多聞之聖弟子，於色生厭意，於受亦生厭意，於想亦生厭意，於行亦生厭意，於識亦生厭意。生厭意故厭離，離貪故解脫。於解脫得生解脫之智，知生已盡，梵行已立，應作已作，更不再生。」和〔六一〕第一無聞：佛教精華的因緣起定理——「諸比丘！是以多聞之聖弟子，對緣起當善思惟：彼有故此有，彼生故此生，彼無故此無，彼滅故此滅。即緣無明而有行，緣行而有識……如是，此乃全苦蘊之集。」

〔六八〕第八憍賞彌：有滅就是涅槃，再生斷是涅槃——「友！『有滅即涅槃』，我依正慧，如實善見。然則我尚非阿羅漢、漏盡者。」

第八沙門婆羅門品

編輯應有錯誤，全品十首經被重複編輯，用唯一的名字，同時也像第二品 食品的第三沙門、婆羅門經文名字。

第九中略品

提出十二個條件，通過實現它才了知十二支因緣起。

經文編排是原始還是方便？1. 原始的因緣是一種向心到離貪解脫的分析方法，後來也是同樣的解脫義，但被附加了宗教性質，成為脫離輪迴的意義。2. 因緣的原始還沒討論輪迴再生的問題，只提出緣起的四支觸、受、愛（取）、苦，或者五支的觸、受、愛、取、苦。3. 因緣方便而使接受輪迴如事實，因緣起的個支開始上升，形成了很多經本去理解再生的識。首先是說對六處離了貪就解脫了生和再生，後來開始說何時心無念（無思、五貪求再生不），因此識不會去再生。

（二）現觀相應——Abhisamaya-saṁyutta

完全重複第五集大篇的諦相應第六品，應是後編入的，因比諦相應第六品多了一首經。

（三）界相應——Dhātu-saṁyutta

共有四品、三十九首經。

第一種種品

共有十首經，三種界。

〔一〕第一到第五是介紹十八界「眼界、色界、眼識界，耳界、聲界、耳識界，鼻界、香界、鼻識界，舌界、味界、舌識界，身界、觸界、身識界，意界、法界、意識界」；第六到第八是介紹六外界（界、想、思、欲、熱、求）正緣——「諸比丘！緣種種界，生種種想，緣種種想，生種種思惟，緣種種思惟，生種種欲，緣種種欲，生種種熱，緣種種熱，生種種求」；最後兩首經是介紹六外界（界、想、思、觸／受／欲／熱、求、得）逆緣——「諸比丘！緣種種界，生種種想，緣種種想，生種種思惟、觸、受、欲、熱，緣種種求，生種種得，緣種種得，非生種種求，緣種種求，非生種種熱，緣種種熱……。」

第二無慚愧品

共有十二首經，十首為錯誤編輯。

〔一一〕第一此等之七：出於方便，是後編入的，內容介紹七種境界的禪證。

〔一二〕第二有因：界是心識的兩個範疇運動（煩惱和解脫），而兩個範疇分成相反的三對（欲與出離欲；瞋與無瞋；害與不害）。之中有兩段是出於方便被加上的，即說善處和惡趣——「身壞命終之後，待受惡趣和身壞命終之後，待受善處。」

〔一四〕第四劣意志 ：說三時的界（過去、現在、未來）。界也是意志的範疇，有劣意志和善意志兩個程度——「諸比丘！眾生於現在世，亦與界相關連、相和合。劣意志之眾生俱與劣意志相關連、相和合。善意志之眾生，俱與善意志相關、相連和合。」

〔一五〕第五業和〔一六〕第六有偈：與第四的內容一樣。

〔一一七〕第七不信：界是界類，是種類，是人類。有相反的七對：不信與不信與信、無慚與慚、少聞與多聞俱、懈怠與精勤、妄念與正念、惡慧與持慧——「諸比丘！眾生於現在世（過去、未來），與界相關連、相和合。不信與不信俱相關連、相和合。無慚與無慚俱……無愧與無愧俱……少聞與少聞俱……懈怠與懈怠俱……妄念與妄念俱相關連、相和合。惡慧與惡慧俱相關連、相和合之……信與信俱相關連、相和合。慚與慚俱相關連、相和合。愧與愧俱相關連、相和合。多聞與多聞俱相關連、相和合。精勤與精勤俱相關連、相和合。正念與正念俱相關連、相和合。持慧與持慧俱相關連、相和合。」

第八到第十二：完全複製第七。

第三業道品

共有七首經，也許最早只有五首經，最後兩首或是後來編入的。

〔二三〕第一不寂靜和〔二四〕第二惡戒很相似第二品的第四劣意志內容，差別是這裡只提出五對，改變了的一對是寂靜與惡戒——「信與不信俱關連、相和合。無慚與無慚俱、無愧與無愧俱、惡戒與惡戒俱、惡慧與惡慧俱關連、相和合。信與信俱關連、相和合。慚與慚俱、愧與愧俱、持戒與持戒俱、持慧與持慧俱關連、相和合。」剩下五首經，講界是業道：五界、七界、十界和八正道（智和解脫）。

第四隨喜品

共有十首經，內容是轉繞四大（地界、水界、火界、風界）。

（四）無始相應——Anamatagga-saṁyutta

共有兩品、二十首經，全是方便，開始描述輪迴——「世尊曰：『諸比丘！輪迴無始，眾生之為無明所覆、渴愛所縛，不知流轉輪迴之本際……』」

（五）迦葉相應——Kassapa-saṁyutta

共有十三首經，十首經是原本的，三首經（9，11，13）後編入的。

第一滿足：迦葉尊者是知足的表率——「諸比丘！此迦葉〔自得〕任何之衣皆滿足。彼〔自得〕任何之衣，皆滿足稱讚。不因衣陷於不正、不當。若不得衣，亦心不動搖，得衣亦不執著。無溺惑，無陷、見禍，以享受出離之慧……諸比丘！我依迦葉，或依如迦葉者，教示汝等。汝等依所教，不能不如是得達。」

第二無愧：心起想惡該害怕——「『未生之惡不善法，於我使生，是為不利』，此則知愧。對『已生之惡不善法、於我使不捨離，是為不利』，此是為愧。對『未生之善法，我使不生，是為不利』，是為愧。對『已生之善法，於我使滅，是為不利』，此為愧。友！如是者為愧。友！如是之熱誠與知愧，得達菩提、得達涅槃、得達無上之安穩。」

第三月喻和第四入在家：迦葉尊者去化緣的時候，具有比丘的德行——「諸比丘！迦葉如月喻，整身調心近於在俗之家。於在俗之家如新來比丘之謙虛……迦葉雖近任何之家，於在俗之家，為心無著、無捉、無縛，彼念欲得者將得，欲為功德，則將成就……迦葉以如是之心說法：『法由世尊所說者。於現世不隔時而有果報可得說來見之法，以導於涅槃者，識者各各應知之法。實為應我聞之法，聞法而予瞭解，瞭解而更如法修行。』如是乃契於善法之性質，由悲愍、哀憐之哀愍為始，向他人說法。」

第五老：佛陀叫迦葉尊者回來跟僧眾一起住，尊者懇請佛同意讓尊者留住深林，因為有兩個理由——「大德！我於長夜，住阿蘭若，而讚歎住阿蘭若。為乞食者，而讚歎乞食者。為著糞掃衣者，而讚歎著糞掃衣。為持三衣者，而讚歎持三衣。我少欲，而讚歎少欲。我知足而讚歎知足。我遠離，而讚歎遠離。

我無交往而讚歎無交往。我精勤，而讚歎精勤……其一方面，觀自之現法樂住；他方面，為切望後人入隨見，哀愍後人。彼等實乃為佛、隨佛之弟子，彼等長夜住阿蘭若者，讚歎住阿蘭若者……乞食者……著糞掃衣者……持三衣者……少欲……知足……遠離……無交……精勤而讚歎精進者。彼等如是為入，此長夜為彼等之利益與幸福。」

第六教誡（之一）：佛陀要求迦葉尊者教訓年輕的比丘，但尊者三次推辭，由兩個理由（比丘的梵行不足和迦葉尊者嚴格要求比丘的品行）——「大德！今告諸比丘甚難，告諸彼等有難色，彼等不忍，所教不能率直執受。大德！我見此處與阿難共住之班達比丘及與阿那律共住之阿賓吉伽比丘，互為卓越之論議：『請來，比丘！誰之所語較多耶？誰之所語較優耶？誰之所語較長耶？」

第七教誡（之二）：迦葉尊者認為年輕的僧人梵行薄弱不該教訓——「大德！今甚難向諸比丘說示，彼等對所說有難色。彼等不忍，所教不能率直執受……大德！無論何人於善法不信，不知慚於善法，不知愧於善法，無精進於善法，無慧於善法者，則對彼夜或晝來，於善法唯有退沒不能增大。」

第八教誡（之三）：迦葉尊者認為年少的比丘太富裕的生活不符合僧人的梵行，尊者不教——「大德！今對諸比丘說法甚難，彼等對所說有難色。彼等不忍，對所教不能率直執受。迦葉！年少之比丘，如是思惟：『彼比丘，實為著名而有譽、得衣、缽食、床座、治病必要之藥、資具者。』長老於諸比丘，請彼比丘：『且來，比丘！此比丘名云何？此比丘實為幸，實欲與此比丘為同學。且來，比丘！請就此座。』令彼等入如是狀況，乃長夜彼等之不利與苦。迦葉！若人謂正梵行者，因梵行之弊所惱，梵行者因梵行之壓迫所壓抑者，迦葉！此乃謂正梵行者，因梵行之弊所惱，梵行者因梵行之壓迫所壓抑。」

第十止住處：迦葉尊者斥責阿難陀尊者，有一些事情是對的，是不該怪的。挑剔迦葉尊者的毛病，說尊者不該責怪阿難陀尊者，讀來感覺很真實、很原始，沒有花言巧語的宗教色彩。——「爾時尊者大迦葉，如是言尊者阿難曰：友，阿難！我為針商人，汝為針師耶？或我為針師，汝為針商人耶？如何？……汝亦依世尊，齎身親近比丘僧伽耶？何？——諸比丘！隨我欲，離欲、離不善法，有覺有觀，而由遠離生喜與樂入住於初禪。諸比丘！阿難亦隨欲、離欲、離不善法，有覺有觀，而由遠離生喜與樂入住於初禪……友！今如有人，思惟以多羅樹之一葉，可掩得高七肘或七肘半之象，然彼得思惟能掩我之六通耶？。」

但在第十一衣：迦葉尊者該教訓阿難陀尊者，是乎有點不太真實。因為阿難陀尊者對於一些事情不會犯這樣的錯——「阿難！如何汝與於諸根不守護，於食無節制，於夜坐不虔誠之此等年少比丘，相共遊方耶？想來，汝是踐踏穀物之徘徊者。想來，汝為害良家之徘徊者。友，阿難！汝之徒眾被破壞，友！汝之年少徒眾被消滅。此年少之童子不知量……」

第十二死後：是佛的大徒弟的正見，非常重要。舍利佛尊者問為什麼佛不會回答相關涅槃和死後的四個問題，因為這些問題跟脫離苦的目是無關的——「友迦葉！如來死後，是存在者耶？為非存在者耶？為存在、非存在者耶？為非存在、非不存在耶？如何？……。友！如是，如來死後，為非存在、非不存在……世尊亦不說……。友！世尊何故不說此事耶？……。友！此事亦非自己之利益、亦非為梵行，亦非為厭離，亦非為離貪，亦非為滅、為寂靜、為勝智、為菩提、為到達涅槃，故世尊不說於此。友！世尊說：『此是苦。』世尊說：『此為苦之集。』世尊說：『此為苦之滅。』此為趣苦滅之道。友！何故？世尊說此耶？友，此事乃自己之利益，是為梵行，為厭離、為離貪、為滅、為寂靜、為勝智、為菩提、為涅槃故，世尊乃說此。」

（六）利得與供養相應——Lābhasakkāra-saṁyutta

共有四品、四十三首經，大多數都是原始經文，僅有一點後來編入或編輯有誤的，內容是說明利得、供養、名譽的危害。

第一誡品

共有十首經，內容是用比喻說明利得、供養（名譽）的危害——「諸比丘！利得、供養、名譽，甚可怖、激烈、粗暴，為到達無上安穩之障礙……諸比丘！然則，應如是學：我應捨既生之利得、供養、名譽，於未生之利得、供養、名譽、不執於心而住。諸比丘！汝等應如是學。……諸比丘！譬如漁師，以肉為餌之鉤針，投入深水沼中，鵜見之為一魚，而將其吞下。諸比丘！如是鵜吞彼漁師鉤針之魚，陷於禍、陷於災厄，而漁師達其所欲。漁師之意者乃此惡魔波旬。諸比丘！鉤針之意者，乃此利得、供養與名譽。」

第二誡缽品

共有十首經，內容是說明為了名譽、利得人會變壞的——「諸比丘！利得、供養與名譽，甚為可怖……於此，我知如是：『以我之心，把握某人之心。』此尊者為欲得充入白銀粉之黃金缽，正心不說妄語。其後，我見此人因敗於利得、供養與名譽，心為所眩惑，正心而說妄語。諸比丘！如是之利得、供養與名譽，甚為可怖……諸比丘！汝等應如是學。」

第三度量品

共有十首經。

第一到第四：相似第二品——「汝對誡於學，對利得、供養與名譽勿達令有也。諸比丘！若比丘尼熱誠於學，得達於利得、供養與名譽，則為彼女之障礙。諸比丘！如是，利得、供養與名譽，甚為可怖……諸比丘！汝等應如是學。」

第五到第六：沙門、婆羅門應該了知和超出它——「諸比丘！任何之沙門婆羅門，對利得、供養與名譽之味與禍乃至出離，不能如實知之者……諸比丘！任何之沙門、婆羅門，對利得、供養與名譽之集、滅、味、禍、出離，如實知者，為住於自知、實證。」

〔二九〕第九紐：危害與可怕——「諸比丘！利得、供養與名譽，為割截皮膚，割截皮膚已，割截皮膜，割截皮膜已，割截肉，割截肉已，割截腱，割截腱已，割截骨，割截骨已，徹骨至髓而住。如是，利得、供養與名譽，甚為可怖……」

〔三〇〕第十比丘：阿羅漢價值被降低的蹤跡——「諸比丘！我謂：雖是阿羅漢、漏盡者之比丘，而利得、供養與名譽，仍為其障礙……」

第四妄語品

共有十三首經，原本經文應該只有五首經，說明得利的危害，可能會為了它失去親人（母親，父親，兄弟，姐妹，兒子，女兒和妻子）的情義。其他或是後編入的。

（七）羅睺羅相應——Rāhula-saṁyutta

共有兩品、二十二首經，編輯有誤，完全重疊其他篇目的內容。

（八）勒叉那相應——Lakkhaṇa-saṁyutta

共有兩品、二十一首經，全都是目犍連尊者看見各種鬼和神通，是大乘初期思想的前提。

（九）譬喻相應——Opamma-saṁyutta

共有十二首經，可注意的有七首（4，7，8，9，10，11，12）。

〔四〕第四釜：修慈悲心獲得很大的利益——「諸比丘！然則汝等應如是學：『我等修慈心解脫，屢加修為，如用車作土臺，安住其上、積集而善企劃。』諸比丘！汝等應如是學之。」

〔七〕第七鼓輻：很重要的開示句——「如來所說之經乃甚深之深義，出世間之空相應者，於宣說此等之時，我等應善聞而傾聽，住於心之瞭解，思惟此等應受持、應善知之法。諸比丘！汝等應如是學。」

〔八〕第八槁：——「諸比丘！今諸比丘以槁為枕、不放逸、熱心、專心住之。故，魔波旬不得侵犯、不得機。」

〔九〕第九象：——「諸比丘！此處長老諸比丘，清晨著衣、持缽入村或街，彼等於其處說法，主人因信樂，供給彼等之所需。彼等對其所得，不著、不惑、不墮、見禍、受用出離慧、彼等得色、得力，因而不至於死，或無至死之苦。」

〔一〇〕第十貓：防護各根，否則會像貓一樣容易病死——「大德！此處有一比丘，非時之時，於良家交往。諸比丘對彼比丘如是云：『尊者！非時之時，勿於良家交往。』然彼比丘對諸比丘之言如是，仍未止行。然則，汝等應如是學。『我等當守身、守語、守心、住正念、制御諸根，入村或街而乞食。』」

〔一一〕第十一豺（之一）：活在自我中，苦像患疥瘡疾的豺——「諸比丘！有一為疥瘡疾所惱之老豺，彼任欲而行，任欲而住，任欲而坐，任欲而臥，涼風吹彼。諸比丘！此處有一從釋子之人，『我亦欲經驗如是之狀態為宜。』」

〔一二〕第十二豺（之二）：學會知恩——「諸比丘！彼老豺為有知恩，有感謝。但從釋子之一人，則無知恩、無感謝。諸比丘！然則，汝等應如是學：『我等有知恩，有感謝，我等為他作些事亦無失。』諸比丘！汝等應如是學。」

（十）比丘相應——Bhikkhu-saṁyutta

共有十二首經，重要的有五首經（2，5，8，9，10）。

〔二〕第二優波低沙：舍利佛尊者靈巧斷除了我、我慢等所以不會生苦——「實於長夜，尊者舍利弗對我、我之所念，善除慢使。然則尊者舍利弗，依師之變異、變化之狀態，已不生愁、悲、苦、憂惱矣。」

〔五〕第五善生：佛讚揚一位年少比丘——「諸比丘！實則此良家之子，於二者為端嚴。彼端麗可觀，具柔和之姿，具足最勝端麗之容色。因此，良家之子正由家出家而為無家，對無上究竟之梵行，於現法自知，入住實證。」

〔八〕第八難陀：佛勸阿難陀尊者過素淡的生活——「難陀！汝消光澤，以柔軟之搗衣飾身、染眼端、執美缽、與良家之子，由信出家為無家者不適。難陀！汝如是，住阿蘭若，行乞食，著糞掃衣，不望住欲，乃與良家子，由信出家而為無家者是相適者。」

〔九〕第九低沙：別多說話，應忍其語——「低沙！汝非如是，如對其語不能忍，則良家之子由信出家為無家，於汝不適也。汝對其語忍之，則此良家之子由信出家為無家，於汝適宜者。」

〔一〇〕第十名為長老：得法的獨居者幫人脫離污染——「長老！依詳說之勝妙之獨住者，何耶？長老！於此處，能捨過去，不希未來，於現在，對自身之所得，欲貪全亡也。長老！依如是之詳說，為勝妙之獨住也。」

其中，第九譬喻相應的第七鼓輻之「如來所說之經乃甚深之深義，出世間之空相應者」、第五迦葉相應的第三月喻和第四入在家之「法由世尊所說者，於現世不隔時而有果報，可得說來見之法，以導於涅槃者，識者各各應知之法」、第十比丘相應的第二優波低沙之「對我、我之所念，善除慢使。然則，依師之變異、變化之狀態，已不生愁、悲、苦、憂惱矣」，都是非常重要的開示。

三、《犍度篇》

共有十三相應、二十三品、七百十五首經，內容說明因為沒有智慧、不知道、不瞭解色受想行識五蘊的生起和斷滅，因此發生四種懷疑：「世界是常住？還是世界是不常住？」「世界是無邊？還是世界是有邊？」「生命與身體是同（一）？還是生命與身體是不同（別）？」「如來死後有耶？或如來死後無耶？或如來死後亦有亦無耶？或如來死後非有非無耶？」按順序為從上向下，這樣容易追蹤。

（一）蘊相應——Khandha-saṁyutta

共有十五品、一百五十八首經，分成三份，每一分五品，每品大概十首經，大多數是後編入的，多少也是出於方便，甚至是為湊夠十首，導致了多餘的內容，唯一的主題應該就是蘊相應。

〔一〕第一那拘羅父：很多形式的「自我」牽連與五蘊是病——「如何身病而為心病耶？於此有無聞之凡夫，不見聖人，不知聖人之法，不順聖人之法，不見善知識，不知善知識之法，不順善知識之法，觀色是我，我以色有，我中有色，色中有我，住纏於色是我，色是我所。彼人，住纏於我是色，色是我所，彼色變易、變異。彼人於色之變易、變異，而生愁、悲、苦、憂、惱……」和〔三〕第三 訶梨（一）「自我」牽連與五蘊是束縛——「色（受想行識）界是識之家，色界中貪所繫之識，名為住家。居士！受界是識之家，受界中貪所繫之識，名為住家。居士！想界是識之家，想界中之識，名為住家。居士！行界是識之家，行界中之識，名為住家……」

〔二〕第二天現：對於五蘊該調服欲和貪，貪是苦，離貪是涅槃——「友等！〔謂〕我等之師，以教調伏欲貪。」和〔七〕第七取著恐懼（一）：執取五蘊是憂惱——「諸比丘！不取著、不恐懼為如是。」

〔五〕第五三昧：必修禪觀方能看透五蘊是如何集起和斷滅的，看得透才能厭離貪、苦滅——「諸比丘！應修習三昧。入三昧之比丘應如實了知。何為如實了知耶？〔謂〕色集與滅，受集與滅，想集與滅，行集與滅，識集與滅是。」

〔九〕第九過去未來現在（一）到第十一：三時是無常、苦、無我——「諸比丘！過去未來之色皆是無常，何況現在〔色〕耶？諸比丘！有聞之聖弟子如是觀，不顧過去之色，不悅未來之色，對現在之色趣向厭離、離欲、滅盡……」

〔一二〕第一無常：佛教經典的覺悟解脫之路是了悟無常→厭離→離貪→自知解脫——「諸比丘！色是無常……乃至……受是無常……想是無常……行是無常……識是無常。諸比丘！有聞之聖弟子如是觀色、厭離色、厭離受、厭離想、厭離行、厭離識，厭離而離欲，離欲而解脫，解脫即生解脫智，即知：生已盡、梵行已立、所作已辦、更不受後有。」

第二無常品

第八到第十：哲理推論展開了五蘊是無常、苦、無我，所以無論什麼形成了五蘊，也是無常、苦、無我，意味著世界的萬物（萬法）也是無常、苦、無我和也依「因」是無常、苦、無我——「諸比丘！色（受想行識）是苦，以色所生起之因、緣亦是苦。依苦之〔因、緣〕所生起之色，如何是有樂耶……」

第三重擔品

〔三〇〕第九生：對身的理論是有身有苦，身是苦的根，五蘊身生苦就起，五蘊身滅苦就斷。如果這樣，難道說人死後苦就滅？是否太消極了？——「若色（受想行識）之生、住、起、現者，則生苦、住病、現老死。然則，若色之滅、息、沒者，則苦滅、病息、老死沒……」

第四非汝所應法品

〔三三〕第一非汝應法（一）：五蘊不是你，放下它是安樂——「如是之色，非汝等所應之法，於此當斷，汝等若斷此，則得利益安樂。受是……

想是……行是……識是非汝等所應之法，於此當斷，汝等若斷此，則得利益安樂。」

〔三七〕第五阿難（二）：要看透三時生滅的五蘊——「友阿難！於過去何等之法，知生、知滅、知住之異耶？於未來何等之法知生、知滅、知住之異耶？於現在何等之法，知生、知滅、知住之異耶？阿難！若如是問，汝應如何作答耶？」

〔三九〕第七隨法（一）到第十隨法（四）：對五蘊該修隨觀厭離無常、苦、無我——「諸比丘！向法隨法比丘，得此隨法。〔謂：〕於色多厭患而住，於受多厭患而住，於想多厭患而住，於行多厭患而住，於識多厭患而住。彼於色多厭患而住，於受……想……行……識多厭患而住者，則遍知於色，遍知受……想……行……識……。」

第五自洲品

〔四八〕第六蘊：解釋五蘊是什麼？色受想行識是五蘊。五取蘊是什麼？五蘊被執取是叫五取蘊——「所有色之過去、未來、現在、內、外、粗、細、劣、勝、遠、近者，名為色蘊。此等名為五蘊……所有受之……乃至……遠、近而有漏、所取者，名為受取蘊。所有想之……乃至……所有行之……乃至……有漏、所取者，名為想取蘊。此等名為五取蘊。」

〔四九〕第七輸屢那（一）：修行者如果衡量彼此的一切，是不了知無我，而不了知無我是愚蠢的人——「若諸沙門、婆羅門，以無常、苦，變易法之色，觀我是勝，觀我是等，觀我是劣者，如何得非不見如實耶？」

〔五〇〕第八輸屢那（二）：了悟無我是智者——「若諸沙門、婆羅門，知色，知色集，知色滅，知順色滅之道。知受……想……行……知識，知識集，知識滅，知順識滅之道者。輸屢那！彼沙門，婆羅門、相應於我沙門中之沙門，相應於婆羅門中之婆羅門者。又彼具壽等，亦於現法自，證知、現證、具足沙門之義、婆羅門之義而住。」

〔五一〕第九喜盡（一）：在五蘊禪觀之中，首先觀察和看得透五蘊是無常，這是最重要的，然後從無常走到厭離、斷滅了貪，這是涅槃——「若比丘觀無常之色（受想行識）為無常者，則得正見。若正觀者則厭患。喜盡故貪盡，貪盡故喜盡。喜貪盡故，名為心解脫、善解脫。」

第一封滯品

〔五三〕第一封滯和〔五四〕第二種子：和唯識大乘相關，識依色受想行而活動與存在，離了色受想行找不到「識」的蹤影。問題就來了，那麼是否有一個叫「識再生」？回答是不——「如說『我離於色，離於受，離於想，離於行，而施設於識之來往、死生、長益、廣大』者，無有是處。諸比丘！比丘若於色界斷貪者，以斷貪故有分斷，無有識之所緣、依止。諸比丘！比丘若於受界，……於想界……於行界……於識界斷貪者，斷貪故有分斷，無有識之所緣、依止。識無依止、無增長、無現行而解脫。」

〔五八〕第六等覺者：離貪的如來和離貪的如來徒弟，有差別的是如來是老師，而如來的徒弟是學生——「諸比丘！如來、應供、正等覺者，乃令起未起之道，令生未生之道，說未說之道，知道，覺道，悟道。諸比丘！如今諸弟子，隨於道，隨從而成就……正等覺者與慧解脫比丘之差別，特相，殊異是。」

〔六二〕第十言路：雖然有現有的五蘊，但不能說有未來再生的五蘊——「諸比丘！有三種之言路、增語路、施設路，未令雜亂，未曾令雜亂，現前不令雜亂，當不令雜亂，不為有智之沙門，婆羅門所訶譏。以何為三耶？諸比丘！於過去、已滅、已變壞之色，謂有『曾有』名數，謂有『曾有』名目，謂有『曾有』施設。謂無『現有』名數，謂無『當有』名數。」

〔五九〕第七五群比丘：特別重要的首經，說明五蘊是無我——「諸比丘！是故，所有色之過去、未來、現在、內、外、粗、細、劣、勝、遠、近，應如是以正慧作如實觀，此非我所，此非我，此非我體。」

第三所食品

〔八二〕第十滿月：五蘊是無我，所以沒有我被領受。這首經雖然是後編入的，但內容很完整且原始，可以代表佛陀在世時的無我思想——「諸比丘！此處有一愚人，以無智、無明渴愛所礙之心，思惟能越師教而言〔謂：〕『如是色乃無我，受……想……行……識乃無我，〔然〕無我所作之業，何者之我應受？』」

第四長老品

〔八七〕第五跋迦梨：佛陀在世時的無我，戰士的精神是如果生病，痛苦無邊，生不如死，無可救藥，可以選自殺——「一天神白佛言：大德！跋迦梨比丘思解脫……友跋迦梨！世尊於汝作如是言：跋迦梨！勿畏怖，跋迦梨！勿畏怖。汝之死非惡，汝之命終非惡。」

〔八八〕第六阿濕波誓：無我精神是篤定觀察五蘊，到色身被慢慢的壞滅

——「阿濕波誓！譬如油炷，緣油燈而燃。彼油炷盡時，食無而消。阿濕波誓！如是比丘，感受身以邊際為受，而知感受身以邊際為受。感受命以邊際為受，而知感受命以邊際為受。身壞、命盡後，於此處知一切受，非所歡喜而清涼。」

第五華品

〔九四〕第二華（增長）：講不該與人爭——「我不與世間諍，世間與我諍。諸比丘！法語者不與世間任何人諍。譬如優缽羅、缽曇摩、分陀利華，生於水中，長於水中，由水顯現。而不為所染而立。如是如來，長於世間，勝於世間，而不染於世間而住。」

〔九五〕第三泡沫：佛教經典的五蘊譬喻——「色乃如聚沫，受乃如水泡，想乃如陽焰，行則如芭蕉，識則如幻事。」

〔九六〕第四牛糞和〔九七〕第五指尖：反駁下面的「我空法有」思想，因為屬於五蘊最微小的，也不可能有「我」，何況萬法是「有」——「世尊於指尖置少許之塵，告彼比丘曰：比丘！無有如是分之色是常、恒、永住，不變易法，而相似永住之應正住者。若有如是分之色是常、恒、永住，不變易法者，即無梵行者能正盡苦。然而，無有如是分之色是常、恒、永住，不變易法者，故有梵行者，能正盡苦。」

第二說法品

〔一一五〕第三說法者（一）：原始佛教聖人關於涅槃標準的說法、隨法、現法——「若比丘為色之厭患、離欲、滅盡而說法者，應名為說法比丘。若對向於色之厭患、離欲、滅盡者，應名為對向於法隨法之比丘。若比丘以厭患於色、離欲、滅盡，不取執而解脫者，應名為得達現法涅槃之比丘。」

（二）羅陀相應——Rādha-saṁyutta

共有四品、四十六首經，值得注意的有兩首。

第一初品

〔一〕第一魔：「魔」是「死者和被殺死者」，有五蘊就有魔——「魔，說魔者，大德！以何為魔耶？羅陀！若有色者，即有魔、殺者、死者。羅陀！故於此處，觀以色為魔，觀為殺者，觀為死者，觀為病、觀為癰，觀為刺，觀為痛，觀為痛種。如是觀者為正觀。」

〔二〕第二眾生：眾生的定義是與五蘊而起欲、貪、喜、渴愛聯動考慮的——「具壽羅陀白世尊言：眾生，說眾生者，如何之說為眾生耶？羅陀！

於色有欲、貪、喜、愛，染著於此，纏綿於此，故說為眾生。」

（三）見相應——Diṭṭhi-saṁyutta

共有四品、九十六首經，內容大概是說明人類（總說）和外道（私說）的二十七種邪見是因為偏執（執取）五蘊——「諸比丘！因有何？由取於何？由現貪於何？……因有色（受想行識），由取色，因現貪於色，而起如是見：風不吹，河不流，懷妊而不生，日月出而不沒，如柱之立住。」

（四）入相應——Okkanta-saṁyutta

沒有新的內容和價值，屬於六處相應。

（五）生相應——Uppāda-saṁyutta

沒有新的內容和價值，屬於六處相應。

（六）煩惱相應——Kilesa-saṁyutta

沒有新的內容和價值，屬於六處相應。

（七）舍利佛相應——Sāriputta-saṁyutta

有一首經的第十淨口：提到四種吃的形式——「口向下而食、仰口而食、口向四方而食和口向四維而食。」這應該不屬於「蘊相應」。

（八）龍相應——Nāga-saṁyutta

是用方便度無慧根的人。

（九）金翅鳥相應——Supaṇṇa-saṁyutta

也是用方便度無慧根的人。

（十）乾達婆相應——Gandhabbakāya-saṁyutta

也是用方便度缺慧根的人。

（十一）雲相應——Valāhaka-saṁyutta

也是用方便度缺慧根的人。

（十二）婆蹉種相應——Vacchagotta-saṁyutta

有一首經屬於蘊相應。

（十三）禪定相應——Jhāna-saṁyutta

沒什麼意義。

注：一些重要的開示與筆者的提示：

1. 一些重要的開示

第一那拘羅父品

〔二〕第二天現：——「友等！〔謂〕我等之師，以教調伏欲貪。」

〔九〕第九過去未來現在：——「諸比丘！有聞之聖弟子如是觀，不顧過去之行，不悅未來之行，對現在之行趣向厭離、離欲、滅盡。」

第二無常品

〔一二〕第一無常：——「諸比丘！有聞之聖弟子如是觀色、厭離色、厭離受、厭離想、厭離行、厭離識，厭離而離欲，離欲而解脫，解脫即生解脫智，即知：生已盡、梵行已立、所作已辦、更不受後有。」

第一封滯品

〔五九〕第七五群比丘：——「厭患者則離貪，離貪者則解脫，解脫者則生已解脫智，知：生已盡、梵行已立、所作已辦、不受後有……五比丘無取著，而從諸漏令心解脫。」

第二說法品

〔一一五〕第三說法者（一）：——「若比丘為色之厭患、離欲、滅盡而說法者，應名為說法比丘。若對向於色之厭患、離欲、滅盡者，應名為對向於法隨法之比丘。若比丘以厭患於色、離欲、滅盡，不取執而解脫者，應名為得達現法涅槃之比丘。」

第四長老品

〔九〇〕第八闡陀：——「友闡陀！色是無常、受是無常、想是無常、行是無常、識是無常。色是無我、受……想……行……識是無我，一切行無常，一切法無我。」

〔八五〕第三焰摩迦：——「此處於現法、真實、如應如來為無所得。」

〔八六〕第四阿㝹羅度：——「阿㝹羅度！以前及現在，我乃施設苦與苦之滅。」

第五華品

〔九四〕第二華（增長）：——「諸比丘！我不與世間諍，世間與我諍。諸比丘！法語者不與世間任何人諍。」

2. 大乘空性和沒有輪迴的事

人由五蘊構成，識依色受想行而運行和存在，離了五蘊找不到一個獨立的識，依什麼去再生？總是：——「一切行無常，一切法無我。」

3. 一些思想牴牾的跡象

第三所食品

〔八一〕波陀聚落：——「雖不見色是我，亦不見受……想……行……識是我，以起如是見，而雖不以為此是我，此是世間，死後有我、常、恒、永住不變易之法，但起如是見，〔謂：〕應非有我，非有我所，應非我、非我所。」哪裏說是「斷見或邪見」呢？這是乎是一個「我空法有」與「有一個去再生」的觀念，認為「無我」為斷見是不對的。

〔九六〕第四牛糞和〔九七〕第五指尖：反駁「我空法有」的思想，因為屬於五蘊最微小的也不可能有「我」，何況萬法是「有」——「若有如是分之色是常、恒、永住，不變易法者，即無梵行者能正盡苦。」

第二說法品

〔一一五〕第三說法者（一）：——「若比丘以厭患於色、離欲、滅盡，不取執而解脫者。」很簡單樸素的觀念，還沒有被繁雜的宗教化。

第四長老品

〔八九〕差摩：——「友等！我不觀此五取蘊有少分之我或我所，而非漏盡之阿羅漢。等！聖弟子雖已斷五下分結，但隨伴五取蘊之我慢、我欲、我隨眠未斷……。」意味著被宗教化後的深淺果位修證，必通過斷上下五分結等，才能證阿羅漢果、七來果。

4. 生滅的五支因緣起，是形成後來的十二支因緣起

第一那拘羅父品

〔五〕第五三昧：因緣起有五支是喜（貪）、取、有、生、老死憂悲苦腦——「諸比丘！於此處歡喜、歡呼、耽著而住。何為歡喜、歡呼、耽著而住耶？歡喜、歡呼、耽著於色而住。依歡喜、歡呼、耽著，而彼生喜。喜取於色。緣取而彼有生，緣有而彼生生，緣生而老、死、愁、悲苦、憂、惱生。如是於此處，悉皆有苦蘊之集。」

四、《六處篇》

此篇重要的內容歸攏在第一六處相應，之中的大多與禪宗、大乘空性、唯識思想有密切相關。無我思想否認有一個「我」或一個叫「識」的東西去「領受」業果輪迴。蘊相應時已經提到，此篇也有幾首關於此一觀念的經文。

（一）六處相應——Saḷāyatana-saṁyutta

一共十九相應、兩百零七首經，分成四部分，每一部分平均五品，唯獨第四只有四品。每品應該有五或十首經，但因後來的錯編，有一品僅有一首經。六處相應的內容，代表全部此篇（第四集）的內容，循序如下：

1. 第一部分（第一根本五十〔經〕品）

第一無常品

共有十二首經，收縮三首經成一對，為同一個主題：三時之中的六內處與六外處之三法印（無常、苦、無我），解悟了三法印，就厭離了貪，就是解脫。

〔一〕第一無常（一）內到〔六〕第六無我（二）外：表述兩對六內處與六外處是無常、苦、無我——「凡無我者，是：此非我所，此非我，此非我之我。對此應如是以正智慧如實觀……諸比丘！如是觀者，有聞之聖弟子厭嫌於眼、厭嫌於耳、厭嫌於鼻、厭嫌於舌、厭嫌於身、厭嫌於意，由厭嫌而離欲，由離欲而得解脫。」和六外處：——「諸比丘！如是觀者，多聞之聖弟子厭嫌於色、厭嫌於聲、厭嫌於香、厭嫌於味、厭嫌於觸、厭嫌於法，由厭嫌而離欲，由離欲而得解脫。」

〔七〕第七無常（三）內到〔一二〕第十二無我（四）外：表述兩對三時過去現在未來的六外處與六外處是無常、苦、無我，和提出脫離苦的方法是厭嫌→離貪：——「過去、未來之意（眼耳鼻舌身）是無常，何況於現在之意耶？諸比丘！如是觀者，多聞之聖弟子，對過去之意無所期望，對未來之意不生悅樂，於現在之意為厭離、為離欲、為滅盡而履行〔道〕。」

第二雙雙品

共有十首經，分成五對，都表述六外內處，主要是兩個方面的內容：1. 介紹三個階段的甘味、患難、出離；2. 它是苦，喜愛它就苦。

〔一三〕第一由於正覺（一）到〔一八〕第六若無者（二）：六首經分為三對：

第一對〔一三〕第一由於正覺（一）（二）：是佛覺悟六內外處的三個階段（甜味、患難和出離）——「諸比丘！余因如實知如是此等內六處之甘味為甘味，患難為患難，出離為出離，諸比丘！依此，余於含括天、魔、梵世界，於含括沙門、婆羅門、天人，則宣示無上正等覺。」

第二對〔一五〕第三由於甘味（一）（二）：佛已經體會了這三個階段的

——「諸比丘！余尋覓巡行意之甘味，終於發見意之甘味，此余以智慧善觀意之甘味故。諸比丘！余尋覓巡行意之患難，終於發見意之患難，此余以智慧善觀意之患難故。諸比丘！余尋覓巡行意之出離，終於發見意之出離，此余以智慧善觀意之出離故……」

第三對〔一七〕第五若無者（一）（二）：佛破說三個階段出現的來由和了悟的利益——「諸比丘！若於此眼（耳鼻舌身意）無甘味者，此等有情則於眼無愛著。然諸比丘！於眼有甘味故，有情於眼有愛著……。諸比丘！若於此眼無患難者，此等有情則於眼無厭嫌。然諸比丘！於眼（耳鼻舌身意）有患難故，有情於眼有厭嫌……。諸比丘！若於此眼（耳鼻舌身意）無出離者，此等有情則於眼無出離。然諸比丘！於眼有出離故，有情出離於眼……。諸比丘！諸有情因如實知此等內六處之甘味為甘味，患難為患難，出離為出離。諸比丘！有情等則得含括天、魔、梵之世界，於含括沙門、婆羅門、天人，由集而令出離、離繫、解放、以無取著之心過日。」

〔一九〕第七因歡悅（一）到〔二二〕第十因生起（二）：分為兩對，兩個內容：1. 歡悅六內外處是苦——「諸比丘！歡悅於人之眼者，則為歡悅彼苦。歡悅於人之苦者，則不能離脫彼苦……人之耳……人之鼻……人之舌……人之身……歡悅於人之意者，則歡悅彼之苦。歡悅於人之苦者，則不得離脫彼苦……。」和 2. 六內外處是苦的表示：——「諸比丘！眼（耳鼻舌身意）之生起、住立、出生、顯現者，此即苦之生起、諸病之住立、老死之顯現。」

第三一切品

共有十首經，三個宏旨：

（1）〔二三〕第一一切到〔二七〕第五曉了（二）：介紹世界是由六根六塵六識六觸六受（其實所有的生涯只包含六根與六識就夠了）構成，通過勝智與了知斷盡它。〔二三〕第一一切：——「諸比丘！何者為一切耶？眼與色、耳與聲、鼻與香、舌與味、身與觸、意與法是。諸比丘！此名之為一切。」〔二四〕第二捨棄（一）：——「以何為一切捨棄之法耶？諸比丘！眼（耳鼻舌身意）應捨棄，色應捨棄，眼識應捨棄，眼觸應捨棄，凡緣此眼觸所生之受或樂、或苦、或非苦非樂，此亦應捨棄……。」〔二五〕第三捨棄（二）：——「由知解、曉了於意而應捨棄，由知解、曉了於意識而應捨棄，由知解、曉了於意觸而應捨棄，凡緣此意觸所生之受，或樂、或苦、或非苦非樂者，於此應捨棄。」

(2)〔二八〕第六燃燒：世界的所有（六根六塵六識六觸六受）是被貪嗔癡燒：——「諸比丘！一切為燒。諸比丘！云何一切為燒耶？諸比丘！眼為燒、色為燒、眼識為燒、眼觸為燒，凡緣此眼觸所生之受，或苦、或樂、或非苦非樂，此亦為燒。緣何為燒耶？我說因貪欲之火、因瞋恚之火、因愚癡之火高燒，因生、老、死，因憂、悲、苦、惱、絕望而燒。」和〔二九〕第七盲暗：人被盲目是因為生老病死：——「諸比丘！眼是盲暗，色是盲暗，眼識是盲暗，眼觸是盲暗，凡緣眼觸所生之受，或樂、或苦、或非苦、非樂，此亦是盲暗。因何而致盲暗耶？我謂：因生、老、死，因憂、悲、苦、惱、絕望而致盲暗……」

最後的三首經〔三〇〕第八適宜和〔三一〕第十有驗（二）：滅除一切思（焦慮，疑問，思考一切的妄想），因為六根六塵六識六觸六受是無常、苦、無我：——「不思量一切，不思量有一切，不因一切而思量，不思量一切為我有。彼無如是之思量，而對世不予執著一物，無執著則無愛慕，無愛慕而獨自入於涅槃。證知：生已盡、梵行已成、應作已作、不為如是再生。」

第四生法品

共有十首經，內容也是說世界的一切（六根六塵六識六觸六受）被生起、被老病死、該了知、斷盡貪欲等是解脫，沒有什麼新的意義——「諸比丘！一切是生之法。諸比丘！何等之一切是生之法耶？諸比丘！眼是生之法，色是生之法，眼識是生之法，眼觸是生之法，凡緣眼觸所生之受，或樂、或苦、或非樂非苦，此亦生之法。耳是……聲是……鼻是……香是……舌是……味是……身是……觸是……諸比丘！如是觀者，多聞之聖弟厭嫌於眼、厭嫌於色、證知……不為如是再生。」

第五無常品

共有十首經，也是多餘的，內容還是圍繞著「一切是無常、一切是苦、一切是無我、一切是應所瞭解、一切是應所知解而了、一切是所累……因此要厭嫌於眼、厭嫌於色，證知……不為如是再生。」

2. 第二部分（第二五十〔經〕品）

第一無明品

共有十首經，也許是多餘的，因為相似上面的第五無常品。全品的內容可以一言以蔽之：曉得一切都是無常、苦、無我，就會厭膩→離了貪→斷了隨眠→斷了執取→解脫——「見彼亦是無常者，則消滅無明而生起明……

知見眼（等）是無我者，則得除卻其隨眠……厭嫌則離欲，因離欲得解脫，由解脫證知『我曉了於取。』」

第二鹿網品

共有十一首經，應該只有五首經（1_2，3_{456}，7，8，9），分為五個內容，重要的內容在〔七一〕第九六觸處（一）。

〔六三〕第一鹿網（一）：如何是獨住？六根不喜貪愛戀六塵——「彌迦耆羅！有眼所識之色，快意、可愛、樂、常喜愛、誘生欲念。比丘若不喜悅此、不讚美此、不存念戀著於此者，則於彼喜悅心滅，若無喜悅心者則無愛染心，若無愛染心者，則無繫縛。彌迦耆羅！於此悅喜繫縛解脫之比丘，稱為單獨住者。」

〔六四〕第二鹿網（二）：當六根貪愛六塵，立即苦出現，反而是苦滅——「彌迦耆羅！有眼所識之色，快意、可愛、樂、常喜愛，誘生欲念。比丘若喜悅、讚美於此，存念戀著於此者，則喜悅、讚美於此，存念戀著於此，於彼心生喜悅。彌迦耆羅！我謂：因起喜悅心而生起苦……。」

〔六五〕第三三彌離提（一）到〔六八〕第六三彌離提（四）：有十八界（六根六塵六識）就有魔〔註1〕

第三三彌離提（一）：有十八界（六根六塵六識）是有一切：——「凡有眼、有色、有眼識，以眼識所識知之法，則有魔羅、或為魔羅之名義……有意，有法，有意識，有以意識所識知之法，則有魔羅，或為魔羅之名義……。」第四三彌離提（二）：有十二界就是有了友情：——「大德！有情、所稱有情者。大德！如何為有情、或有情之名義耶？……」〔六八〕第六三彌離提（四）：有十八界就是有世界——「凡有眼，有色，以眼識所識知之法，則為世間或世間之名義。有耳……有鼻……有舌……有身……有意，有法，有意識所識知之法，則為世間或世間之名義。」

〔七〇〕第八優波婆：知是覺、覺是現在的解脫，密切相關以後的禪宗思想——「優波婆那！此處有比丘以眼見色，感知色，且對色感知之染心，對色有染心，而覺知：『我對色有染心。』優波婆那！若比丘以眼見色，感知色，且對色感知有染心，彼對色有染心，而覺知：『我對色有染心。』如是，優波婆那！現生之法為即時者，來見〔可示導於涅槃，〕智者應一一自知者……」

〔七一〕第九六觸處（一）：佛確認正道的條件是不拿六根六塵當成「自我

〔註 1〕魔不太了知是魔王還是聖道的阻礙？

與我所」，這就是了悟起、滅、甘味、患難和出離五個問題：——「諸比丘！任何之比丘不如實知六種觸處之生起、滅沒、甘味、患難、出離者，則彼尚未果其梵行，離此法、律猶遠。於此，汝視眼，『此非我所，此非我，此非我之我』，如是以正智慧，對此如實觀，此即苦之終盡。」

第三病品

共有九首經，應該只有五首經（1，2，3_4，5，6_7，8）。

〔七四〕第一病（一）：特別重要的佛教精華思想。一位比丘生病，但沒人照顧，佛去看後，叫他離貪和斷貪就是清淨持戒：——「大德！余尚不知世尊為持戒清淨所說之法？比丘，汝言尚不知余為持戒清淨所說之法，然則如今，比丘！汝知余為何說法耶？大德！我知世尊為捨離染欲而說法。善哉！比丘汝知余為捨離染欲而說法則可」。和六根是無常苦無我——「凡生起之法，此皆滅盡之法。」

〔七五〕第二病（二）：不執取解脫所有的漏——「善哉！比丘！汝知余為無取著般涅槃而說法則可。比丘！余之所說者此法為無取著、般涅槃。」

〔七六〕第三羅陀（一）：六根是無常，所以對它生起所有的貪欲必要斷：——「意是無常者，對此汝應捨欲貪。法是……意識是……意觸是……凡以此意觸為緣所生之受，或樂、或苦、或非苦非樂，此亦是無常者，對此汝應捨欲貪。羅陀！凡無常者，對此汝應捨欲貪。」

〔七九〕第六無明（一）和〔八〇〕第七無明（二）：很重要，也是禪宗的痕跡。了知六根是無常，因此於一切法斷除了偏執和無明：——「比丘！知、見於眼是無常之比丘，則無明消失而生明。色……緣眼觸所生之受，或樂、或苦、或非苦非樂，此亦知、見是無常之比丘，則無明消失而生明也。比丘！如是知，如是見之比丘，則無明消失而生明。」

〔八一〕第八比丘：如何了知？就六根是苦：——「諸友等！眼是苦，為曉了於此，我等於世尊處修梵行。色是苦……凡以眼觸為緣所生之受，或樂、或苦、或非苦非樂者，為曉了此等亦是苦，我等於世尊處修梵行。耳是……鼻是……舌是……身是……意是苦……凡以意觸為緣所生之受，或樂、或苦、或非苦非樂，其亦是苦，為曉了於此，我等於世尊處修梵行。友等！此即是苦，為曉了於此，我等於世尊處修梵行。」

第四闡陀品

共有十首經：應該只有五首經（4，5，7，9，10）。有幾個注意的問題是：

初時也許是從第四闡陀起，因為這品的名字是「闡陀品」；首先的三首經（1，2，3）是後編入的，因為內容是重複其他的，沒有什麼特別；第六與第八則是多餘的。

〔八四〕第一敗壞〔八五〕第二空：相當第二品的三彌離提：——「阿難！凡敗壞之法，於聖者之律，此稱之為世間。」

〔八六〕第三簡約：——「厭嫌於眼……厭嫌於眼觸……由厭嫌而離欲，由離欲以得解脫。」

〔八七〕第四闡陀：內容很有意義，不貪→不動→輕安→斷偏執→無來往是如來，因此闡陀生病治不了，如果自殺也沒罪：——「友闡陀！然者，以彼世尊之此教，應常時善予思量。於依止者有動轉，無依止者則無動轉。無動轉則有輕安，有輕安者則無喜悅，無喜悅者則無來往，無來往者則無生死，無生死者則無此世、無來世、無兩界之中間，此始為苦惱之滅盡。舍利弗！此等確為尊者闡陀比丘之友家、親善之家、往來之家。然而舍利弗，余不說此為『有應受之身』……舍利弗！凡人棄其身，受他身，余稱此為『有應受之身』，然而闡陀比丘則非此。故闡陀比丘不再有矣，舍利弗應當如是見。」

〔八八〕第五富樓那：因對六塵生喜，苦則起。因對六塵喜滅，苦則滅，富樓那尊者雖然活在最兇惡處，但不害怕，因為沒有自我而隨法行法：——「大德！名為富樓那，彼乃良家之子，為世尊以簡約之教誡所教誡，彼已歿矣！彼之所趣為何？彼之來世耶？『諸比丘！良家之子富樓那是賢明。隨法行法，以法之故，不令余苦。諸比丘！良家之子富樓那入般涅槃矣。』」

〔九〇〕第七動著（一）：愛取是苦：——「不思量一切，不思量有一切，不依一切而思量，不思量一切是我有。無如是之思量，對世之〔任何〕一物亦不生執著，無執著則不生愛慕，無愛慕則獨自入涅槃。」

〔九三〕第十二法（二）：很重要，佛說「識」是無常苦無我，因為識依六根接觸六塵而生起，否定有一個「識」在六根六塵之外而存在：——「諸比丘！凡此等三法之合會、集結、和合，諸比丘！稱此為眼觸。眼觸亦是無常、變壞、異變之質。凡於眼觸之生起為因為緣，此因與緣亦是無常、變壞、異變之質。而諸比丘！依無常之緣所起之眼觸如何為常住耶？諸比丘！觸而感受、觸而思考、觸而識知，如是此等之法亦為動轉、消散、無常、變壞異變之質。」

第五棄捨品

共有十首經，值得注意的有四首經（1，2，3，4）。

〔九四〕第一所攝取（一）：雖然有祇夜，但也是原始思想。依意所成五欲，依捨而出離：——「可意之香，更又嗅不淨、不快之香，則對不快者以防怒，對快者勿引欲念。如是，意若有修練六處者，則雖觸此亦心不搖。諸比丘！克此等之貪瞋，始為到達生死彼岸之人。」

〔九五〕第二所攝取（二）：很重要，對於六根懾服貪嗔癡是斷苦，特別是在見、聞、感、識而離貪，因為未見未聞為感未識，哪來的愛與苦？：——「摩羅迦！汝於此作如何思惟？對此等未見、未曾見之眼所識之色，汝今亦未曾見、以後對此等亦未曾見，於此，汝有起欲念、染心、愛情否？大德！不然。……摩羅迦子！汝於法見聞感識，見者即如所見，聞者即如所聞，感者即如所感，識者即如所識。是故，摩羅迦子！汝不為貪瞋癡所累，摩羅迦子！汝以不為貪瞋癡所累，汝不戀著於此見聞感識。因此，摩羅迦子！汝不在此世、不在來世、不在兩界之中間，此為苦惱之滅盡。」

〔九六〕第三退：六根接觸六塵不貪取稱為六勝處，有貪取而跟著它是退墮：——「諸比丘！如何為不退法耶？諸比丘！此處有比丘，以眼見色，邪惡不善，而有憶念志望，彼起繫縛可緣之諸法。比丘若不認是於此，則捨此、排、壞、使歸於無，諸比丘！此比丘當自不由我善法退墮。此為世尊對此所說之不退〔法〕。應如是知諸比丘！如何是六勝處耶？諸比丘！以耳聞聲……以鼻嗅香……以舌味味，以身觸觸……以意識法，邪惡不善有憶念志望，彼若不起繫縛可緣之法，則此比丘當知：『於此是處、是勝，此乃世尊所說之勝處〔法〕。』應如是知之。」

〔九七〕第四不放逸住者：攝護六根是不放逸，這是進到明的行程：——「諸比丘！攝護眼根而住者其心，不為眼所識之色所污，彼心不污生喜樂，於有喜樂者，生歡悅，於心歡悅者，則身有輕安，於身有輕安者，則住安樂安樂者之心得定，心得定者，則諸法現前，諸法現前則稱為不放逸住者。」

〔九八〕第五攝護：相當第三退。

〔九九〕第六三昧和〔一〇〇〕第七獨想：內容相當三昧相應的其他經文。

〔一〇三〕第十優陀羅：有祇夜，應是後編入的，因為羅摩子鬱陀迦（Uddaka Ràmaputta）以前是教佛四禪的導師，佛的如此語氣只可能在部派時才會出現：——「諸比丘！此羅摩子鬱陀迦為不明智者，卻云：『余是明智者。』不為一切勝者，卻云：『余為一切勝者。』為未掘取苦根，卻云：『余掘取苦根。』」

3. 第三部分（第三五十〔經〕品）

共有五品、五十首經。

第一安穩者品

共有十首經，其中只有四首（1，2，3_{10}，5）有價值，剩下的（4，6_7，8_9）為多餘。

〔一〇四〕第一安穩者：六塵相似「套馬杆」，會帶來痛苦，如果人們貪沉它：——「諸比丘！耳所識之聲……鼻所識之香……舌所識之味……身所識之觸……意所識之法，快意、可愛、樂、喜愛，誘心染於欲念。此等為如來所捨棄，斷根，如無頭之多羅樹，為非生成者，為未來不生之法；又因此等之捨棄，如來說示適宜之教，故如來稱為安穩者。」

〔一〇五〕第二執取：六根被執取因此生起苦樂，了悟無常、苦，就厭離貪、解脫：——「諸比丘！眼之存在，執取於眼而汝等生起內部之樂苦。耳、鼻、舌、身、意之存在，執取於意，汝等生起內部之苦樂。」

〔一〇六〕第三苦：很重要，因緣起五支（愛、取、有、生、老死憂悲苦腦），「有」是否佛涅槃後才出現，為什麼？愛生，苦就集起；愛滅，苦就斷盡。那麼，反過來的循環：苦滅等於愛滅→取滅→有滅……是否說不通了？是否只要愛滅是苦滅，就夠了。

〔一〇八〕第五勝：執取六根所以認為有我，有他，有了我他就會有的勝者，劣者：——「諸比丘！眼之存在，以執取於眼，纏著於眼，有人或以『余為勝者』或『余為同等』或『余為劣者』。耳之存在……鼻之存在……舌之存在……身之存在……意之存在，以執取於意，纏著於意，有人或以『余為勝者』或『余為同等』或『余為劣者』。」

第二世間欲類品

共有十首經，該注意的又兩首（5，8），後來編入的三首（3，4，7），剩下的為多餘。

〔一一四〕第一魔索（一）：喜貪六塵就被惡魔勒索：——「諸比丘！以眼所識之色快意、可愛、樂、喜愛，誘生欲念。比丘若喜悅、讚美於此，纏著於此者，諸比丘！此比丘可稱為入魔之住屋，屈服於魔之權力。彼之頸，被魔索所纏絡，彼即被魔縛所縛，而順波旬之意欲……」

〔一一六〕第三世間欲類（一）和〔一一七〕第四世間欲類（二）：是部派的作品，有點囉嗦模糊，佛已相似梵天了：——「諸比丘！余不言，依行往世間之終而可知可見世間之終，然則諸比丘！余亦不言不達世間之終，而可到達苦之終……實則友阿難！世尊知而示知，見而示見，是眼、是智、是法、是梵、是語者、說者，為齎持利益，是施甘露味之法主如來……」

〔一一八〕第五帝釋：雖然是後編入的，但很重要。涅槃變成一個真實的世界，別於現實的世界。為什麼不入涅槃？因為有貪取六塵。這樣的理解有真實涅槃的婆羅門痕跡：──「立於一面之諸天主帝釋，如次白世尊言：『大德！於此大德！或有情於現生不得入涅槃，乃以何為因？以何緣耶？大德！又此處，或有情於現生入於涅槃，乃以何為因？以何為緣耶？』」

〔一二〇〕第七舍利弗：後編入的，因為不防護六根，會還俗：──「友！不守諸根之門，不辨食物之量，不專心於覺醒者，當即如是。友！實則彼之比丘者，不守諸根之門，不辨食物之量，不專心於覺醒者，則彼對完具極淨之梵行，欲終生續行，未有如是之理。」

〔一二一〕第八羅睺羅：雖然是後編入的，但內容相當於「轉法輪經」，帶進了一點神妙，還是原始佛教的精華思想：──「其時，有數千之天神等，亦隨世尊而行：『今日世尊更為指教尊者羅睺羅，於滅盡諸漏。羅睺羅！汝於此作如何思惟耶？眼是常住耶？抑無常耶？凡物之無常，是苦耶？抑樂耶？凡物之無常、苦而變壞之法，以「此是我所，此是我，此是我之我。」如是認識否？』世尊宣說已！尊者羅睺羅心歡喜，歡受世尊之所說。而於此宣說之釋答，尊者羅睺羅無所取著，其心由諸漏解脫。數千之天神等亦起離塵遠垢之法眼，『凡集法者、皆滅法也。』」

第三居士品

共有十首經，其實只有五首（1_{2358}，4，6_{7}，9，10）。

〔一二四〕第一毗舍離〔一一八〕第五帝釋是依這首為本。──「居士！眼所識之色快意、可愛、樂、喜愛，誘生欲念，比丘若不喜悅、不讚美於此，不戀著於此而住者，則不喜悅、不讚美於此，不戀著於此而住者之識，即不依止於此，不取執於此。居士！無取執之比丘，則入於涅槃。居士！耳所識之聲……鼻所識之香……舌所識之味……身所識之觸……意所識之法……居士！無取執之比丘，則入於涅槃。」

〔一二七〕第四婆羅陀闍：三個修行的方法是慈悲觀、不淨觀、守護各根，幫助行者保持清淨梵行：──「婆羅陀闍！心乃虛浮者，或將對於與母相等年齡之女亦起欲念，或對與姊妹相等年齡之女亦起欲念，或對於與女兒相等年齡之女亦起欲念（慈悲觀）。婆羅陀闍！諸比丘！觀察此身由腳掌以上，由髮梢之下，以至皮膚，乃充滿種種不淨之物。此身有髮、毛、爪、齒、皮膚、肉、筋、骨、骨髓、腎、心、肝、膜、脾、肺、大腸、小腸、胃、糞、膽汁、痰、膿、血、汗、脂、淚、膏、唾、鼻涕、關節液、尿、腦漿等是（不淨觀）。諸比丘！汝等為護諸根而住，以眼見色，則不執總相，不執別相。人若不攝護眼根而住者，以此為因，貪、憂、惡、不善之法，則來襲於彼。為實行攝護眼根，守護眼根，以達到攝護眼根。（保護各根）」

〔一二九〕第六瞿史羅：講界的差別，六根接觸六塵通過三個形式（可意、不可意、可捨），形成了三種受（樂苦菲樂非苦）：——「居士！有眼界與可意之色，緣眼識與樂感之觸，所生之樂受。居士！有眼界與不可意之色，緣眼識與苦感之觸，所生之苦受。居士！有眼界與可捨之色，緣眼識與非苦非樂所感之觸，所生非苦非樂……」

〔一三二〕第九魯醯遮：特別重要，佛教精華思想。當六根接觸六塵時，心不可愛而生喜，不可愛而生厭，活在安住念和無量心——「婆羅門！於此，有比丘以眼見色，則心不傾於可愛之色，不背拂於不可愛之色，使正念現前，無量思慮而住；又如實知彼心解脫、慧解脫，彼所起之惡、不善法，則消滅無餘。」

〔一三三〕第十毗紐迦旃延婆羅門尼：為後編入的，內容分為比丘珍貴正法和有或沒有六根而阿羅漢闡述或不闡述苦樂（有點難以理喻）：——「其時，伊羅越耆利族所出之婆羅門女，以勝味之硬軟食物，親手飽滿供養尊者優陀夷……姊妹！時機將來。（敬法）……言罷即從座起而離去姊妹！眼之所存，阿羅漢說苦樂，眼之不存，阿羅漢不說苦樂。耳之所存……鼻之所存……舌之所存……身之所存……意之所存，阿羅漢說苦樂，意之不存，阿羅漢不說苦樂。」

第四提婆陀訶品

共有十一首經，八受多餘（第 4 到第 11）。

〔一三四〕第一提婆陀訶：不放逸，心輕安定、一心，無學者不要努力不放逸，因為不會再放逸：——「諸比丘！彼等比丘乃漏盡之阿羅漢，梵行已立、所作已辦、重擔已捨、自利已達，盡於生有之纏結，完全已證解脫者。諸比丘！此等之比丘，余不須言於六觸處作不放逸。何以故？彼等之已成不放逸，彼等已能不再放逸。」

〔一三五〕第二執著：為後編入的，由六根接觸六塵就有苦（地獄）有樂「天堂」：——「諸比丘！余見名為六觸處所屬之地獄。於此凡以眼見色，僅見不樂之色，不見樂色；僅見不可愛之色，不見可愛之色；僅見不喜之色，不見可喜之色……諸比丘！余見名為六觸處所屬之天。於此，凡以眼見色，唯見樂色，不見不樂色；唯見可愛之色，不見不可愛之色；唯見可喜之色，不見不可喜之色。」

〔一三六〕第三不執著：為後編入的，諸天和人類喜愛六塵，六塵變壞感知苦，如來過來：——「此等於人天世界以為安樂，此等之所滅，此乃彼等之思苦。己身滅盡，於聖者雖見為樂，但一切世間之所見，則反於此。」

第五新舊品

共有十首經，四首多餘（2，3，4，5）。

〔一四五〕第一業：懷疑被後人編過，因為六根是舊業，是誰的舊？——「諸比丘！以何者為舊業？眼是所作為、所思念、所感覺之舊業之所成。耳……鼻……舌……身……意是所作為、所思念、所感覺之舊業之所成。」加上最後兩段是懷疑的原因——「諸比丘！凡求利益，具有慈悲之師，而為弟子垂慈悲者，我為汝等已作畢。諸比丘！當於此等之樹下，或於此等之空屋行禪思，諸比丘！不為放逸，後日即無所悔。此乃我為汝等之教誡。」

〔一五〇〕第六內住：六根接觸六塵生起不善法，是有內住弟子，跟著的所有不善法稱為導師——「諸比丘！於此有比丘，以眼見色、有憶念、有志望，為結縛之緣，於彼起諸惡不善法。此等住彼之內心，『於彼之內心，住於諸惡不善之法』，因此稱為內住；此等亦軌示於彼，『諸惡不善之法，軌示於彼』，因此稱為有師範。」

〔一五一〕第七何功德：——「朋友等！眼是苦，為知此苦，於世尊之處修梵行。色是苦，為知此苦，於世尊之處修梵行。眼觸是苦，為知此苦，於世尊之處修梵行。……緣意觸所生之受，或樂、或苦、或非苦非樂，亦是苦也。為了知此苦，而於世尊之處修梵行。」

〔一五二〕第八有因由耶：根接觸塵明知有或沒有貪嗔癡，這就是不依信依聞的法門：——「諸比丘！於此有比丘，以眼見色，或內有貪、瞋、癡，知：『我內有貪、瞋、癡。』或內無貪、瞋、癡，知：『我內無貪、瞋、癡。』諸比丘！比丘以眼見色，或內有貪、瞋、癡，知：『我內有貪、瞋、癡。』或內無貪、瞋、癡，知：『我內無貪、瞋、癡。』諸比丘！此等之諸法，或依信而知耶？或依愛好而知耶？或依傳聞而知耶？或依因由之論辯而知耶？或依樂著於推理玄想而知耶？諸比丘！此乃其因由，依此因由之比丘，不依信用，不依愛好，不依傳聞、不依理由之論辯，不依樂著於推理玄想，以『生已盡……不再來生。』如是釋答於他。」

〔一五三〕第九諸根：觀六根生滅，厭離貪就解脫：——「比丘於眼根若見生起、壞滅而住，則厭嫌於眼根，於耳根……於鼻根……於舌根……於身根……於意根若見生起、壞滅而住者，則厭嫌於意根，因厭嫌而離欲。」

〔一五四〕第十說法者：是相當於第三集的說法——「比丘若為眼之厭嫌、為離欲、為滅盡而說法者，此足以稱為說法比丘。比丘若為眼之厭嫌、為離欲、為滅盡而履行者，此足以稱為法隨法行之比丘。比丘若依眼之厭嫌、依離欲、依滅盡，無取著得解脫者，此足以稱達現法涅槃之比丘。」

4. 第四部分（第四五十〔經〕品）

共有四品。

第一喜悅消盡品

共有十二首經，收縮成四類經：第 1，2，3，4 講六塵是無常，離貪是解脫；第 5，6 講該修禪觀，如實看待；第 7，8，9 講世間是由六根六塵六識六觸六受構成，而它的本身是無常、苦、無我，離貪對治它們；第 10，11，12 講了悟時間是無常，因此離邪見、身見、我見。

第二六十乃至廣說〔品〕

完全重疊其他經文，收縮成為四類經：第一欲念，第二過去，第三凡無常者，第四內外。全是重疊，表述三時過去現在未來的六根六塵是無常、苦、無我，因此不可貪欲。可以把這當成六處相應。

（二）受相應——Vedanā-saṁyutta

共有三品、二十九首經，屬於念處相應。

第一有偈品

共有十首經。

〔一〕第一三昧：該修禪了知三受（樂、苦、不樂不苦）。

〔二〕第二樂：認清三受才能遠離貪取是安樂。

〔三〕第三捨棄：對於三受的貪嗔癡隨眠必斷盡。

〔四〕第四嶮崖：——「諸比丘！有聞之聖弟子，雖觸身所屬之苦受，不至為憂、疲、悲、搏胸、哭泣而迷惑。諸比丘！此稱之為『有聞之聖弟子，曾立於嶮崖，得有足踏實地。』」

〔五〕第五當見：觀樂受是為苦，苦受是為箭，非苦非樂受者是為無常。由斷除渴愛，毀滅纏結，滅除憍慢，故稱為盡苦際。見人之樂為苦。

〔六〕第六箭：很重要、很仔細的表述，講從苦受生起瞋、貪、隨眠無明的三個階段。聖人與普通人的差別是：——「有聞之聖弟子，觸苦受不至為憂、疲悲、搏胸、泣哭之迷惑。彼唯一之感受；乃屬於身受，而非屬於心受。」

〔七〕第七疾病（一）：很重要，講四念處的正念醒覺，定義相當第五集的第三念處相應——「於身觀身而住，精進正知、有念，以抑止此世之欲貪憂戚，於諸受觀受而住……於心觀心而住……於諸法，觀法而住，精進於正知、有念，以抑止此世之欲貪憂戚。諸比丘！比丘如是而為正念。」

〔一〇〕第十以觸為根本者：三受依觸為基本。

（三）女人相應——Mātugāma-saṁyutta

共有三品、三十四首經，講男女居士如何在生活與家庭中得到安樂幸福，跟六觸處無關，值得注意是第三品的兩首經（第 9 和 10）。

〔三三〕第九無所畏：守持五戒的女人永遠不會害怕——「乃離奪生命、離不與取、離諸欲邪行、離妄語、離用穀酒、花酒、狂醉放逸之事。具此等五種法之女人，為無所畏而住於家。」

〔三四〕第十增長：——「聖女弟子依五種增長而增聖女弟子，因聖之增長而增長，得身之極精者，得最良者。何等為五耶？依信而增長，依戒而增長，依聞而增長，依施捨而增長，依智而增長。」

（四）閻浮車相應——Jambukhādaka-saṁyutta

共有十六首經，很重要。兩首（第 5，6）與六觸處有關，一首（第 16）共同，餘下的十四首經都屬於八正道相應，內容大概都關聯各主題的提問。

第五安息：與八正道有關。如實智六觸處的生起斷滅，等於了知它們的甜味、危害、出離：——「友！比丘依如實知六種觸處之生起、滅盡、甘味、患難、出要，友！比丘於此分，彼可達於安息。」

第六最上安息：與六觸處和八正道有相關。真實了知六觸處的生起斷滅、甜味、危害和出離，就放下執取、獲得解脫：——「友！比丘如實知六種觸處之生起、滅盡、甘味、患難、出離，無取著以解脫，友！彼於此分達於最上安息。」

第十愛：斷盡三種愛（欲愛、有愛、無有愛）只有通過實行八正道：——「友！此等三者是愛。則欲愛、有愛、非有愛是。友！此等三種為愛……。友！此八支聖道正是實現此安息之道，即：正見、正思惟……正定是。吾友！此為實現安息之道，此為行道。」

（五）沙門出家相應——Sāmaṇḍaka-saṁyutta

共有十六首經，全是重疊第四閻浮車相應的。

（六）目犍連相應——Moggallāna-saṁyutta

共有十五首經，是關於神通，福報、度生方便的，跟六處無關，應為多餘。

（七）質多相應——Citta-saṁyutta

共有十首經，其中的四首經（第4，8，9，10）編輯有誤。

第一系縛：人與境不互相束縛，但它們接觸時生起欲貪，這就是繫縛：——「諸大德！眼非繫縛諸色，非諸色繫縛於眼，於此乃兩者為緣所生之欲染，此乃如是之繫縛。耳非繫縛諸聲……鼻非繫縛諸香……舌非繫縛諸味……身非繫縛諸觸……意非繫縛諸法，於此，以此兩者為緣所生之欲染，此乃如是之繫縛。」

第二隸犀達多（一）：——「世尊說此之界種種，曰：眼界、色界、眼識界、耳……鼻……舌……身……意界、法界、意識界。居士！此乃世尊所說之界種種。」

第三隸犀達多（二）：應為後來編入的，屬於蘊相應，介紹七類邪見和六十二邪見的《梵網經》，有了邪見，人就把五蘊變成了「自我」：——「凡此等之多種見解，起於世間者，或言：『世是常住。』或言：『世是無常。』或言：『世是有限。』或言：『世是無限。』或言：『生命、身體是同一。』或言：『生命、身體是異。』或言：『如來死後存在。』或言：『如來死後不存在。』或言：『如來死後存在、亦不存在。』或言：『如來死後不存在、又非不存在。』等等，凡此六十二見，說於《梵網經》中者。」

第四摩訶迦：比丘的梵行不會貪沉四事供養，但文風有點不太規則，意義貶低了質多居士的資格是只貪於神通：——「德！請示現尊者摩訶迦之勝人法、神通神變……。時，尊者摩訶迦收藏坐臥具，持衣、缽，行離摩叉止陀山而去。彼行離摩叉止陀山後，未曾再歸來。」

第五迦摩浮（一）：——「大德！此為渴愛之別名。漏盡之比丘已拋棄直如斷根，無根本之多羅樹，非使生成者，為未來不生之法故，漏盡之比丘稱為『斷流』。大德！染欲為縛，瞋恚為縛，愚癡為縛。漏盡之比丘已拋棄此等，如斷根無本之多羅樹，非使生成者，為未來不生之法。是故，漏盡之比丘稱為『無縛』。」

第六迦摩浮（二）：口行有疏漏，對於無相心定和滅受想定非常重要性：——「先尋求、伺察而後發語，是故尋伺為語行。想、受屬於心，此等之法依縛於心，是故想、受為心行……。大德！想受滅等至，是如何而有耶？居士！逮達想受滅之比丘，無如是之念：『我將達想受滅。』『我正達想受滅。』或『我已逮達想受滅。』其心前已修練，自向於此。」

（八）聚落主相應——Gāmaṇi-saṁyutta

共有十首經，該留意有七首經（第 1，6，7，8，10，11，12），分五個內容：

1. 貪、嗔、癡

第一暴惡：有貪嗔癡是暴惡的愚者，反而是柔和人：——「有某者未捨貪欲，因未捨貪欲，而令他怒及遭遇他怒；若現出自怒者，則稱彼為暴惡。未捨瞋恚，因未捨瞋恚，而令他怒及遭遇他怒；若現出自怒者，則稱彼為暴惡。未捨愚癡……。」

和第一一驢姓：苦惱是由欲與貪。佛在世時，欲和貪的概念是很普遍存在在民間的：——「坐於一面之婆托羅加伽聚落主，白世尊言：『大德！願世尊為余說示苦之生起與滅沒。』」

2. 業

第六西地〔方〕人（死歿者）：婆羅門的祭拜不可轉變善惡業，相當於石頭扔河裹求它浮起來和倒油進河求它沉下：——「如是祈求、禮讚、合掌、周行者，汝對此如何思惟耶？此大石因大人眾之祈求、禮讚、合掌周行，而得浮出、浮上、陞於陸上否？汝醍醐、油！沉下，汝醍醐、油！沉沒，汝醍醐、油！沉沒！如是祈求、禮讚、合掌、周行者，聚落主！汝對此作如何思惟耶？其醍醐或油，因大人眾之祈求、禮讚、合掌周行，能沉沒而下墮否？」

和第八螺貝：業的學說纖細的解釋。守持戒和修無量心：——「任何人若破壞生命者，皆墮於離去處、地獄。任何人不與取者……。任何人於諸欲行邪行者……。任何人語妄語者，皆墮於離去處、地獄。聚落主！而且弟子對此教師有淨信心……。如少勞可令四方聞〔其吹〕，聚落主！同此，由如是實修、如是增長慈心解脫，凡所標量之業，於其處無餘存，於其處無存立。」

3. 說法

第七說教：對於不同的對象（僧尼、居士、外道），佛用不同的說教方法：——「譬如此殊勝之田，如是者乃余之比丘、比丘尼……譬如此中等之田，如是者，是余之信男子、信女人……譬如下劣砂地有多鹽分惡質地之田，如是者，余認為此是外道沙門、婆羅門、普行沙門。余亦為彼等，說於初善、中間善、終善、有意義、文與言調和之法，說明一切具足、完全清淨之梵行……」

4. 僧團的清淨梵行

第一〇頂髻：僧眾不可以收藏資財：——「沙門釋子等，棄摩尼、黃金，以離金銀。聚落主！以金銀為淨者，則於五種欲亦淨聚落主！以五種欲為淨者，此應視為非沙門法〔之人〕，非釋子法〔之人〕。」

5. 中道

第一二王發：應該出現在部派時，因為推論很穩定，但很冗長。佛不贊同「苦行和享受五欲」兩種極端，注重斷除貪嗔癡是最重要的：——「沙門瞿曇非難一切苦行，徹底謗罵一切艱難生活之苦行者。大德！沙門瞿曇非難一切苦行，徹底謗罵一切艱難生活之苦行者。如是說之彼等眾，大德！彼等是說世尊之所說耶？或以非實誣衊世尊耶？隨順〔世尊〕之法以說明法隨順法者、同法者亦無陷於非難之地耶？」於此，聚落主！此艱難生活之苦行者，以苦虐自己，〔而且〕不得善法，不能現證勝人間法，足以為聖之知見，聚落主！此艱難生活之苦行者，依三種理由應被非難。依如何之三種理由，應被非難耶？以苦虐自己，此第一之理由應被非難；不得善法，此第二理由應被非難；不能現證勝人間法，足以為聖特殊之知見，此第三理由應被非難……。凡有貪欲者，由貪欲之因，〔人〕則懷持毀傷自己之心、懷持毀傷他人之心、懷持毀傷兩者之心。〔然〕能排除貪欲，〔人則〕不懷持毀傷自己之心、不懷持毀傷他人之心、不懷持毀傷兩者之心，此是現生者、不老者、即時者。來看！此之所示，導〔人向〕於涅槃，而智者各自應得知之〔法〕。」

（九）無為相應——Asaṅkhata-saṁyutta

共有兩品、五十五首經。

第一品

十一首經，表述達到「無為」的方法是「三十七助道品」。正念有兩：身行念和四念處。正定有三：止與觀、尋與伺、空；無相；無願。總之，斷貪嗔癡是無為。這是屬於道相應。

第二品

有的完全重疊第一品，有的為多餘。

（十）無記說相應——Abyākata-saṁyutta

共有十一首經，但應該只有七（九）首（第 1，3_{45}，6，7，8，9，10，11）。其中的六首經屬於「蘊相應」，都對於如來有邊、無邊、常無常等的問題，佛不回答，為什麼？因為對於五蘊還沒斷除了貪愛（無明）所以才問這樣的問題，而如來（覺者）對五蘊本來沒有按住，執著（五蘊是無我），所以四種存在形式沒有任何關係與存在的問題：——「……世尊不記說此，是何因？何緣耶？」「對色……受……想……行……識不能如實知、見者，對色……受……想……行……識之生起與滅不能如實知、見者，則有『如來死後存在』，有『如來死後不存在』，有『如來死後存在又不存在』，有『如來死後非存在又非不存在』。？」——「阿羅陀！汝對此作如何思惟：『以認識色是如來』耶？」「以受……以想……以行……以認識識是如來耶？」「……有聞聖弟子，厭嫌於色、厭嫌於受、厭嫌於想、厭嫌於識；厭嫌者則離欲，由離欲而解脫」

第二阿㝹羅陀，完全重複第三集犍度篇，第一蘊相應，第四長老品，〔八六〕第四阿㝹羅度，所以這首經應該屬於這的。

第七目犍連（處）是屬於「六處相應」，是依據「無我相經」的形式，六處是無我，因為不把六處當成我，所以聖人者不回答這些問題。：——「世間為常恒？世間為無常？世間為有邊？世間為無邊？即命即是身？命與身各別？如來死後存在？如來死後不存在？如來死後，存在又不存在？如來死後，非存在又非不存在？』……如來、應供、正遍智者，對眼、耳、鼻、舌、身、以意不如是認識：『此是我所有，此是我，此是我之我。』是故，如來對如是問，或不以『世間為常恒』，或不以『世間為無常』……或不以『如來死後，非存在又非不存在』釋答。」

第十阿難（我是有）：佛是一位有智慧慈悲的導師，回答問題先看他們的領會滲透程度，婆蹉姓普行沙門（Vacchagotta）這不是第一次，巴利經文中看到他很多次重複同樣的問題，顯然他很焦慮，似乎被這些問題困擾，走不出的懷疑之中。當時如果佛直接回答「無我」他一定會恐慌的「以前有，現在沒有了」，但如果佛說「有我」，那麼不是對違背了佛證得的真理，所以不回答對他來說最好的辦法：——「阿難！余若對婆蹉姓普行沙門之問：『我是有耶？』答為『我是有』者，阿難！此則與常住論者之彼沙門婆羅門等相同。之問：『我是無耶？』答為『我是無』者，阿難！此則與斷滅論者之彼沙門婆羅門等相同。之問：『我是無耶？』答為：『我是無。』者，阿難！此愚昧之婆蹉姓以『先前余非有我耶？其我如今則無。』則更增迷卻。」「之問：『我是有耶？』答為『我是有』者，則順應余以智慧所發現之『一切法是無我』否？」

第一一詵陀：用來闡述的因素——色身、心想已經被斷滅了，那麼用什麼來討論「如來死後不存在？如來死後，存在又不存在？如來死後，非存在又非不存在……」的呢？——「婆蹉！凡說示依有因、有緣者，言有色、言無色、言有想、言無想、言非想非非想，其因、其緣一切之一切滅盡全無所殘存，則依何以說示於此，說示或有色、或無色、或有想、或無想、或非想非非想耶？」

注：一些重要的開示與筆者的提示：

1. 一些重要的開示

（1）大多數的經文中都說：——「諸比丘！如是觀者，有聞之聖弟子厭嫌於眼、厭嫌於耳、厭嫌於鼻、厭嫌於舌、厭嫌於身、厭嫌於意，由厭嫌而離欲，由離欲而得解脫，由於解脫『我解脫』之智生。證知：生已盡、梵行已成、應作已作、更不來如是之生。」

（2）第一六處相應，第三一切品，〔三〇〕第八適宜：——「不思量一切，不思量有一切，不因一切而思量，不思量一切為我有。彼無如是之思量，而對世不予執著一物，無執著則無愛慕，無愛慕而獨自入於涅槃。諸比丘！此為滅除一切思量適宜之道。」

（3）第二受相應，第一有偈品，〔七〕第七疾病（一）：——「『我起此非苦非樂受，此非苦非樂受為有緣而起，無緣則不起……何為有常住耶？』彼於身又於非苦樂，觀無常而住，觀消亡而住，觀離欲而住……觀滅盡而住，觀捨棄而住，身與非苦非樂之無明隨眠，皆所捨棄。」

（4）第七質多相應，第一系縛：——「諸大德！譬如將黑色之牛與白色之牛，以一鎖或索繫縛。若人作如是言：『黑牛繫縛白牛，白牛繫縛黑牛。』者，則彼語是正語耶？」不然。非黑牛擊縛白牛，亦非白牛擊縛黑牛。兩者以一鎖及索相繫，此乃如是之繫縛。」與此同理，眼非繫縛諸色，非諸色繫縛於眼……耳非繫縛諸聲……鼻非繫縛諸香……舌非繫縛諸味……身非繫縛諸觸……意非繫縛諸法，於此，以此兩者為緣所生之欲染，此乃如是之繫縛。」

（5）第七質多相應，第五迦摩浮（一）：——「大德！染欲是苦，瞋恚是苦，愚癡是苦。漏盡之比丘，已拋棄此等，如斷根無本多羅樹，非使生成者，為未來不生之法。是故，漏盡之比丘稱為『無苦』。」

（6）第八聚落主相應，第九家：——「聚落主！如來以種種方便，對家家稱揚愛憐、稱揚保護、稱揚悲愍。」

（7）第八聚落主相應，第一一驢姓：——「『凡苦之生，皆以欲為根本、以欲為因緣而生，此欲是苦之本。』」

（8）第八聚落主相應，第一三波羅牢（可意）：「離貪欲、離瞋恚、不迷著，正知正念，與慈俱生之心，遍滿四方而住。攝護於身、於語、於心……彼生喜樂，喜樂於彼而生歡悅，歡悅之彼身輕安，身輕安之彼享受安樂，心安樂者即獲定。聚落主！此乃法三昧。汝若於此獲心三昧者，如是，汝則捨此疑惑之法。」

（9）第十無記說相應，第六舍利弗——拘絺羅第四（喜悅）：「如今於此，友舍利弗！從此，汝更復何所願？友舍利弗！得愛盡解脫之比丘，無為其施設而有增長。」

2. 因緣滅的五支

第三五十〔經〕品，第一安穩者品，〔一〇六〕第三苦：五支因緣滅包括愛滅，取滅，有滅，生滅，老死憂悲苦腦滅，這首經是特別重要的：——「依其愛之無餘離卻滅盡，則取之滅盡，依取之滅盡，則有之滅盡，依有之滅盡，則生之滅盡，依生之滅盡，則老死、憂悲苦惱絕望滅盡。如是而此一切苦蘊滅盡。諸比丘！此乃苦之滅沒。」

3. 原始精華、禪宗精神與大乘空性的相同

第一六處相應，第三一切品

〔三〇〕第八適宜到〔三二〕第十有驗（二）：不思量的方法相似於禪宗的「無念」，後來變成「無分別」：——「不思量一切，不思量有一切，不因一切而思量，不思量一切為我有。無如是之思量，而對世不予執著一物，無執著則無愛慕，無愛慕而獨自入於涅槃。——諸比丘！於蘊、界、處，彼亦不思量此，亦不思量有此，亦不因此而思量，亦不思量此為我有。彼無如是思量，

不執著世之一物，無執著則無愛慕，無愛慕則獨自入於涅槃。」

第一六處相應，第二鹿網品

〔七〇〕第八優波婆那：知是覺，覺是脫離現在所有的煩惱，這也是禪宗的精華思想：——「以意識法，雖感知彼法，然對於法感知不染心，對於法無染心，彼覺知：『我對於法無染心。』優波婆那！若比丘以意識法，雖對於法感知，而對於法感知不染心，彼對於法無染心，則覺知：『我對於法無染心。』如是，優波婆那！現生之法為即時者，來見〔可示導於涅槃者，〕智者應一一自知者。」

第一六處相應，第三病品

〔八〇〕第七無明（二）：對於一切法不生起偏執：——「比丘！此處有比丘，有如是之所聞：『法不適於偏執。』」

第一六處相應，第四毒蛇品

〔一九九〕第三龜：像烏龜一樣的去保護六根：——「諸比丘！野干亦由遠處見龜，見而來至龜處，來則站立龜處〔作念〕：『此龜首為第五，其肢分中，俟其任何肢分轉出時，立即捕彼拉裂而食。』龜首為第五，其肢分中，任何肢分皆不轉出，時野干則不得機會，厭龜而遠去。諸比丘！於汝等護守諸根門故，魔王波旬亦厭汝等而遠去，如野干之不得機會而去。」

〔二〇二〕第六漏泄：六根安住，所以當六根接觸六塵不生起厭愛的執取，相當於不起分別心的禪宗：——「諸友！此比丘勝於色、勝於聲、勝於香、勝於味、勝於觸、勝於法，而非謂不勝。彼勝再來生染污之性，勝隨伴有怖畏之苦果，勝當必至於未來生老死、惡不善法者。」

〔二〇七〕第十一麥把：任何事心不要去想，都是妄想，這是後來禪宗與唯識基本依據的無念（無心）思想：——「諸比丘！『我有』者，此為慢心。『此是我』者，此為慢心。『我』者，此為慢心。……諸比丘！慢心為病，慢心為瘡，慢心為箭。然則諸比丘！『我等以不慢之心而住』，汝等當如是學習。」因為：——「諸比丘！想思者（Mannamàna）乃被魔羅波旬（Màra）所縛，無想思者，則獲解於此。」

第七質多相應，第七牛達多：空心解脫就是不動心解脫，這也是「對境無心莫問禪」的禪宗方針：——「大德！何者為空心解脫耶？大德！於此有比丘，或入森林、或入樹下、或入空屋，如是思量：『此雖是我，雖是我有，卻是空。』大德！此稱為空心解脫。……大德！於無相心解脫中（於無所有解脫中、於無量心解脫中），知不動心解脫為此等最第一。然此不動心解脫，依染欲而空，依瞋恚而空，依愚癡而空。」

第二世間欲類品，〔一一八〕第五帝釋和第三居士品，〔一二四〕第一毗舍離（兩首相當的內容）：內容相似《金剛經》所說「不應住色生心，不應住聲香味觸法生心，應無所住而生其心」，和用不分別心的「照見五蘊皆空，度一切苦厄」的《般若心經》：——「眼所識之色……耳所識之聲……鼻所識之香……舌所識之味……身所識之識……意所識之法快意、可愛、樂、喜愛，誘生欲念，比丘若不喜悅、不讚美於此，不戀著於此而住者，則不喜悅、不讚美於此；不戀著於此而住者之識，即不依止於此，不取執於此。諸天之主！無取執之比丘入於涅槃。」

4. 涅槃和輪迴問題

第二世間欲類品

〔一一八〕第五帝釋是依據第三居士品〔一二四〕第一毗舍離而編輯的，在這有兩個問題要討論的是：

第一、「時，諸天之主帝釋，來詣世尊住處。禮拜世尊……」，「帝釋」是否等於「梵天」「上帝」？而梵天，上帝是很多宗派最高的崇拜神，這不是帶上了宗教性質嗎？是因為有了神仙出現問法，這不僅是脫離了現實（雖然沒人能正實證明有還是沒有神仙，但至少到今日不實際了），而且會帶來「宗教爭論和宗教戰爭」的危機（因為我崇拜的……比你崇拜的……厲害多的了，他還向我崇拜的跪下求法……，這不是在報紙、書籍、網絡上彼此互相攻擊的理由嗎？這不是現在宗教極端分子用來恐怖的理由嗎？），所以這絕對不是佛說的。

第二、在這裡可以找到真實涅槃的婆羅門思想，把涅槃變成一個別立這個世界的真實涅槃：——「眼所識之色……耳所識之聲……鼻所識之香……舌所識之味……身所識之識……意所識之法快意、可愛、樂、喜愛，誘生欲念，比丘若不喜悅、不讚美於此，不戀著於此而住者，則不喜悅、不讚美於此；不戀著於此而住者之識，即不依止於此，不取執於此。諸天之主！無取執之比丘入於涅槃。諸天之主！於此，或有情現生之不得入涅槃，乃此因、此緣。」是否該討論一下「涅槃」這問題？對！不貪取就是原始佛教脫苦的核心，但同這段話可以這麼理解「因為根和塵接觸時生起了貪愛所以有情現生之不得入涅槃」，這是否肯定了有一個地方叫「涅槃」，而人們可以進入的地方？筆者不否定有涅槃，但不是一種遙遠「涅槃的畫餅」，而是現實，在現在的。在相應部中很多次，對於不實際的問題，佛不會回答的，為什麼？筆者個人認為：1. 抽象的問題，說不盡，每個人的理解不一樣，每一個時代發現也不不同。「冷暖自知」說了不一定對方能理解和接受，以為每個人的知識和體驗也不一樣，像一隻烏龜跟一條魚說「除了我們活在水裏的世界，另外還有一個沒有水的世界」，魚不信，它想什麼可能，老烏龜肯定說謊，沒水什麼活的了……。另外很簡單，如果現在活著很快樂，不煩惱，不執取，萬事隨緣，那麼死後再生哪裏重要嗎？涅槃境界對他來說稀罕嗎？那還要疑問什麼問題的呢？2. 明哲智慧的人，只注重實際的效果。比如一位被箭頭射而受傷，他不把箭頭出來，不願意治療，一直問：箭頭是從哪裏來？用什麼來作這個箭頭？等等，還沒問完他就被毒發死了。這就是像人，活在煩惱中的三毒（貪嗔癡），不去治療淨化它，而去討論一些無用的問題？算是有智慧嗎？其實什麼時候身安心平，定慧生起，所以問題自然會明智。所以如果不用自己來實驗，像是一個勺子，雖然在鍋裏但永遠不知道湯是什麼味道，而且不正真得知，如果說了，只不過是一種「戲論」而已。

總之排除了一些宗教性質，其實這首經很重要的意義，可以說是原始佛教的精華思想。

第四闡陀品

〔九二〕第九二法（一）：無論是什麼因緣生起，必被因緣滅，識也是，因此識是無我。〔九三〕第十二法（二）：依六根接觸六塵識才現有，因此識的本身是無常、苦、無我，所以否定了有一個獨立存在的「識」去再生：——「以（眼耳鼻舌身也是）意與法為緣而生意識。意是無常、變壞、異變之質。色亦是無常、變壞、異變之質。如是此等二法是動變、消散、無常、變壞、異變之質。意識亦為無常、變壞、異變之質。凡於意識之生起為因為緣，其因與緣亦為無常、變壞、異變之質。諸比丘！依無常之緣所起之意識如何是常住耶？諸比丘！凡此等三法之合會、集結、和合，諸比丘！稱此為意觸。意觸亦是無常、變壞、異變之質。凡於意觸之生起為因為緣，其因與緣亦為無常、變壞、異變之質。而諸比丘！依無常之緣所起之意觸如何為常住耶？諸比丘！觸而感受，觸而思考，觸而識知，如是此等之法亦動轉、消散、無常、變壞、異變之質。諸比丘！如是緣二法而生識。」

5. 原始的社會

第一六處相應，第四闡陀品

〔八七〕第四闡陀：病重不可救藥，余強烈之苦感，加增而無減退，唯感其增進，不感其減退，有自殺的傾向：——「尊者舍利弗，白世尊言：「大德！尊者闡陀持刀自刎，彼之所趣，彼之來世為何耶？」舍利弗！凡人棄其身，受他身，余稱此為『有應受之身』，然而闡陀比丘則非此。故闡陀比丘不再有矣，舍利弗應當如是見。」

〔八八〕第五富樓那：通過富樓那尊者回答佛，說明的那時有用刀自了的傾向：——「大德！須那巴蘭陀人民，若以利刃奪我之生命，於此我應作如是：『彼世尊之諸弟子，以身以命為惱、為鬱、為厭、以求持利刃者，對彼等之持此利刃者，我乃不求而得。』世尊！於此應作如是，善逝！於此應作如是。」

第四五十〔經〕品，第四毒蛇品

〔一九七〕第一毒蛇：通過一些佛的比喻，雖然表面上是：——「為使知其意義，余作此譬喻，而其意義即在此。諸比丘！威光熾燃而毒氣猛烈之毒蛇，即地界、水界、火界、風界四大之喻語。五名殺人之怨敵，此即色取蘊，受取蘊，想取蘊，行取蘊，識取蘊之五取蘊喻語。第六拔利刃之闖入殺人者，此乃喜悅、愛染之喻語。空虛之村落，此乃六內（處）之喻語……。」同時也可以知道當時的社會，是否佛有改造社會的預想呢？

〔二〇二〕第六漏泄：佛到了一個新的地方，尚未有沙門婆羅門或其他人等住於此。經文中的佛、佛的徒弟們、當地的主人……通過諸位所有的動作，可以看到當時的一種交流文化：——「世尊著內衣，持衣、缽，與比丘眾同赴新集會堂。洗兩足已，入集會堂，背依中央立柱，面東而坐。比丘眾亦洗兩足，入集會堂，背依西壁，唯以世尊在前，面東而坐。住迦毗羅衛之釋迦族等亦洗兩足，入集捨堂，依東壁，唯以世尊在前，面西而坐。」

〔二〇六〕第十六生物：佛陀教比丘去化緣時該如何保護自己，推想佛教徒也許會遇見很多麻煩，因為佛的思想打動了當時的所有學派：——「「諸比丘！譬如瘡癢身，腐爛身之人，入於棘之森林，萓與棘刺彼之足，引而搔及瘡爛之肢體。諸比丘！如是此人，因而漸感至苦痛不快。與此同理，諸比丘！此處有比丘，入於村落或森林，遇所觸者作如是言：『此尊者如是作，如是行者，為村落不淨之棘。』得知此為棘，當知攝護與不攝護。」

第三女人相應，第一中略品第一

〔一〕第一可意不可意：因為佛陀對社會有所瞭解，所以教女人在家該如何不害怕，女人的威力是什麼？如何保護自己的在家的位置：——「具五支之女人，男人甚為可意。何等之五支耶？容貌好、有財產、有戒德、巧妙而不懶惰、為男子而得兒。諸比丘！具此等五支之女人，男人甚可意。」」

〔三〕第三特殊：——「「諸比丘！此等之五者，為女人特殊之痛苦。於此，女人比男子更能忍受。何等為五耶？……」

6. 關於「四禪」問題

第七質多相應，第七牛達多（Godatta）：——「大德！何者為無所有心解脫耶？大德！於此處有比丘，超越一切識無邊處，『無所有者』，逮達住無所有處。大德！此稱為無所有心解脫。」

第七質多相應，第八尼乾陀（Nigantha）：應該是部派主張的「四禪」，但尼乾陀不認可，她說是一種以網障風，以己掌遮恒河之流的「言其空喊」沒有什麼用：——「「大德！余自望之間，離諸欲，離不善法，有尋有伺，而由離生喜樂逮達住於初禪。大德！余自望之間，由尋、伺之息滅，內部寂靜，心為單一性，無尋無伺，由定生喜樂，逮達住於第二禪。大德！余自望之間，離喜，捨心，正知，以身感受樂，謂聖者之說：捨心者、有念者、樂住者、逮達住於第三禪。大德！余自望之間，由樂之捨棄，由苦之捨棄，前既由喜憂之滅沒，非苦非樂，捨念清淨，逮達住於第四禪。大德！余如是知、如是見，猶須信其他之沙門或婆羅門耶？有無尋無伺之三昧，有尋伺之滅盡。」作是言時，尼乾陀若提子顧視己之集團曰：「諸師請看此質多居士之如何不質直耶！此質多居士之如何幻偽耶！此質多居士如何虛妄耶！」」

這裡有兩個問題要討論的：1. 原始佛教的禪是通過八正道簡稱「戒定慧」的道。走在解脫苦之路，首先持戒，不違背道德（戒），活在無害與有利益眾生。進展一步安靜內心（定），不被煩惱圍繞，精進學習（文），思考問題（思），應用實行（修）。佛教的「慧」，不是說有了「定」自然「爆炸」得到智慧，而是有了定力，通過禪觀觀察萬法，什麼時候正真了悟無常、苦、無我，看透萬法的本質，放下所有的執著，不為了「七情六欲」而煩惱，不為了我和我的而傷害他人，益自益他益社會這是「解脫慧」。2. 四禪八定只是順服心而不是究竟的目的？首先瞭解一下四禪八定是什麼？四禪八定包括四禪境界以及四個定境，合稱四禪八定（八定包含四禪）。

這個世間分成三界，也稱為九地，就是欲界稱為散地、色界和無色界稱為定地。欲界有種種欲望，如要進入兜率天、忉利天等不須靠定力，只要努力的修集各種的福德因緣即可。色界和無色界都要依靠定力進入。

四禪即初禪——離生喜樂地，是因為出離欲界的心生起喜歡與快樂的感覺。二禪——定生喜樂地，二禪暫時離開煩惱，而感受快樂這叫「喜」。三禪——離喜妙樂地。四禪——捨念清淨地，從三禪以上沒有樂受。初禪至三禪的心念一直處在動中，進入四禪後，心如明鏡不動，清淨明朗。心念不動並不表示心沒作用，而是它停留在一個境界裏，觀那個境而心不動。在四禪中，唯有意識的作用。四種定還在色界，沒有捨離色身。進入四禪，如果要修神通，立刻就能夠修成五神通，因為定能發神通，是內在自發的能力，因為心定，所以能夠發通的意思。

總體來說，佛教禪宗分成兩個方向：1. 是「如來禪」是按佛教經中所教導的修習禪的方法，即依據四念處經的明察慧（Vipassana）禪觀——通過觀察滲透心和法的運行與真面目，證得解脫慧。（至今弘揚最強在南傳佛教的斯里蘭卡，泰國，緬甸，老撾，越南，印度也有）。2. 是從達摩祖師傳到中國「教外別傳，不立文字，直指人心，見性成佛」的指導思想以所叫祖師禪，意味是直接由祖師傳承而來，進入了中國文化，成為了佛教中國化的禪宗。所以傳至六祖惠能以下，現在中國禪宗有的「五家七宗」的禪法，即南嶽懷讓禪師（677～744）分兩：——1. 溈仰宗（唐代靈佑禪師 771～853）和 2. 臨濟宗（唐代義玄禪師？～867）。臨濟宗又分成兩：——2.1. 黃龍派（慧南禪師 1002～1069）和 2.2. 楊枝派（楊岐方會 992～1049）；青原行思唐代禪師（671～740）分三：——1. 曹洞宗（唐代洞山良價禪師 807～869）、2. 雲門宗（唐懿宗代文偃禪師（864 一 949）和 3. 唐末五代法眼宗（法眼文益 885～958）。諸位主張的禪是「看話頭」（即念之前頭，一念未生以前）或「參公案」（即禪祖行止記述及語錄），是屬於禪止，注重於一個對象為目的。所以「止」是發展定力，進入四禪，但只是降服眼、耳、鼻、舌、身識，並沒把它們滅掉，雖然進入了那個定境，粗重的煩惱當時不生，相似一個石頭壓著草，雖然草不發展但草的根還在那。

其實人的心裏運行特別複雜，人們的「心猿意馬」，在一剎那中很微不停的變化，肉眼無法看到，所以如果只通過禪定（止）確實不可徹底管得了它。佛教有的學法和行法，除了「禪止」還有「禪觀」，巴利語稱為 Vipassanā，是一個基本之一的佛教禪。Vipassanā 原本的字「Vi」是「特別」和「許多不同的方式」的意義和「passanā」從字根「√dis」意義是「看」。所以 Vipassanā 是「很特別的看」或「許多不同的看」這並不意味著我們用肉眼觀，而是用慧觀的。

依禪觀來說，所有在身體內和外的事物都是禪觀的對象，但讓行者容易抓住對象所以很重要的施行禪法的《四念處經》，相應部中提出主要的四個對象：念身、念受、念心和念法。其實身、受、心、法都現有在行者的自己，它們聯繫在一起，在念身已經有了受，心和法，但行者可以專門念身，專門念受，專門念心，專門念法，這樣會幫助行者很容易專注於已指定的對象或者身，或者受，或者心，或者法。

在禪觀有三個要素不可缺就是：精進，正念，覺醒。通俗地說謹慎，專心，觀察。在任何時候，我們都用謹慎，注意，觀察對象的態度，那就是我們在實行 vipassanā，而不是只在打坐時才算是。重要的是，不是實行了禪觀是為了在行者身體的內或外尋找一個新的，也不是必須獲得的什麼，而實行禪觀，觀察心身，看透是怎麼構成，有沒有自我，有沒有我所，慢慢的行者會放下執著，放下貪嗔癡。什麼時候行者不被煩惱圍繞，不貪涅槃，不怕地獄，那就達到 vipassanā 的目的。因此行禪不是「得到」而是「省略」。想這樣行者需要保持警惕，注意耐心觀察所有的動醒發生在自己內心的生滅，做好看守大門的任務，只觀察，不加上自我的判斷，認定。如果用自我來判定，那麼本來實行禪觀是為了放下「自我」，現在行者認同了有一個叫「自我」在放下貪嗔癡那就糟了，所以必須要瞭解。清淨，明智，不生滅，不搖動……很純的認出對象，不強加「自我」來判斷，認定，分別這就是心的特性。

總之除了用正智之外，無法看透心靈的世界。簡單地說：有了智慧，才認出來有沒有「小我與梵天、自我與我的」……。因此「定」而「覺知」是佛教的定。「定」而「不知不覺」這不是佛教的定。通過上面綜述佛教的禪宗旨，那麼「四禪八定」，是否不僅對證得四禪過程，太細節化的演繹，而且強調化了「快樂感受」，這種「覺官感受」在轉法輪經和無相經中，佛教導徒弟們知道它們的甜味與危害，而遠離所有的執取，包括涅槃常、樂、我、淨的無有愛。

還有「四禪」已顯明帶上了宗教特徵就是死後就生天「初禪三天是梵眾天、梵輔天、大梵天。二禪三天是少光天、無量光天、光音天。三禪三天是少淨天、無量淨天、遍淨天。四禪有九天是福生天、福愛天、廣果天、無煩天、無熱天、善見天、善現天、色究竟天、摩醯首羅天。這天一層比一層高了一個階級，因為要看行者的欲念減少、減輕、沒有的意思。意味著除了欲界六天和無色界四天（四無色定），剩下的色界十八天就是證得四禪而再生成為天神的地方。

在這又出現了一個問題，無色界天的眾生是無色相及身量，是通過修四空處定（空無邊處定、識無邊處定、無所有處定、非想非非想處定）果報而來，意思是行者超越色界之四禪，滅除障礙禪定之一切想，達到了清淨無染、虛空靜寂的精神境界。無色界分為：空處天，識處天，無處有處天，非想非非想處天。此定有二種，一者在無色界所生，稱「生無色」。二者非由生得，係由修習而得，稱「定無色」，蓋身雖處欲界散地等下地，但心現無色界之定心，得無色果。

那麼如果說四禪四無色即「無色界因無色蘊，故『生無色』之體唯受、想、行、識四蘊」，即沒有形色的境界，如果沒有的形色，那麼說無色界天（層）比色界天（層）高了一個階級，本來是無色用什麼來對比高不高呀？本來是無色哪來的形色而說在哪裏？另外在《相應部》之中說明「沒有別立於色受想行之外而存在的識」，那這個世界是否存在？另有一個問題，據《長阿含經》記載，佛便進入初禪，再由初禪起而入二禪，如是次第進出二禪、三禪、四禪、空無邊處定、識無邊處定、無所有處定、非想非非想處定、滅想定、非想非非想處定、無所有處定、識無邊處定、空無邊處定、四禪、三禪、二禪、初禪。再由初禪起而次第進出二禪、三禪、四禪，最後，佛由四禪起而進入涅槃。以歷史所說，還沒證道的悉達多太子，在尋道的時候，已經修過了四禪無色定，證得最高的非想非非想處定境界，但太子知道這不是解脫煩惱的道路，所以太子放棄了這個禪定法門，即確定「四無色定」是外道，不是佛教的。而有的說「四無色定」殊勝高於「四禪」，所以又提出了一個比「四無色定」更高，叫「滅盡定」，而滅盡定即使識都滅而不起，然其特厭受之心所與想之心所二法而務滅之，所以從加行而名為「滅受想定」。簡單說「滅受想定（滅盡定）」是出神入定，天塌下來也不知道的狀態（這個問題還在討論，有的說是佛教的定，有的說不是佛教的）。問題是為什麼最後佛由四禪起而進入涅槃？而不是從「四無色定」或「滅盡定」，因為它們比四禪更高呀？其實如果說必要修「四禪」或者「四無色定」，通過這路才能征得佛教所說的「圓滿涅槃解脫的智慧」，這觀念絕對是錯的。因為如果想修神通的行者，是從「禪止」，停止六根接觸六塵的一切，專注一個對象，發展定力，人的無邊能量發起，成為神通。相似夜深時，我們能聽到一個椰子落下的聲音，而白天不能聽到的，為什麼呢？因為深夜心「靜」，境也「靜」，所以人可以聽很遠很小的聲音。同樣的道理，人的器官，看聽聞……必有限，是因為人有的物理身，什麼時候眼不被色、耳不被聲……引誘而跟著境放心，那時的識不被根與塵束縛，脫離了色質，有定力的識就會發揮它的無限能力，就是神通。

行者如果想修「解脫慧」的話，首先也修「禪止」，不入初禪也沒問題，只要達到一種固定的定力（有了定力，人不容易為境而「放緣」的意思，簡單說定是用來順服人的「心猴意馬」）。用定力修「禪觀」，禪觀幫行者從「知識的智」徹底了悟證得「解脫的慧」，即深悟證實了我與法皆空，而不是在知識語言這方面。總之斷定的說佛教中的覺悟不是「斷滅」而是「轉化」，相似「水和波」，「花蕾與花朵」，不要去滅了「波」，只要找到，認出讓「波浪」生起的原因，「水」自然會「靜」。因為離了花蕾找不到花朵，離開了波找不到水，水還是波本質也是水，花蕾還是花朵也是花。

五、《大篇》

共有十二相應、一百一十一品、一千兩百零二首經，應該只有五相應（道、覺支、念處、根、諦）。

（一）道相應——Magga-saṁyutta

共有八品、一百零八首經，有八品完全用第一首經的名字稱為全品的名字（第一首行也是第四行品；第五品名字是不放逸品，但第一首是如來因為編輯有誤；第六 力所作品，第一首是力……）。雖然八品有兩個小小的錯誤（出於方便和編輯所致），但其仍然稱得上是原始思想，肯定了八正道的價值。之中的最後四品（第五 不放逸品，第六 力所作品，第七 尋覓品，第八 瀑流品）很有原始的價值，但被公用於第四行品的四份附錄——1. 日輪廣說：八首經，是說明為什麼大眾比丘詣世尊住處；2. 異學廣說：十四首經，分成遠離與斷滅貪和懾服貪嗔癡兩層；3. 一法廣說（一）：十四首經，與「日輪廣說」一模一樣；一法廣說（二）：完全重疊（一），重複「日輪廣說」（當是誤編）；4. 恒河廣說：四份，每份十二首經。第一和第二像「日輪廣說」，不過有些經文數量的差別。第三（十二首經）是走入不死。第四（十二首經）是涅槃傾向。剩下的十一相應的最後五品，通常與這四品的一種附錄結合。道相應中有很多經文，特別是四品（第 5，6，7，8）和附錄分，通常是比喻，而這些比喻相當於其他的相應。有四首經特別有價值：

第一無明品

〔八〕第八分別：細節表述如何是八正道——「云何為正見耶？苦之智、

苦集之智、苦滅之智、順苦滅道之智是。此名之為正見。出離之思惟、無恚之思惟、無害之思惟是。此名之為正思惟。離虛誑語、離離間語、離粗惡語、離雜穢語。此名之為正語。離殺生、離不與取、離非梵行。此名之為正業。斷邪命，於正命為活命。諸比丘！此名之為正命……」

〔九〕第九芒：知見定正的方向（正見），可以穿入無明（遠離貪，脫了苦，證涅槃：）——「諸比丘！於此有比丘，依遠離、依離貪、依滅盡，迴向於捨，修習正見。諸比丘！如是之此比丘，以見向正，道之修習向正，破壞無明以生明，現證涅槃。」

第三邪性品

〔二八〕第八定：「定」和剩下的七支（正見、正思惟、正語……）密切的相關：——「諸比丘！我為汝等說有所依、有資糧之聖正定，且諦聽。諸比丘！云何為有所依、有資糧之聖正定耶？謂：正見、正思惟、〔正〕語、〔正〕業、〔正〕命，〔正〕精進、〔正〕念是。諸比丘！與此七支俱之心一境性為資糧。諸比丘！此名之為聖正定之所依，亦為資糧。」

第六力所作品

〔一五五〕第七虛空：八正道具有三十七助道品——「諸比丘！如是比丘，修習八支聖道，多修八支聖道者，則圓滿修習四念處，〔圓滿修習〕四正勤，〔圓滿修習〕四神足，〔圓滿修習〕五根，〔圓滿修習〕五力，〔圓滿修習〕七覺支。諸比丘！云何比丘修習八支聖道，多修八支聖道者，則圓滿修習四念處，〔圓滿修習〕四正勤，〔圓滿修習〕四神足，〔圓滿修習〕五根，〔圓滿修習〕五力，〔圓滿修習〕七覺支耶？諸比丘！於此有比丘，依遠離，依離貪，依滅盡，迴向於捨修習正見。〔……正思惟……正語……正業……正命……正精進……正念……〕依遠離，依離貪，滅盡，迴向於捨修習正定。諸比丘！如是之比丘修習八支聖道，多修八支聖道者，則圓滿修習四念處，〔圓滿修習〕四正勤，〔圓滿修習〕四神足，〔圓滿修習〕五根，〔圓滿修習〕五力，圓滿修習七覺支。」

第四行品

〔三五〕第五沙門法（一）：懷疑是被後來編輯的，因為提到了四聖果：——「諸比丘！云何為沙門果耶？即：預流果、一來果、不還果、阿羅漢果是。諸比丘！此名之為沙門果。」

道相應的精華內容是什麼？是在下一章的分析八正道。總之，道相應只有第一無明品最有價值，剩下的七品都是相似，只不過加上一點詞語，還是圍繞著八正道的價值，沒有什麼新義。

（二）覺支相應——Bojjhaṅgasaṁyutta

共有十八品、一百七十五首經。編輯失誤比較多，在十八品之中，第九到第十三和第十四到第十八（十品），五品的兩對（第九、第十四）是相似的恒河廣說；第十（十五）不放逸品；第十一（第十六）力所作品；第十二（第十七）尋覓品；第十三（第十八）瀑流品。第七入出息品和第八滅品排順不太符合，根據品的名字應該是：第七品——五首前的第七品結合五首後的第八品，而第八品——五首後的第七品結合五首前的第八品。第七和第八品都是原始思想，但這裡只列注，而不仔細分析，因為內容只是圍繞修覺支（念，擇法，精進，喜，輕安，定，舍）的——「比丘！於此有比丘，依遠離、依離貪、依滅盡，迴向於捨，以修習骨想俱行之念覺支……。」

第六覺支總攝品只有六首經，但五首經之中應該屬於第四蓋品，問題是第四蓋品的十首之中有五首經是多餘和誤編的。該參考的是第一 山品（五首經是原始的，一首經是誤編的）、第二 病品（唯一的第三首經）、第三 優陀夷品（一首經）、第四 蓋品（一首）、第六 覺支總攝品（兩首）。

第一山品

共有十首經。

〔二〕第二身：非如理作意，五蓋生起，反而覺支生起，同時也說明幫助存在與發展的五蓋或覺支的「食品」條件：——「諸比丘！譬如此身依食而住，緣食而住，於不食則不住。諸比丘！如是此五蓋是依食而住，緣食而住，於不食則不住。諸比丘！云何為食可使未生之捨覺支生起，已生之捨覺支得修習圓滿耶？諸比丘！有捨覺支處之法。此之如理作意多修，為食可使未生之捨覺支生起，已生之捨覺支得修習圓滿也。」

〔三〕第三戒：闡明形成覺支的過程是接近善知識而聽法，思法（念）；選擇好或不好（擇法）；努力實行（精進）；勤奮的實行正法所以覺得安樂（喜），在法喜之中感覺清淨（輕安）；身輕心安就是靜定（定），從定看透世界的真實，放下了執取（捨）：——「諸比丘！諸比丘若戒具足、定具足、慧具足、解脫具足、解脫智見具足者，諸比丘！則稱其比丘之見為多所作。說其比丘之聽聞為多所作……諸比丘！說其比丘之詣至為多所作……諸比丘！說其比丘之承事為多所作……諸比丘！說其比丘之隨念為多所作……諸比丘！說其比丘之出家為多所作。何以故耶？諸比丘！如是之比丘聽法已，依身遠離與心遠離之二種遠離，而住於遠離，如是遠離而住隨念，隨尋彼法。諸比丘！比丘如是遠離而住於隨念，隨尋彼法時，彼比丘生念覺支。比丘修習念覺支時，於比丘念覺支修習圓滿，如是正念而住，以慧決擇、伺察、觀察彼法……」

〔四〕第四轉：舍利佛尊者對於覺支隨時靈活的安住：——「友等！此七覺支中，我於晨早欲住（任一）覺支時，則住（任一）覺支；於日中欲住（任一）覺支時，則住（任一）覺支；於日暮欲住（任一）覺支時，則住（任一）覺支。」

〔五〕第五比丘：引導達到覺悟的狀態是覺支：——「大德！云何說為覺支耶？比丘！資於覺故，說為覺支。」

〔六〕第六昆達利：特別重要，詳細說明解脫進程之中的覺支。當六根接觸六塵時，要清醒護持六根→三根善行（身口意）→實觀（四念處）→七覺支→明（智慧）解脫：——「尊瞿曇！修習、多習何法者，則得明解脫圓滿耶？修習、多習七覺支者，則得明解脫圓滿。修習、多習四念處者，則得七覺支圓滿。修習、多習三善業者，則得四念處圓滿。修習、多修根律儀者，則得三善業圓滿。云何對根律儀修習、多習者，則得三善法圓滿耶？於此有比丘，以眼見可意之色，而不貪著、不歡喜、不起貪欲，其身住、心住，於內善安住、善解脫。以眼見非可意之色，而無動搖、不安心、破壞心、憎惡心，其身住、心住，於內善安住、善解脫……。」

〔八〕第八憂波摩：自己如理作意而安樂住七覺支，自己會知道：——「友憂波摩！比丘應知『於內如理作意，如是善升起七覺支者，則資於樂住』耶？友舍利弗！比丘應知『於內如理作意，如是善升起此七覺支，以資於樂住。』友！比丘若發念覺支，則知：『我心善解脫、我善永斷惛眠、我善調伏掉悔，我發精進、希求、作意、不退縮』……〔擇法覺支……精進支……喜覺支……輕安覺支……定覺支〕……友！比丘若發捨覺支者，則知：『我心善解脫、我善永斷惛眠、我善調伏掉悔，我發精進、希求、作意、不退縮。』」

第二病品

共有十首經，該留意的只有〔一六〕第六病（三）。佛生病時，教徒弟講七覺支，也許是想肯定覺支的重要性：——「坐於一面之時，世尊言於具壽摩訶均頭曰：均頭！說於覺支。大德！修習、多修世尊所正說之七覺支、則資助於證知、等覺、涅槃。以何為七耶？大德！修習、多修習世尊所正說之念覺支者，則資助於證知、等覺、涅槃……」

第三優陀夷品

共有十首經，重要的是〔三〇〕第十優陀夷：講解脫進程是了知五蘊的生滅→如實了悟（苦集滅道）→現觀於法獲七覺支→真如：——「以轉此五取蘊之生滅：如實證知『此是苦』，如實證知『此是苦集』，如實證知『此是苦滅』，如實證知『此是順苦滅道。』大德！我現觀於法，以得道，我修習、多修此者，則住如如而到達真如，了知：生已盡、梵行已立、所作已辦、更不受後有。大德！我獲得念覺支，我修習……獲得擇法覺支、精進覺支、喜覺支、輕安覺支、定覺支，捨覺支……則住如如而到達真如。」

第四蓋品

共有十首經，〔三八〕第八障蓋：現法樂住的法門。專心一意的把七覺支作為對象，五蓋（欲貪、瞋、惛眠、掉悔、疑惑）無法生起，那時七覺支通過清淨修行，慢慢走到圓滿的解脫：——「諸比丘！此是五障蓋，為心之隨煩惱，以使慧羸弱。七覺支為無障、無蓋、無心之隨煩惱，若修習、多修此者，則助於明解脫果之現證。諸比丘！聖弟子希求作意、舉心有念、傾聽於法時，於彼無五蓋，七覺支修習圓滿。」

第六覺支總攝品

四首經屬於第四 蓋品，因為佛弟子與外道辯論的題目是五蓋和七覺支，〔五二〕第二理趣：——「友等！沙門瞿曇為弟子如是說法曰：『諸比丘！汝等欲斷心之隨煩惱——使慧羸弱、及斷五蓋，宜如實修習七覺支。』友等！我等亦為弟子如是說法曰：『友等！汝等欲斷心之隨煩惱——使慧羸弱、及斷五蓋，宜如實修習七覺支。』友等！於此，沙門瞿曇與我等之說法與說法、教誡與教誡，有何之差別、何之特相、何之殊異耶？」

〔五四〕第四慈：外道模彷佛教的方法是遠離五蓋，修習四無量心，但不知道除了離五蓋，修四無量心，還要通過實行七覺支才能達到圓滿的明解脫：——「友等！我等亦為弟子作如是說法云：『友等！汝等欲斷心之隨煩惱——使慧羸弱、及斷五蓋，應以慈俱行之心遍滿一方而住……乃至……以悲俱行之心……以喜俱行之心……以捨俱行之心遍滿一方而住，第二、第三、第四亦如是；如是對上下傍邊所有一切世間，以捨俱行之廣大、無量、無怨、無瞋之心遍滿而住。於此，沙門瞿曇與我等之說法與說法、教誡與教誡，有何之差別、何之特相、何之殊異耶？……。諸比丘！異學修行者若如是說，則宜作如是言『友等！云何修習慈心解脫？若修習者，則趣於何、以何為最勝、以何為果、究竟於何耶？於此有比丘，依遠離、依離貪、依滅盡，迴向於捨，以修習慈俱行之念覺支……〔擇法覺支……精進覺支……喜覺支……輕安覺支……定覺支〕……修習慈俱行之捨覺支……。」

〔五五〕第五傷歌邏：婆羅門問佛為什麼背熟神咒有時會忘記？是被五蓋操縱：——「尊瞿曇！有何之因、何之緣？有時長夜讀誦真言，不得成辯才耶？何況不讀誦耶？尊瞿曇！又有何之因、何之緣？有時長夜不讀誦真言，得成辯才耶？何況讀誦之耶？……。婆羅門！為欲貪所纏……又為瞋恚所纏……以隨逐欲貪之心而住，對已生欲貪之出離，不能如實知時，則對己利不能如實知見、對他利不能如實知見、對俱利不能如實知見，雖長夜讀誦真言，亦不得成辯才，何況不讀誦哉！」

〔五六〕第六無畏：因被五蓋擋住所以不知道真實的因、緣、知、見如何。有了七覺支就能知道：——「王子！於無智、無見為有因、有緣，無智、無見是有因、有緣。王子！於智、見為有因、有緣，智、見是有因、有緣……。王子！為欲貪所纏，以隨逐於欲貪之心而住，對已生欲貪之出離，不能如實知見時，王子！此為無智、無見之因、之緣，如是無智、無見，為有因、有緣……。為疑惑所纏，以隨逐於疑惑之心而住，對已生疑惑之出離，不能如實知見時，王子！此為無智、無見之因、之緣。如是，無智、無見為有因、有緣……。王子！於此有比丘，依遠離、依離貪、依滅盡，迴向於捨，以修習念覺支。彼以修習念覺支之心，如實知、見。王子！此為智、見之因、之緣。如是，智、見為有因、有緣。」

〔五三〕第三火：重要的是，何時能修習七覺支？心因退縮而不能修習覺支，因為很難讓心發起：——「友等！心退縮時，修習何者之覺支，為非時耶？修習何者之覺支，為是時耶？友等！心掉舉之時，修習何者之覺支，為非時耶？修習何者之覺支，為是時耶？諸比丘！如是之問，則異學修行者，將困惑不能作答。諸比丘！心退縮時，修習輕安覺支，為非時；修習定覺支，為非時；修習捨覺支，為非時。何以故耶？諸比丘！退縮心者，以此等諸法甚難發起。」

第七入出息品和第八滅品

這兩品包含二十個修習的念覺支（觀念）。第七入出息，該改名為「骨品」，排列順序也有點問題，因為都屬於不淨觀（骨觀）。排列順序應該是：〔五七〕

第一骨；〔五八〕第二啖；〔五九〕第三青瘀；〔六〇〕第四壞；〔六一〕第五膨脹；〔六七〕第一不淨；〔六八〕第二死；〔六九〕第三違逆；〔七〇〕第四不可樂；〔七四〕第八斷。

第八滅品

（觀慈悲、觀呼吸、觀無常苦無我而離貪斷滅），排列順序應該是：〔六二〕第六慈；〔六三〕第七悲；〔六四〕第八喜；〔六五〕第九捨；〔六六〕第十入出息；〔七一〕第五無常；〔七二〕第六苦；〔七三〕第七無我；〔七五〕第九離貪；〔七六〕第十滅。

注：如果原始佛教觀念都屬於念覺支，那麼「四念處相應」的「相應」是否編輯有誤，而應該放在「覺支相應」？

（三）念處相應——Satipaṭṭhāna-saṁyutta

有十品，後五品相當於附錄和八正道（第六 恒河廣說；第七 不放逸品；第八 力所作品；第九 尋覓品；第十 瀑流品）。那就只剩下五品（第一到第五）。

念處相應的內容包含了第八 阿那律相應和第十 入出息相應，這兩個相應都有兩品，但是「第八 阿那律相應」只有八首經有價值，剩下的都與念處相應重疊。「第十入出息相應」也是只有五首經有價值。因此第八和第十相應，照理來說它們只不過是屬於念處相應的兩品，而不應成為兩相應。

注：在念處相應有一些重要的思想，主要是：

1. 念處相應本來是「正念」展開的內容，「念」就是「正念」，即用真正的思，有四種觀念（身受心法）。三首經：第一庵羅品的〔二〕第二正念；第四未聞品的〔三五〕第五正念和第五不死品的〔四四〕第四正念，都表達同一個意義：——「云何為比丘之正念耶？於身觀身，熱誠、正知、正念，調伏世間貪憂而住，於受……於身……於法觀法，熱誠、正知、正念，調伏世間貪憂而住……。云何為比丘之正知耶？進退以正知而作，觀察以正知而作，屈伸以正知而作，持僧伽梨、缽衣以正知而作，飲食嘗味以正知而作，大小便以正知而作，行住坐臥眠醒語默以正知而作。」

2. 念處的意思是安住在一個地方而念（正念），四念處是專門指四個念處（身受心法），觀呼吸也是，因此第十 入出息相應，應該屬於念處相應的一品。

第二那羅犍陀品，〔二〇〕第十國土：念處也是身行念：——「應如是學：我等當修習、多修身念，作為乘、作為地，以隨成，善積習造作。諸比丘！

汝等當如是學。」

身行念也就是「醒覺」(正念醒覺):第一 庵羅品,〔二〕第二 正念和第四 未聞品陀品,〔三五〕第五 正念:——「云何比丘為正念耶?諸比丘!於此有比丘,於身觀身,熱誠、正知、正念,調伏世間之貪憂而住;於受……於心……於法觀法,熱誠、正知、正念,調伏世間之貪憂而住。諸比丘!如是之比丘,是為正念。」

念處也就是思念「自利是利他;利他是自利」:〔一九〕第九 私伽陀:——「諸比丘!云何護他則自護耶?依於忍辱、無害、慈愛、哀愍。諸比丘!如是,護他則自護。以『自護』則應修念處,『護他』則應修念處。諸比丘!自護則護他,護他則自護。」

通過修習四念處而了知一切法皆是常苦無我的真理,因此不被法繫縛。第一 庵羅品,〔四〕第四 薩羅:——「友等!汝等於身觀身而住,為如實知身,應熱誠、正知、一趣、心清淨、得定、心一境。於受觀受而住,為如實知受,應熱誠、正知、一趣、心清淨、得定、心一境。於心觀心而住,為如實知心,應熱誠、正知、一趣、心清淨、得定、心一境。於法觀法而住,為如實知法,應熱誠、正知一趣、心清淨、得定、心一境……。以離法之繫。」

3. 修行者要依四念處,意味著依靠自己(四念處是觀察自己的身心),然後走向離貪等:第一庵羅品,〔九〕第九病和第二那羅犍陀品,〔一三〕第三純陀:——「阿難!於此有比丘,於身觀身,熱誠、正知、正念,調伏世間之貪憂而住。於受……於心……於法觀法,熱誠、正知、正念,調伏世間之貪憂而住。阿難!如是,比丘以自為洲、以自為依處,不以其他為依處;以法為洲、以法為依處,不以其他為依處而住。」

第十入出息相應,第一一法品,〔一〕第一一法:四念處之中有十六種正念觀呼吸:——「學『我觀無常入息』,學『我觀無常出息』,學『我觀離貪入息』,學『我觀離貪出息』,學『我觀滅盡入息』,學『我觀滅盡出息』,學『我觀定棄入息』,學『我觀定棄出息』。對入出息如是之修習、如是多修者,則有大果、大功德。」

第十入出息相應,第二品,〔一三〕第三阿難(一):念處的正念呼吸→圓滿四念處→圓滿七覺支→圓滿明解脫:——「阿難!於入出息念定之一法修習、多修者,則四念處圓滿;對四念處修習、多修者,則七覺支圓滿;對七覺支修習、多修者,則明、解脫圓滿。」

（四）根相應——Indriya-saṁyutta

有十七品，但編輯多有誤，只有四品有價值，而在每一品中只有幾首經有意義。主要內容是：

1. 根相應是介紹「根」，有三種根：(1) 五根（信、精進、念、定、慧），第一清淨品，〔一〕第一清淨：——「諸比丘！有五根。以何為五耶？謂：信根、精進根、念根、定根、慧根是。諸比丘！此為五根。」；(2) 五根（樂、苦、喜、憂、捨），第四 樂根品，〔三一〕第一清淨：——「諸比丘！有五根。以何為五耶？〔謂：〕樂根、苦根、喜根、憂根、捨根。諸比丘！此為五根。」(3) 六根（眼、耳、鼻、舌、身、意），第三 六根品，〔二五〕第五清淨：——「諸比丘！有六根。以何為六根耶？謂：眼根、耳根、鼻根、舌根、身根、意根是。諸比丘！此為六根。」

2. 與念處相應的所有各品，對於上面提到的三種根，都強調：必要了知它們的集起、斷滅、甜味、危害和出離，並引到安靜、圓滿、明覺悟。

3. 信，精進，念，定，慧被稱為「根」，是因為它們是引起明覺悟的要素。在五根之中「慧根」最重要。第六 拘薩羅，〔五一〕第一拘薩羅：——「諸比丘！信根為覺分法，資於菩提。精進根為覺分法，資於菩提。念根為覺分法，資於菩提。定根為覺分法，資於菩提。慧根為覺分法，資於菩提。諸比丘！譬如於諸傍生中，以師子獸王稱之為最勝，乃依勢力、勢速、勇猛者。諸比丘！如是諸覺分法中，以慧根稱之為最勝，乃資於菩提者。」

〔四五〕第五東園（一）：——「諸比丘！對一根修習、多修者，則為漏盡比丘，於悟記別；知生已盡、梵行已立、所作已辦、再不受後有。何為一根耶？慧根是。諸比丘！聖弟子具慧者，則隨住於信、隨住於精進、隨住於念、隨住於定。」

4. 解釋五根的內容最精確、最原始的是在第一 清淨品，〔九〕第九分別，其他的經文是後來編輯進去的，因為接受了「四禪」：——「聖弟子有信，對如來之菩提堅信。此名為信根……。聖弟子發勤而住，為斷諸不善法、具足諸善法，努力、勇健堅固，於諸善法不捨軛。此名為精進根……。聖弟子有念、成就最勝之念慧，對長久以前之所作、長久以前之所說，憶念、隨念……。此名為念根。聖弟子以捨為所緣，得定、得心一趣。此名為定根……。聖弟子有智慧、聖、決擇而正順苦盡，成就生滅慧。此名為慧根。」

5. 很詳細地論述從「信」到「慧」的過程，有一個問題是提到了「輪迴」：

第五老品，〔五〇〕第十信：——「大德！聖弟子若對如來一向信仰，彼則對如來之教說不生猶豫、疑惑。大德！於有信之聖弟子，發勤而住，斷不善法、具足諸善法，精進、勇健堅固，於諸善法不捨其軛，是可期。大德！於有信、發勤之聖弟子，有念，成就最勝之念慧，對其長久以前之所作，長久以前之所說，憶念隨念是可期……。」

6. 第五老品，〔四三〕第三沙祇城：根就是力，所以五根是五力：——「諸比丘！有理趣，依此理趣故，五根即五力，五力即五根。諸比丘：有何之理趣，依此理趣故，五根即五力，五力即五根耶？諸比丘！信根即信力，信力即信根；精進根即精進力，精進力即精進根；念根即念力，念力即念根，定根即定力，定力即定根；慧根即慧力，慧力即慧根。」

（五）正勤相應——Sammappadhāna-saṁyutta

是多餘的，解釋四正勤，而內容離不開八正道、七覺支等。

（六）力相應——Bala saṁyutta

都沒有意義，沒有一首有價值，大概是介紹「根」。

（七）神足相應——Iddhipāda-saṁyutta

只介紹四如意足：欲、勤、心、觀。——「於此有比丘，修習欲三摩地勤行成就之神足，修習勤三摩地勤行成就之神足，修習心三摩地勤行成就之神足，修習觀三摩地勤行成就之神足。」沒什麼意義。

（八）阿那律相應——Anuruddha-saṁyutta

應該屬於念處相應，因為內容相當。應是編輯有誤。

（九）靜慮相應——Jhāna-saṁyutta

是介紹「四禪」，但佛在世時「禪」只是「正念、放下」，這一問題下面有解釋。

（十）入出息相應——Ānāpāna-saṁyutta

內容屬於念處相應，編輯有誤。

（十一）預流相應——Sotāpatti-saṁyutta

編輯後被後人錯雜太多，所以「預流」的意思也變得複雜。其實很簡單，佛說只要對三寶有堅定的信心就是預流。可以看有代表性的第一 鞞紐多羅品，〔一〕第一王：——「諸比丘！轉輪王主宰四洲，予以統治，身壞命終後，生善趣、天世，為忉利天之朋輩。於歡喜園為天女眾所圍繞，天之五欲豐足全備而住，但亦四法不得成就，不能解脫地獄，不能解脫畜生，不能解脫餓鬼趣，不能解脫惡生、惡趣、墮處。諸比丘！聖弟子依摶食而活，著弊壞衣，然成就四法，於解脫地獄，於解脫畜生，於解脫餓鬼趣，於解脫惡生、惡趣、墮處。何為四法耶？諸比丘！此處有聖弟子，於佛成就證淨，曰：『彼世尊為應供、正等覺、明行足、善逝、世間解、無上士、調御丈夫、天人師、佛、世尊也。』於法成就證淨，曰：『世尊之法為善說、現見、不時、來見、引導、智者應自知也。』於僧成就證淨，曰：『世尊之聲聞眾為妙行者，世尊之聲聞眾為直行者，世尊之聲聞眾為應理行者，世尊之聲聞眾，為和敬行者，謂四雙八輩者是。世尊之聲聞眾，為應請、極應請、應供養、應合掌、世間無上福田。』對聖者之所樂不破、不穿、不雜、不穢，離脫，智者所贊，不執取，成就能發三摩地之戒。」

（十二）諦相應——Sacca-saṁyutta

主要內容是介紹四個真理（苦、苦的原因、苦滅、滅苦的道路）和四諦對社會、家庭和個人的幸福或苦惱的影響。有十品，一百三十一首經，有幾首該留意：

第六現觀品到第一〇生谷廣說品，完全是擴展上面五品的主要實現：瞭解四諦的利益和不瞭解四諦的禍害。例如：第六品只是開展第五品的最後兩首經（〔四九〕第九須彌（一）和〔五〇〕第十須彌（二））：——「諸比丘！如是聖弟子，於見具足而現觀者，已滅盡之苦為多、殘者為少，於前之已滅盡之苦蘊，不成算數、不成譬類、不成一分。此是極七返。彼對『此是苦』，如實了知；於『此是苦集』，如實了知；於『此是苦滅』，如實了知；於『此是順苦滅道』，如實了知……。是故諸比丘！於『此是苦』，應勉勵！於『此是苦集』，應勉勵！於『此是苦滅』，應勉勵！於『此是順苦滅道』，應勉勵！」。

可是第五深嶮品的第九和第十這兩首經，依據的是第二轉法輪品的〔一八〕第八明，而這首經又完全重疊第三拘利村品的〔二二〕第二跋耆（二）。

第七生谷廣說品（一）到第十生谷廣說品（四），這四品內容主要有四個：1. 生活中犯了錯誤；2. 不持戒行；3. 貪婪享受生活；4. 不瞭解四諦，所以犯了重罪。都是依據第五 深嶮品的意思而展開的。

第一定品

有十首經，很重要。

第一定到〔四〕第四善男子（二）：該修定庶乎了知四諦（生活的真實）：——「諸比丘！於定當修習！諸比丘！得定之比丘，了知如實。是故，諸比丘應以此為苦，勉勵！以此為苦集，勉勵！以此為苦滅，勉勵！以此為順苦滅之道，勉勵！」

〔五〕第五沙門婆羅門（一）和〔六〕第六沙門婆羅門（二）：有知識、道德的人（沙門、婆羅門）都了知四諦：——「諸比丘！於過去世，沙門、婆羅門如實現等覺之所宣說……於未來世，沙門、婆羅門如實現等覺之所宣說……於現在世，沙門、婆羅門如實現等覺之所宣說，皆對此四聖諦如實現等覺宣說。是故，諸比丘！此是苦，應勉勵！此是苦集，應勉勵！此是苦滅，應勉勵！此是順苦滅之道，應勉勵！」

〔七〕第七尋到〔一〇〕第十論：四首的內容是尋覓、思、諍、論……要求心必須趨向和緊靠四諦，不能離開四諦的教義。如能深悟四諦就能脫離苦，成就明解脫：——「諸比丘！此等之尋引於義利（此等之思惟引於義利、此論引於義利、此論為引於義利），成初梵行，資於厭患、離貪、滅盡、寂止、證智、等覺、涅槃。是故諸比丘！此是苦，應勉勵！此是苦集，應勉勵！此是苦滅，應勉勵！此是順苦滅之道，應勉勵！」

第二轉法輪品

有十首經，其實一開始應該只有五首經，重新編輯後增加到十首。原來的五首已把內容、意義都說明白了。

〔一一〕第一 如來所說（一）到〔一四〕第四處：這四首經就包含了原始佛教的思想精華。

1. **離開兩個極端狀態**（沉浸五欲和虐待自己的苦行），而走中道（八正道）：——「諸比丘！出家者不可親近於二邊。以何為二邊耶？（一）於諸欲以愛欲貪著為事者，乃下劣、卑賤、凡夫之所行、非聖賢，乃無義相應。（二）以自之煩苦為事者，為苦，非聖賢，乃無義相應。諸比丘！如來捨此二邊，以中道現等覺。云何乃能如來於中道現等覺，資於眼生、智生、寂靜、證智、等覺、涅槃耶？乃八支聖道是。謂：正見、正思惟、正語、正業、正命、正精進、正念，正定是。」

2. **詳細表述四諦：**——「諸比丘！云何為苦聖諦耶？謂五取蘊是，謂：色取蘊、受取蘊、想取蘊、行取蘊、識取蘊是。諸比丘！此名為苦聖諦。諸比丘！云何為苦集聖諦耶？後有起而喜貪俱行、隨處歡喜之渴愛，謂：欲愛，有愛、無有愛是。諸比丘！此名為苦集聖諦。諸比丘！云何為苦滅聖諦耶？將此渴愛無餘離滅、棄捨、定棄、解脫，是無執著。諸比丘！此名為苦滅聖諦。諸比丘！云何為順苦滅道聖諦耶？八支聖道是，謂：正見、正思惟、正語、正業、正命、正精進、正念、正定是。諸比丘！此名為順苦滅道聖諦。諸比丘！此為四聖諦。是故諸比丘！此是苦，應勉勵！此是苦集，應勉勵！此是苦滅，應勉勵！此是順苦滅之道，應勉勵！」

第三拘利村品

〔三〇〕第十 伽梵婆提：四諦相互關聯，瞭解了一諦就能瞭解其他三諦：——「諸比丘！見苦者，亦見苦集、亦見苦滅、亦見順苦滅道。見苦集者，亦見苦、亦見苦滅、亦見順苦滅道。見苦滅者，亦見苦、亦見苦集、亦見順苦滅道。見順苦滅道者，亦見苦、亦見苦集、亦見苦滅。」

第四申恕林品和第五深嶮品

沒有值得注意的內容。

注：該留意的一些問題是：

1. 八正道、七覺支、四念處：這三個可以指引人們達到圓滿明解脫的修習法門，有一個共同點，就是先「依戒安住」，然後才遠離斷滅貪愛，放下執取六根（五蘊）……而得到解脫。

2. 第五集的道相應，解脫的流程就是（依據人的慧根來定流程）：隨信者→隨法者→預流者→一來者→色究竟天的上流者→有行般涅槃者→無行般涅槃者→損害般涅槃者→中般涅槃者→五根圓滿是阿羅漢：——「諸比丘！有五根。以何為五根耶？謂：信根、精進根、念根、定根、慧根是。諸比丘，此為五根……。對此五根滿足、圓滿者，則為阿羅漢；較此軟弱者，則為中般涅槃者；較此軟弱者，則為損害般涅槃者；較此軟弱者，則為無行般涅槃者；較此軟弱者，則為有行般涅槃者；較此軟弱者，則為上流，至色究竟天；較此軟弱者，則為一來者；較此軟弱者，則為預流者；較此軟弱者，則為隨法者；較此軟弱者，則為隨信者。」

3. 第六拘薩羅，〔五三〕第三有學：怎麼理解「無學者」呢？證道了自然了知真理還是通過掌握知識然後瞭解真理？——「諸比丘！復次，無學之比丘，知於六根，即眼根、耳根、鼻根、舌根、身根、意根是。總此六根一切一切種，皆可滅於一切無餘，於任何他處不再生六根，此當知。諸比丘！有此理趣，依此理趣故，無學之比丘，住無學地，知『我為無學』。」

4. 第八瀑流品，〔一七九〕第九下分（結）和〔一八〇〕第十上分（結）：斷五種下分結就能證「不來」。五下分結就是身見、疑惑、戒禁取、欲貪、瞋恚。而五種上分結是色貪、無色貪、慢、掉舉、無明。上下五分結有一個共同點，就是「無明」。

5. 重新編輯後重疊比較多，導致每一個相應都很相似，例如有時舍利弗尊者看其他的病，有時阿難陀尊者去看，有時說證預流，有時說證不來……。還有完全重疊的五品（恒河廣說、不放逸品、力所作品、尋覓品、瀑流品）。

6.「慢」就是「自我」，有自我才會想我這樣、我那樣等等。第七尋覓品，〔一六二〕第二次第（慢）：——「諸比丘！有三種次第（慢）。以何為三耶？謂：『我是勝』、『我是等』、『我是劣』是。諸比丘！此為三種之次第（慢）。」

7. 出現了轉輪王與七寶的概念。第五 轉輪品，〔四二〕第二 轉輪：——「諸比丘！轉輪王出現時，則現七寶。以何為七耶？現：輪寶、象寶、馬寶、摩尼寶、女寶、居士寶、主兵臣寶是。諸比丘！轉輪王出現時，現此等七寶。」

魔軍也出現了。〔四三〕第三魔：——「諸比丘！我為汝等說摧伏魔軍之道，且諦聽。三諸比丘！何為摧伏魔軍之道耶？謂七覺支是。以何為七耶？念覺支、擇法覺支、精進覺支、喜覺支、輕安覺支、定覺支、捨覺支是。諸比丘！此為摧伏魔軍之道。」

8. 知道那時印度的疆域包括：摩竭陀至伽尸、伽尸至跋耆、跋耆至摩羅、摩羅至拘薩羅，拘薩羅至舍衛城挺近的。第一鞞紐多羅品，〔六〕第六 工匠：——「大德！聞世尊由摩竭陀遊行欲往伽尸時，以世尊接近我等，歡悅而喜。大德！聞世尊由摩竭陀遊行至伽尸時，以世尊接近我等，歡悅而喜。」……「大德！聞世尊由拘薩羅遊行往舍衛城時，以世尊接近我等，歡悅而喜。大德！聞世尊住舍衛城祇樹林給孤獨園時，以世尊接近我等，大悅而大喜。」

第四章 《相應部經》思想精華分析

筆者認為佛教精華思想主要體現在四聖諦和緣起理論。那麼在相應部中四聖諦和緣起理論是如何闡發的？

一、道相應

一共有八品，均用第一首經文的名字作為全品的名稱。這八品佛法思想很純正，值得排在原始階段，只有一點錯誤就是方便法門和編輯失誤。其中最後的四品（平均每品十經，加上 1、2 首經，也許是一個失誤的編輯或後人加上的）：不放逸品（Appamadapeyyala）、力所作品（Balakaraniya-vaggo）、尋覓品（Esana-vaggo）和瀑流品（Ogha-vaggo）很原始，但與第四行品的四分附錄共同使用，就是：1. 異學廣說品（八首經——解釋僧尼跟著佛陀修行的理由）；2. 日輪廣說品（十四首經，分成兩部分：離貪、斷滅、遠離、放下的趣向和調伏貪嗔癡）；3. 一法廣說品（十四首經，分成兩部分：前七首經與日輪廣說品一樣，後七首經與前面的重疊，這是編輯的錯誤）；4. 恒河廣說品（分成四部分，每一部分十二首經。第一和第二部分像日輪廣說品，差別的只是經的數量。第三部分是不死究竟，第四部分是趣向涅槃）。這樣成為最後五品，包括剩下的十一相應的大多數，而通常這四品會與一至四個附錄結合。在八正道之中的經文，特別是最後四品和四分附錄，常見的是把它當成與相應經後的內容一樣。真正有價值一共四首經，就是：1. 分別（Vibhaṅgo）：解釋八正道的內容；2. 芒（Suka）：正見是離貪、斷滅、遠離、放下的趣向；3. 定（Samādhi）；4. 虛空（Ākāsa）：是具有三十七助道品。那麼與八正道相應的精華部分是什麼？筆者不依據每一品而作分析，因為有重疊，另外道相應根據序數排序，所以被重疊和編輯失誤的不提，只提出道的精華部分。

八正道第一品，有十首經（雜阿含經這部分缺失，也許保留在已失傳的兩本），該注意的是十首經中的無明品（Avijjā-vaggo）。

（一）無明（Avijjā）

有智慧的人了知慚愧，依八正道，而無知的人正相反。

如是我聞。一時世尊住舍衛城，祇樹林給孤獨園。於此，世尊告諸比曰：「諸比丘！」「大德！」彼諸比丘應諾世尊。世尊說曰：「諸比丘！無明為前，因生不善法，而隨生無慚無愧。諸比丘！隨無明於無智者生邪見。有邪見則生邪思惟，有邪思惟則生邪語，有邪語則生邪業，有邪業則生邪命，有邪命則生邪精進，有邪精進則生邪念，有邪念則生邪定。諸比丘！以明為前，因生善法，隨生慚愧。諸比丘！隨明於有智者則生正見，有正見則生正思惟，有正思惟則生正語，有正語則生正業，有正業則生正命，有正命則生正精進，有正精進則生正念，有正念則生正定。」

（二）半（Upaḍḍhaṁ）和舍利弗（Sāriputto）

終身的修道應該靠近善知識並得到善知識的提醒，一起依靠八正道，行為遵循八正道。

第二半

如是我聞。一時，世尊住釋迦國，名薩伽羅之釋迦村。時，具壽阿難詣世尊住處，詣已，敬禮世尊，坐於一面。坐於一面之具壽阿難白世尊曰：「大德！有善知識、善伴黨、善隨從者，此是梵行之半。」「阿難！勿作是言，阿難！勿作是言。阿難！有善知識、善伴黨、善隨從者，皆是梵行。阿難！有善知識、善伴黨、善隨從之比丘，應期許於修習八支聖道，多修習八支聖道。阿難！云何有善知識、善伴黨、善隨從之比丘，修習八支聖道，多修八支聖道耶？阿難！於此有比丘，依遠離、依離貪、依滅盡，迴向於捨，以修習正見。依遠離依離貪、依滅盡、迴向於捨，以修習正思惟。依遠離、依離貪、依滅盡、迴向於捨，以修習正語。依遠離、依離貪、依滅盡、迴向於捨，以修習正業。依遠離、依離貪、依滅盡、迴向於捨，以修習正命。依遠離、依離貪、依滅盡、迴向於捨，修習正精進。依遠離、依離貪、依滅盡、迴向於捨，修習正念。依遠離、依離貪、依滅盡、迴向於捨，修習正定。阿難！如是有善知識、善伴黨、善隨從之比丘，修習八支聖道，多修習八支聖道。阿難！應依此理而得知：有善知識、善伴黨、善隨從者，此悉皆為梵行。阿難！以我為善知識，故有生法之眾生，解脫生；有老法之眾生，解脫老；有死法之眾生，解脫死；有愁、悲、苦、憂、惱法之眾生，解脫愁、悲、苦、憂、惱。阿難！應依此理而知，有善知識、善伴黨、善隨從者，此悉皆為梵行〔註1〕。」

第三舍利弗經

舍衛城因緣。時，具壽舍利弗來詣世尊住處，詣已，敬禮世尊，坐於一面。坐於一面之具壽舍利弗白世尊曰：「大德！有善知識、善伴黨、善隨從者，此悉皆為梵行。」「善哉！善哉！舍利弗！有善知識、善伴黨、善隨從者，此悉皆為梵行。舍利弗！有善知識、善伴黨、善隨從之比丘，期望修習八支聖道，多修八支聖道。舍利弗！云何有善知識、善伴黨、善隨從之比丘，修習八支聖道，多修八支聖道耶？舍利弗！於此有比丘，依遠離、依離貪、依滅盡，迴向於捨，以修習正見。依遠離、依離貪、依滅盡，迴向於捨，以修習正思惟。依遠離、依離貪、依滅盡，迴向於捨，以修習正語。依遠離、依離貪、依滅盡，迴向於捨，以修習正業。依遠離、依離貪、依滅盡，迴向於捨，以修習正命。依遠離、依離貪、依滅盡，迴向於捨，以修習正精進。依遠離、依離貪、依滅盡，迴向於捨，以修習正念。依遠離、依滅貪、依滅盡，迴向於捨，以修習正定。舍利弗！如是，有善知識，善伴黨、善隨從之比丘，以修習八支聖道，以多修八支聖道。舍利弗！依此理而知：有善知識、善伴群、善隨從者，此悉皆為梵行。舍利弗！以我為善知識，故有生法之眾生，以解脫生；有老法之眾生，以解脫老；有死法之眾生，以解脫死：有、愁、悲、苦、憂、惱法之眾生，以解脫愁、悲、苦、憂、惱。舍利弗！依此理而知：有善知識、善伴黨、善隨從者，此皆為梵行也。〔註2〕」

（三）第四、五、六、七、十

八正道的功能是斷除煩惱，進入涅槃。八正道像是一輛車，目的是懾服貪嗔癡達到涅槃狀態；八正道是梵行，是斷除貪嗔癡；跟隨著佛陀修行，目的是了知煩惱，而八正道是了知煩惱的最好的方法。

〔註1〕注：a. 雜阿含經二七，一五（大正藏二、一九五）、二八、二一（大正藏二二〇〇c）Arvadanasataka I.P.239 第三相應一八經中（漢譯南傳大藏經第十二卷一五三頁。b.「修習八支聖道」ariyam atthangikam maggam bhaveti 之四語，原本本缺失由暹羅本補之。c.「迴向於捨」（vossagga-parinamin）從漢譯之相當於此文的「向於捨」，別的地方有釋，參見漢譯南傳大藏經第十二卷一七六。

〔註2〕注：「比丘」，原本 bhikkhave 是 bhikkhuno 之誤。

第四婆羅門

舍衛城因緣。時，具壽阿難，清晨時分著下衣，持衣缽，入舍衛城乞食。

具壽阿難見生聞婆羅門，乘白馬車出舍衛城。繫以白馬，配以白莊嚴、白車、白眷屬、白絆、白刺棒、白傘蓋、白帽、白衣、白履，揮白拂扇。眾人見此曰：「嗟夫！梵乘，是梵乘色。」時，具壽阿難，往舍衛城乞食。食後由乞食歸來，詣世尊住處。詣已，敬禮世尊，坐於一面。坐於一面之具壽阿難，白世尊曰：「大德！我於此處，清晨時分，著下衣，持衣缽，入舍衛城乞食。大德！我見生聞婆羅門乘偏白之馬車，出舍衛城。繫以白馬、配以白莊嚴、白車、白眷屬、白絆、白刺棒、白傘蓋、白帽、白衣、白履、揮白拂扇。眾人見此言曰：「嗟夫！梵乘，梵乘色。」大德！此法、律，能稱為梵乘施設否？」世尊說曰：「阿難！能。阿難！此八支聖道之增上語，亦稱為：梵乘、法乘、無上之勝伏。阿難！以修習多修習正見，為究盡調伏於貪，為究盡調伏於嗔，為究盡調伏於癡。阿難！以修習多修習正思惟，為究盡調伏貪，為究盡調伏嗔，為究盡調伏癡。阿難！以修習多修習正語，為究盡調伏貪，為究盡調伏嗔，為究盡調伏癡。阿難！以修習多修習正業，為究盡調伏貪，為究盡調伏嗔，為究盡調伏癡。阿難！以修習多修習正命，為究盡調伏貪，為究盡調伏嗔，為究盡調伏癡。阿難！以修習多修習正精進，為究盡調伏貪，為究盡調伏嗔，為究盡調伏癡。阿難！以修習多修習正念，為究盡調伏貪，為究盡調伏嗔，為究盡調伏癡。阿難！以修習多修習正定，為究盡調伏貪，為究盡調伏嗔，為究盡調伏癡。阿難！以修習多修習正定，為究盡調伏貪，為究盡調伏嗔，為究盡調伏癡。阿難！應依此理而知，此八支聖道之增上語，亦稱為：梵乘、法乘或無上之勝伏。」

世尊作如是說，如是說之善逝師，更作如是說：

信慧諸法軛常時為自轅
慚軸意為魔護念為御者
戒資具為車靜慮以為眼
精進而為軸捨三昧為轅
無欲為覆具無嗔害捨離
如是為兵器忍辱以為鎖
以趣於安穩以此已具足
為無上梵乘智士出世間

一向伏貪等〔註3〕

第五何義

舍衛城因緣。時，眾多比丘詣世尊住處。詣已，禮敬世尊坐於一面。

坐於一面之彼詣比丘，白世尊曰：「大德！此處異學之修行者，問我等曰：「諸友等！為何於沙門瞿曇處以修梵行耶？」大德！如是之問，我等答彼異學之修行者曰：「友等！為偏知於苦，於世尊之處修梵行。」大德！以如是之問，我等如是答者，是說世尊之所說耶？或無以非實誹謗世尊耶？以法隨法說耶？無以墮同法論者、隨法論者於呵責處耶？」「諸比丘！對如是之問，汝等作如是之答者，乃說我所說，無以不實誹謗於我。以法隨法說，無墮同法論者隨法論者於呵責處。諸比丘！為偏知於苦，乃於我處修梵行。諸比丘！若異學之修行者，對汝等作如是問：「友等！又偏知此苦，是有道、有跡耶？」諸比丘！若如是問者，汝等對彼異學之修行者，應如是答：「友等！偏知此苦，是有道有跡。」諸比丘！偏知此苦，云何為有道？云何有跡耶？即八支聖道是，謂：正見、正思惟、正語、正業、正命、正精進、正念、正定是。諸比丘！偏知此苦，有此道、此跡。諸比丘！若如是問者，汝等對彼異學之修行者，應如是作答。〔註4〕」

第六一比丘（一）

舍衛城因緣。時，有一比丘來詣世尊住處。詣已，禮敬世尊，坐於一面。

坐於一面之彼比丘，白世尊曰：「大德！梵行，所謂梵行者，大德！何為梵行？何為梵行之究盡耶？」「比丘！此八支聖道即梵行。謂正見、正思惟、正語、正業、正命、正精進、正念、正定是。比丘！貪欲之滅盡、嗔恚之滅盡、愚癡之滅盡，此即梵行之究盡。」

第七一比丘（二）

舍衛城因緣。時，有一比丘，來詣世尊住處。詣已，禮敬世尊，坐於一面。

坐於一面之彼比丘，白世尊曰：「大德！言貪欲之調伏、嗔恚之調伏、愚癡之調伏者，大德！貪欲之調伏、嗔恚之調伏、愚癡之調伏者，是何者之增上語耶？」「比丘！貪欲之調伏、嗔恚之調伏、愚癡之調伏者，乃涅槃界之

〔註3〕注：漢譯阿含經二八、二二（大正藏二、二〇〇c）。「鎧」原典 dhammasannaha 以 vammasannaha 訂正之。

〔註4〕注：參照漢譯阿含經二八～三六（大正藏二、二〇二）。「為何」原本為 kimatthi yam，應讀為 kim atthiyam。

增上語。以此說諸漏之滅盡。」如是談已。彼比丘白世尊曰：「大德！言不死，不死者，大德！云何為不死耶？云何為達不死之道耶？」「比丘！貪欲之滅盡，嗔恚之滅盡，愚癡之滅盡者，此名之為不死。此即八支聖道，謂：正見、正思惟、正語、正業、正命、正精進、正念、正定是〔註5〕。」

第八分別

是解釋八正道的內容。正見（四諦）、正思維（出離、無恚、無害的思維）、正語（四善口）、正業（不殺、不盜、非梵行）、正命（斷邪命）、正精進（四正勤）、正念（四念處）和正定（四禪）。

「舍衛城因緣」

「諸比丘！我為汝等分別說示八支聖道，諦聽，當善思念之，我宣說。」彼諸比丘應諾世尊曰：「唯唯！大德！」世尊說曰：「諸比丘！云何為八支聖道耶？謂：正見、正思惟、正語、正業、正命、正精進、正念、正定是。

諸比丘！云何為正見耶？諸比丘！苦之智、苦集之智、苦滅之智、順苦滅道之智是。諸比丘！此名之為正見。諸比丘！云何為正思惟耶？諸比丘！出離之思惟、無恚之思惟、無害之思惟是。諸比丘！此名之為正思惟。諸比丘！云何為正語耶？諸比丘！離虛誑語、離離間語、離粗惡語、離雜穢語。諸比丘！此名之為正語。諸比丘！云何為正業耶？諸比丘！離殺生、離不與取、離非梵行。詣比丘！此名之為正業。

諸比丘！云何為正命耶？諸比丘！於此聖弟子，斷邪命，於正命為活命。諸比丘！此名之為正命。諸比丘！云何為正精進耶？諸比丘！於此有比丘，對未生之惡不善法，為不令生而起志欲、精進、發勤，以持策心。為斷已生之惡不善法，而起志欲、精進、發勤，策心以持。為令未生之善法使令生起，而起志欲、精進、發勤、以持策心。以往已生之善法，令不忘失，而倍修習、廣修習，為使令圓滿，以起志欲、精進、發勤、持策心。諸比丘！此名之為正精進。

諸比丘！云何為正念耶？諸比丘！於此有比丘，於身以隨觀身，而熱誠、正知、具念、以調伏世間之貪憂而住；於受以隨觀受，而熱誠、正知、具念、以調伏世間之貪憂而住；於心以隨觀心，而熱誠、正知、具念、以世間之貪憂而住；於法以隨觀心、而熱心、正知、其念、以調伏世間之貪憂而住。

〔註5〕注：雜阿含經二八、六（大正藏二、一九九）。

諸比丘！此名之為正念。

諸比丘！云何為正定耶？諸比丘！於此有比丘，離諸欲、離諸不善法，有尋有伺、由離生喜與樂，具足初靜慮而住。尋伺寂靜故內淨、為心一趣，由無尋無伺之三摩地生喜與樂，具足第二靜慮而住。離喜故，於捨而住，正念正知、以身集正受，如諸聖者之所宣說，有捨有念之樂住，即具足第三靜慮而住。斷樂、斷苦故，及已滅憂與喜故，成不苦、不樂而捨念清淨，具足第四靜慮而住。諸比丘！此名之為正定〔註6〕。」

第十難提

舍衛城因緣。時，修行者難提，來詣世尊住處。詣已，與世尊相俱交談慶慰、歡喜、感銘之語後，坐於一面。坐於一面之修行者難提，白世尊曰：「瞿曇！修習、多習幾何之法者，可以到涅槃、達涅槃、究竟於涅槃耶？」

「難提！修習、多習八法者，可以到涅槃、達涅槃、究竟於涅槃。以何為八耶？謂：正見、正思惟、正語、正業、正命、正精進、正念、正定是。難提！修習多習此八法者，可以到涅槃、達涅槃、究竟於涅槃。」

如是說已，修行者難提白世尊曰：「妙哉！瞿曇！妙哉！瞿曇！瞿曇譬如倒者之扶起，如覆者之露現，如教迷者以道，暗中舉燈火，使有眼者見色。如是尊瞿曇以種種方便顯示於法。我於此當歸依尊瞿曇與法及比丘眾。尊瞿曇！請容受我自今起，至命終歸依為優婆塞。」

第一無明品（終）

此品之攝頌曰：

無明以及半

舍利弗與婆羅門

何義與二比丘

分別、芒、難提。

（四）第九芒（Sùka）

是正見，意味著正確的方向，走向遠離、離貪、斷滅。

舍衛城因緣。「諸比丘！譬如以稻之芒，或麥之芒向斜、以手足觸踏，手足壞而出血者，無有是處。何以故？諸比丘！以芒向斜故。諸比丘！如是彼

〔註6〕注：a. 長部經典第二卷大念處經二〇節以下，中部經典第三卷二〇三頁參照。b.「諸比丘！」原本缺失。c.「世間之」云云，原本 vineyyaloke，讀為 vineyya loke，以下亦然。d. 原本第十一節不分段。

比丘，以見向邪道，修習向邪，以破壞無明而生明，從而現證涅槃者，無有是處。何以故？諸比丘！以見向邪之故。

諸比丘！譬如稻芒，或有麥芒之向正，以手足觸踏，手足壞而出血者，有是處。何以故？諸比丘！芒向正故。諸比丘！如是彼比丘，見向正道，修習向正，破壞無明以生明，而現證涅槃，有是處。何以故！諸比丘！見向正故。

諸比丘！云何比丘，以見向正，道之修習向正，破壞無明以生明，現證涅槃耶？諸比丘！於此有比丘，依遠離、依離貪、依滅盡，迴向於捨，修習正見。依遠離、依離貪、依滅盡，迴向於捨，修習正思惟。依遠離、依離貪、依滅盡，迴向於捨，修習正語。依遠離、依離貪、依滅盡，迴向於捨，修習正業。依遠離、依離貪、依滅盡，迴向於捨，修習正命。依遠離、依離貪、依滅盡，迴向於捨，修習正精進。依遠離、依離貪、依滅盡，迴向於捨，修習正念。依遠離、依離貪、依滅盡，迴向於捨，修習正定。諸比丘！如是之此比丘，以見向正，道之修習向正，破壞無明以生明，現證涅槃〔註 7〕。」

二、四諦

第一品，十首經，前面四首是勸修定，通過定瞭解四諦。接著的兩首即第五和第六首是說有知識有道德的人都會了悟四諦。最後四首是勸人們如果想覺悟、解脫，就要堅持了悟四諦的內容。

第二品，只有七首經，但在編輯的時候被擴展，似乎以前只有五首經。

第三到第五品，開始混亂，值得注意的只有一兩首經。一些該參考的重要性的經文是：

（一）諦相應

第一定品

1. 第一定和第二宴默

認為比丘應該禪定，需要安靜，隱居以揣摩四諦。

第一定

定舍衛城。「諸比丘！定當修習！諸比丘！得定之比丘，了知如實。以何為了知如實耶？此為苦，了知如實；此為苦集，了知如實；此為苦滅，了知如實；此為順苦滅道，了知如實。諸比丘！於定當修習！諸比丘！得定之比丘，

〔註 7〕注：增支部經典一、五、一～二參照漢譯南傳大藏經第十七卷第五向與隱覆等品第一節。原本 suka 通改為 Suka。

了知如實。是故，諸比丘應以此為苦，勉勵！以此為苦集，勉勵！以此為苦滅，勉勵！以此為順苦滅之道，勉勵！〔註 8〕」

第二宴默經

「諸比丘！應精勤於宴默！諸比丘！宴默之比丘，了知如實。以何為了知如實耶？此是苦，了知如實；此是苦集，了知如實；此是苦滅，了知如實；此是順苦滅之道，了知如實。諸比丘！應精勤於宴默！諸比丘！宴默之比丘，了知如實。是故，諸比丘！以此是苦，應勉勵！以此是苦集，應勉勵！以此是苦滅，應勉勵！以此是順苦滅之道，應勉勵〔註 9〕！」

2. 第五和第六首

這是要求有知識有道德的人都要知道四諦（在阿含中五、六兩首一起編輯）

第五沙門婆羅門（一）

「諸比丘！於過去世，沙門、婆羅門如實現等覺者，皆對此四聖諦如實現等覺。諸比丘！於未來世，沙門、婆羅門如實現等覺者，皆對此四聖諦如實現等覺。諸比丘！於現在世，沙門、婆羅門如實現等覺者，皆對此四聖諦如實現等覺。以何為四聖諦耶？乃苦聖諦、苦集聖諦、苦滅聖諦、順苦滅道聖諦是。諸比丘！於過去世，沙門、婆羅門如實現等覺者……於未來世，沙門、婆羅門如實現等覺者……於現在世，沙門、婆羅門如實現等覺者，皆對此四聖諦如實現等覺。是故，諸比丘！此是苦，應勉勵！此是苦集，應勉勵！此是苦滅，應勉勵！此是順苦滅之道，應勉勵〔註 10〕！」

第六沙門婆羅門（二）

「諸比丘！於過去世，沙門、婆羅門如實現等覺之所宣說，皆對此四聖諦如實現等覺所宣說。諸比丘！於未來世，沙門、婆羅門如實現等覺之所宣說，皆對此四聖諦如實現等覺所宣說。諸比丘！於現在世，沙門、婆羅門如實現等覺之所宣說，皆對此四聖諦如實現等覺所宣說。以何為四聖諦耶？乃苦聖諦、苦集聖諦、苦滅聖諦、順苦滅道聖諦是。諸比丘！於過去世，沙門、婆羅門如實現等覺之所宣說……於未來世，沙門、婆羅門如實現等覺之所宣說……於現在世，沙門、婆羅門如實現等覺之所宣說，皆對此四聖諦如實現

〔註 8〕雜阿含一六、二三（大正藏二、一一二）
〔註 9〕雜阿含一六、二二（大正藏二、一一二）
〔註 10〕雜阿含一五、二六（大正藏二、一〇五）

等覺宣說。是故，諸比丘！此是苦，應勉勵！此是苦集，應勉勵！此是苦滅，應勉勵！此是順苦滅之道，應勉勵〔註 11〕！」

3. 第八到第十首

這是要求尋（心嚮往對象）、思（思維）、諍（爭辯）、論（討論）都要嚴格遵循四諦的教義。

第七尋

「諸比丘！勿尋思惡不善之尋。謂：欲尋、嗔尋，害尋。何以故耶？諸比丘！此等之尋不引義利，非初梵行，不資於厭患、離貪、滅盡、寂止、證智、等覺、涅槃。諸比丘！汝等尋思時，「此是苦」應尋思，「此是苦集」應尋思，「此是苦滅」應尋思，「此是順苦滅之道」應尋思。何以故耶？諸比丘！此等之尋引於義利，成初梵行，資於厭患、離貪、滅盡、寂止、證智、等覺、涅槃。是故諸比丘！此是苦，應勉勵！此是苦集，應勉勵！此是苦滅，應勉勵！此是順苦滅之道，應勉勵〔註 12〕！」

第八思

諸比丘！勿思惟惡不善之思，謂：「世間為常，世間為無常，世間為有邊，世間為無邊，命即身，命與身為異，如來死後為有，如來死後為無，如來死後亦有亦無，如來死後非有亦非無。」何以故耶？諸比丘！此等之思不引義利，不達初梵行，不資於厭患、離貪、滅盡、寂止、證智、等覺、涅槃。諸比丘！汝等思惟時，以「此是苦」應思惟！「此是苦集」應思惟！「此是苦滅」應思惟！「此是順苦滅之道」應思惟！何以故耶？諸比丘！此等之思惟引於義利，成初梵行，資於厭患、離貪、滅盡、寂止、證智、等覺、涅槃。是故諸比丘！此是苦，應勉勵！此是苦集，應勉勵！此是苦滅，應勉勵！此是順苦滅之道，應勉勵〔註 13〕！」

第九諍

諸比丘！勿論諍論，謂：「汝不知此法、律，我知此法、律，汝云何知此法、律耶？汝為邪行者，我為正行者：汝將應說為前者，說為後，將應說為後者，說為前；我言為相應，汝言為不相應：汝長時所思為所覆；汝為逃他論而立論；汝將墮負處，若能者，當應答。」何以故耶？諸比丘！此論不引義利，

〔註 11〕雜阿含一五、二七（大正藏二、一〇五）
〔註 12〕雜阿含一六、三、四（大正藏二、一〇九）
〔註 13〕雜阿含一六、二（大正藏二、一〇九）

非成初梵行，不能資於厭患、離貪、滅盡、寂止、證智、等覺、涅槃。諸比丘！汝等論時，以「此是苦」應論，「此是苦集」應論，「此是苦滅」應論，「此是順苦滅之道」應論。何以故耶？諸比丘！此論引於義利，成初梵行，資於厭患、離貪、滅盡、寂止、證智、等覺、涅槃。是故諸比丘！此是苦，應勉勵！此是苦集，應勉勵！此是苦滅，應勉勵！此是順苦滅之道，應勉勵〔註14〕！」

第十論

「諸比丘！勿論種種之畜生論、謂：王論、盜賊論、大臣論、軍論、怖畏論、戰爭論、食論、飲論、衣服論、臥具論、華鬘論、香論、親族論、車乘論、村裏論、聚落論、都城論、地方論、女人論、男人論、勇士論、街路論、池邊論、亡靈論、種種論、世間譚、海譚，如是之有無論是。何以故耶？諸比丘！此論不引義利，不達初梵行，不能資於厭患、離貪、滅盡、寂止、證智、等覺、涅槃。諸比丘！汝等論時，以「此是苦也」應論，「此是苦集」應論，「此是苦滅」應論，「此是順苦滅之道」應論。何以故耶？諸比丘！此論為引於義利，成初梵行，資於厭患、離貪、滅盡、寂止、證智、等覺、涅槃。是故諸比丘！以「此是苦」應勉勵！「此是苦集」應勉勵！「此是苦滅」應勉勵！「此是順苦滅之道」應勉勵〔註15〕！」

第二轉法輪品

開頭的第一、第三和第四首，減少了宗教化的性質，這就是四諦的精華部分。

1. 第一 如來所說（一）

這就是最有名的轉法輪經，是介紹四諦和八正道的重要內容。

如是我聞。一時，世尊住波羅捺國仙人墮處鹿野園。於此處，世尊言五比丘曰：「諸比丘！出家者不可親近於二邊。以何為二邊耶？（一）於諸欲以愛欲貪著為事者，乃下劣、卑賤、凡夫之所行、非聖賢，乃無義相應。（二）以自之煩苦為事者，為苦，非聖賢，乃無義相應。諸比丘！如來捨此二邊，以中道現等覺。此為資於眼生、智生、寂靜、證智、等覺、涅槃。諸比丘！云何乃能如來於中道現等覺，資於眼生、智生、寂靜、證智、等覺、涅槃耶？

〔註14〕雜阿含一六、六（大正藏二、一〇九）

〔註15〕雜阿含一六、五（大正藏二、一〇九c）此經列舉論之項目，是長部經典第一卷七頁、一七八頁，第三卷三六頁、五四頁，中部經典第一卷五一三頁，第二卷一頁、二三頁、三〇頁，第三卷一一三頁，增支部經典第五卷一二八頁，律藏第一卷一一八頁，第四卷一六四頁等（皆指原典）。

乃八支聖道是。謂：正見、正思惟、正語、正業、正命、正精進、正念、正定是。諸比丘！此乃如來所現等覺之中道，此乃資於眼生、智生、寂靜、證智、等覺、涅槃。諸比丘！苦聖諦者，即是此，謂：生苦、老苦、病苦、死苦、愁悲憂惱苦、遇怨憎者苦、與所受者別離苦、所求不得苦，略說為五取蘊苦。諸比丘！苦集諦者，即是此，謂：後有起、喜貪俱行、隨處歡喜之渴愛，謂：欲愛、有愛、無有愛是。諸比丘！苦滅聖諦者，即是此，謂：於此渴愛無餘、離滅、棄捨、定棄、解脫而無執著。諸比丘！順苦滅道聖諦者，即是此，所謂八支聖道是。謂：正見、正思惟、正語、正業、正命、正精進、正念、正定是。諸比丘！苦聖諦者，即是此，於先前未聞之法，我眼生、智生、慧生、明生、光明生。諸比丘！應對此苦聖諦偏知……乃至……已偏知，於先前未聞之法，我眼生，智生、慧生、明生、光明生。諸比丘！苦集聖諦者，即是此，於先前未聞之法，我眼生、智生、慧生、明生、光明生。諸比丘！對此苦集聖諦應斷……乃至……已斷，於先前未聞之法，我眼生、智生、慧生、明生、光明生。諸比丘！苦滅聖諦者，即是此，於先前未聞之法，我眼生、智生、慧生、明生、光明生。諸比丘！對此苦滅聖諦應現證……乃至……已現證，於先前未聞之法，我眼生、智生、慧生、明生、光明生。諸比丘！順苦滅道聖諦者，即是此，於先前未聞之法，我眼生、智生、慧生、明生、光明生。諸比丘！對此順苦滅道聖諦應修習……乃至……已修習，於先前未聞之法我眼生、智生、慧生、明生、光明生。諸比丘！我於四聖諦以如是三轉十二行相之如實智見尚未達悉皆清淨時，諸比丘！我於天、魔、梵世、沙門、婆羅門、人、天眾生中，不被稱之為無上正等覺之現等覺。諸比丘！然而我於此四聖諦，如是三轉十二行相之如實智見已達悉皆清淨故，諸比丘！我於天、魔、梵世、沙門、婆羅門、人、天眾生中，稱之為無上正等覺之現等覺。又，我智生與見，我心解脫不動，此為我最後之生，再不受後有。世尊如是說示已，五比丘歡喜、信受於世尊之所說。又說示此教時，具壽憍陳如生遠塵離垢之法眼:「有集法者，悉皆有此滅法。」世尊轉如是法輪時，地居之諸天發聲言曰:「世尊如是於波羅捺國仙人墮處鹿野苑，轉無上之法輪，沙門、婆羅門、天、魔、梵或世間之任何者，皆不能覆。」聞得地居諸天之聲之四大天王諸天，發聲言曰:「世尊如是於波羅捺國仙人墮處鹿野苑，轉無上之法輪，沙門、婆羅門、天、魔、梵，或世間之任何者，皆不能覆。」聞得四大天王諸天聲之忉利諸天……焰摩諸天……兜率諸天……化樂諸天……他化自在諸天……梵身諸天發聲言曰：「世尊如是於波羅捺國仙人墮處鹿野苑，轉無上之法輪，沙門、婆羅門、天、魔、梵，或世間任何者，皆不能覆。」如是於其剎那，其頃刻，其須臾之間，乃至止於梵世之聲已達。又，此十千世界湧震動，示現於無量廣大光明之世間，超越諸天之天威力。時，世尊稱讚而曰：「憍陳如悟矣，憍陳如悟矣！」自此即名具壽憍陳如，稱為阿若憍陳如〔註16〕。」

2. 第三蘊

是通過五蘊和六處闡述四諦。

「諸比丘！有四聖諦。以何為四聖諦耶？苦聖諦、苦集聖諦、苦滅聖諦、順苦滅道聖諦是。諸比丘！云何為苦聖諦耶？謂五取蘊是，謂：色取蘊、受取蘊、想取蘊、行取蘊、識取蘊是。諸比丘！此名為苦聖諦。諸比丘！云何為苦集聖諦耶？後有起而喜貪俱行、隨處歡喜之渴愛，謂：欲愛、有愛、無有愛是。諸比丘！此名為苦集聖諦。諸比丘！云何為苦滅聖諦耶？將此渴愛無餘離滅、棄捨、定棄、解脫，是無執著。諸比丘！此名為苦滅聖諦。諸比丘！云何為順苦滅道聖諦耶？八支聖道是，謂：正見、正思惟、正語、正業、正命、正精進、正念、正定是。諸比丘！此名為順苦滅道聖諦。諸比丘！此為四聖諦。是故諸比丘！此是苦，應勉勵！此是苦集，應勉勵！此是苦滅，應勉勵！此是順苦滅之道，應勉勵〔註17〕！」

3. 第四處

「諸比丘！有四聖諦。以何為四聖諦耶？苦聖諦、苦集聖諦、苦滅聖諦、順苦滅道聖諦是。諸比丘！云何為苦聖諦耶？謂：六入處是。以何為六入處耶？眼處、耳處、鼻處、舌處、身處、意處是。諸比丘！此名為苦聖諦。諸比丘！云何為苦集聖諦耶？後有起而喜貪俱行，是隨處歡喜之渴愛、謂：欲愛、有愛、無有愛是。諸比丘！此名為苦集聖諦。諸比丘！云何為苦滅聖諦耶？將此渴愛無餘離滅、棄捨、定棄、解脫，是無執著。諸比丘！此名為苦滅聖諦。諸比丘！云何為順苦滅道聖諦耶？八支聖道是，謂：正見、正思惟、正語、正業、正命、正精進、正念、正定是。諸比丘！此名為順苦滅道聖諦。

〔註16〕律藏大品一、六（原典一〇頁以下）。雜阿含一五、一五（大正藏二、一〇三c）。轉法輪經（大正藏二、五〇三）、三轉法輪經（大正藏二、五〇四），四分律三二（大正藏二二、七八八）、五分律一五（大正藏二二、一〇四），法蘊足論六（大正藏二六、四七九）等。其他亦有梵本。

〔註17〕雜阿含一五、二四（大正藏二、一〇五）

諸比丘！此為四聖諦。是故諸比丘！此是苦，應勉勵！此是苦集，應勉勵！此是苦滅，應勉勵！此是順苦滅道，應勉勵！」

第三拘利村品

四諦密切相關，一旦瞭解苦諦意味著也同時瞭解其他三諦。

第十伽梵婆提

一時，眾多之長者比丘，住於支提國薩罕奢尼卡。其時，眾多之長老比丘，食後由乞食歸，於講堂集會聚坐，作如是之談話：「友等！見苦者，亦見苦集、亦見苦滅、亦見順苦滅道耶？」作如是言，具壽伽梵婆提對長老比丘曰：「友等！我自世尊處，曾親聞、親受：『諸比丘！見苦者，亦見苦集、亦見苦滅、亦見順苦滅道。見苦集者，亦見苦、亦見苦滅、亦見順苦滅道。見苦滅者，亦見苦、亦見苦集、亦見順苦滅道。見順苦滅道者，亦見苦、亦見苦集、亦見苦滅。』」

三、因緣產生的原始來源論證

（一）在相應部中，因緣的產生開始只有四支

其實古代只有兩支，即「愛（貪）」和「苦（生老死）」，或者三支，即「愛」、「取」和「苦」，但在原始的轉法輪經中，「愛」、「取」和「慢」只算是「一」。在相應部中，毒蛇品第四，證明「慢」就是「愛」，就是「取」，而「貪」就是「慢」。

〔二〇七〕第十一麥把

「諸比丘！『我有』者，此為慢心。『此是我』者，此為慢心。『我』者，此為慢心。『我是無』，此為慢。『我是有色』者，此為慢。『我是無色』者，此為慢。『我是有想』者，此為慢。『我是無想』者，此為慢。『我是非想非非想』者，此為慢。諸比丘！慢心為病，慢心為瘡，慢心為箭。然則諸比丘！『我等以不慢之心而住』，汝等當如是學習〔註18〕。」

（二）因緣的產生有五支

因愛、取、有、生、老死憂悲苦惱（《雜阿含218經》）。筆者認為「有」這一支不是原始佛經的，而是被後人加進去，是為了回應「有一個去再生」的認同傾向，因為如果沒有「有」作為一個用來解釋輪迴再生的原因，那麼「愛」、「取」也被用來解釋繼續再生的原因。那麼「有」是什麼？是否佛涅槃

〔註18〕http://cbetaonline.dila.edu.tw/zh/N0006_035

後才被提出？是否只要「愛」生起，「苦集」就跟著生起，愛滅苦就滅，而不需要加上愛滅，「取」、「有」等苦才被滅？

〔一〇六〕第三苦

諸比丘！我說苦之生起與滅沒，且諦聽。諸比丘！何為苦之生起耶？以眼與色為緣生眼識，三者之和合為觸，緣觸生受，緣受生愛，此苦之生起。以耳與聲……以鼻與香……以舌與味……以身與觸……以意與法為緣生意識，三者之和合為觸，緣觸生受，緣受生愛。諸比丘！此乃苦之生起。諸比丘！何為苦之滅沒耶？以眼與色為緣生眼識，三者和合為觸，依觸之緣生受，依受之緣生愛，依其愛之無餘離卻滅盡，則取之滅盡，由取之滅盡，則有之滅盡，依有之滅盡，則生之滅盡，依生之滅盡，則老死、憂悲苦惱絕望滅盡。如是而此一切苦蘊滅盡，此乃苦之滅沒。以耳與聲為緣生耳識……以鼻與香為緣生鼻識……以舌與味為緣生舌識……以身與觸為緣生身識……以意與法為緣生意識，三者和合為觸，依觸之緣生受，依受之緣生愛，依其愛之無餘離卻滅盡，則取之滅盡，依取之滅盡，則有之滅盡，依有之滅盡，則生之滅盡，依生之滅盡，則老死、憂悲苦惱絕望滅盡。如是而此一切苦蘊滅盡。諸比丘！此乃苦之滅沒〔註19〕。

相應部第四集，無記說相應品，第六舍利弗——拘絺羅、第四（喜悅）（雜阿含經缺失）解釋「有」的意思是「存在」。這首經說明愛、取、有和五蘊是緣起的四支，如下：

1. 愛樂，喜歡，不知道五蘊斷滅的真理

一時，尊者舍利弗與尊者大拘絺羅……時，尊者舍利弗日暮時分，獨從思惟而起，去往尊者大拘絺羅住處，與彼共會面，交換親愛慇懃之談話後，坐於一面。坐於一面之尊者舍利弗，問於尊者大拘絺羅曰：友拘絺羅！「友！如來死後存在者是如何耶？」汝言：「如來死後存在者，乃世尊所不記說。」……問於：「如來死後，非存在又非不存在者，是如何耶？」汝言：「如來死後，非存在又非不存在者，亦是世尊所不記說。」世尊不記說此，是何因？何緣耶？」「友！以色……受……想……行……識為樂，以識為喜，以識為快，對識之滅不能如實知、見者，始有『如來死後存在』……有『如來死後，非存在又非不存在』。友！不以色……受……想……行……不以識為樂、

〔註19〕http://cbetaonline.dila.edu.tw/zh/N0006_035

不以識為喜、不以識為快，對識之滅如實知、見者，則無有『如來死後存在』……無有『如來死後，非存在又非不存在』。友！此為世尊不記說之因、之緣。」

2. 有

「然則友！世尊不記說此，還有其他之事由否？」「友！有。友！以有為樂、以有為喜、以有為快，對有之滅不能如實知、見者，則有『如來死後存在』……有『如來死後非存在又非不存在』。友！不以有為樂，不以有為喜，不以有為快，對有之滅如實知、見者，則無有『如來死後存在』……無有『如來死後非存在又非不存在』。友！此亦世尊所不記說之因、之緣。」

在現在的生活放下貪愛與執取，永盡無餘，不復更造，這就是涅槃。那愛什麼？貪什麼？執什麼？就是欲愛、有愛、無有愛。即對五欲財色名食睡知道「如夢所得」，如果貪著五欲，至死不捨，作五欲的奴隸，受無量苦。所以不再迷著追逐感官享樂的欲望，少欲知足，才是幸福安樂，就是厭離了欲愛。對於生與存而不妄情妄識渴求永生的欲望，就是厭離了有愛。不渴求不再生存、不再輪迴和達到永恆安樂的涅槃，就是厭離了無有愛。

總之欲求是束縛，在任何情況下都不忘尋求快樂的欲望，就是離了欲愛、有愛及無有愛。所以有「愛有取」就有苦，看透因緣，無我，執取就沒有苦了。換一種的說法，什麼時候真正瞭解了苦果是由於製造的苦因，即瞭解了集諦，那麼受苦的時候，心身也會相當平靜而心甘情願的「還業」，所以接受之時就不會覺得是在受苦。這不僅「隨緣消舊業」斷了有漏之苦的因和果，而且可以從苦因之中得到，不為情動，不受境遷，斷盡煩惱，無礙自在，解脫生死的現法樂住涅槃。

3. 取

「然則友！世尊不記說此者，尚有其他之事由否？」「友！有。友！以取為樂，以取為喜，以取為快，對取之滅不能如實知、見者，則有『如來死後存在』……有『如來死後非存在又非不存在』。友！不以取為樂，不以取為喜，不以取為快，對取之滅如實知、見者，則無有『如來死後存在』……無有『如來死後非存在又非不存在』。友！此亦世尊對此未予記說之因，亦為其緣。」

執取也是一種煩惱的根源，它對「我法」堅持不放。大概的理解就是：「我執」即指一切眾生，不知人是由五蘊假合構成，所以固執此中有一個主宰永恆不變的「我」，因此一切煩惱障和種種「我見」由此而生。「法執」即指一切眾生，不看透萬法是空性，所以固執諸法有實性，從而產生虛妄分別的「法見」。

其實有貪有愛才有執取，因此「總之五蘊身心被執守就是苦」。在佛教經典中除了轉法輪經之外，《無我相經》也是非常重要的一部經。如果《轉法輪》是介紹佛陀的「道」，那麼《無我相》就是闡明佛陀的「道」是怎樣出現的。結合這兩部經，放在同一個宗教文化背景下，會看清楚佛陀的「道」的來源、內容以及出現的原因。

總之苦的原因是愛取，愛就會取，取就會貪，貪就會苦。因貪愛所以苦。貪愛執取什麼？就是對五蘊的貪愛與執取。為何人們對自己和他人身心的五蘊而貪愛，然後受痛苦？因人們不懂五蘊是無我，所以渴望、貪婪、執著。明白五蘊是無常、苦、無我，就會產生煩膩，厭離而離貪，離了貪就沒有煩惱，這就是涅槃的狀態「生已盡，梵行已立，應作已作，再無後有」

4. 愛

「然則友！世尊不記說此，尚有其他之事由否？」「友！有。友！以愛為樂，以愛為喜，以愛為快，對愛之滅不能如實知、見者，則有『如來死後存在』……『如來死後非存在又非不存在』。友！不以愛為樂，不以愛為喜，不以愛為快，對愛之滅如實知、見者，則無有『如來死後存在』……無有『如來死後非存在又非不存在』。友！此亦世尊所不記說之因，亦是其緣。」

是在五蘊身心上造成了七種苦最主要的根源就是「愛」。愛不僅僅是愛情或者對財富、權勢的貪求或執著，它屬於這種強烈的貪欲相纏結，隨地隨處拾取新歡。也就是它依其他的條件而生起一切痛苦及造成「來生」與「後有」相續不斷的原因。而愛的來源就是無明。愛分成三種：欲愛、有愛和無有愛。

5. 斷愛是最高的境界

「然則友！世尊不記說此，尚有其他之事由否？」「如今於此，友舍利弗！從此，汝更復何所願？友舍利弗！得愛盡解脫之比丘，無為其施設而有增長。」

「菩薩怕因而眾生怕果」，因為對聖人來說命運是由自己來決定的，做錯了就承擔，知道錯了就從「因」改，以後就不會收到不好的「果」。聖人看世間是「無常、苦、無我」，其實不是無常讓人苦而是「貪愛」。貪愛的根源是「無明」，無明是什麼呢？是妄想得到不能得到的東西。人們苦因為想不通「緣起空性」，所以貪求太多，逃避不了生老病死拼命逃避，得不到拼命得到，得到了又想更多，不珍惜眼前的每一秒鐘，而奢求著遙遠的未知的未來。所以人活的很累，就像脖子掛上一把草的馬。覺悟人活在「現法樂住」，沒有欲愛、有愛、無有愛，對於什麼問題都是坦然接受，在當下的每一秒鐘過得很精彩，很輕鬆，不被貪嗔癡控制，心充滿的慈悲和智慧，不為自己的利益，無怨無悔地幫助別人，幫助社會，這就是「菩薩行」。

其實世界上苦有兩種「心苦和身苦」。身苦不苦有時候不能選，但這不重要，重要的是心，而心苦不苦自己有權利選。智者與愚者不同的就是，智者不貪而「少欲知足」該知道的事會知道，然後在當代的他們的生活方式用智慧處理問題，讓自己安樂也給周圍的人安樂，這才是人活的意義。而不是等待死後的「無餘涅槃」，意味著證得阿羅漢後，一旦捨報身即生壞命終，就不再流轉生死，從此不再來這世間，也不再接受任何生命的果報，證得寂滅無生的涅槃。所以有人問佛「如來圓寂後是有或沒有？」佛不回答，因為這問題不需要，不實在，是戲論的……現在安樂過的每一秒，必要問死後怎麼樣嗎？還是拼命尋找未知的未來而忘記了現在，那能達到涅槃嗎？所以斷愛是最高的涅槃境界。

（三）五支因緣生起的相應部經，與五蘊相應

第五三昧（《雜阿含 59～60、65 經》）是喜（貪）、取、有、生、老死憂悲苦惱。形式上與八正道相當，但這首經內容更好一些。

〔五〕第五三昧

如是我聞。爾時，世尊住舍衛城祇樹林給孤獨園。於此，世尊告諸比丘曰：「諸比丘！」「大德！」彼諸比丘應諾世尊。世尊乃如是說曰：「諸比丘！應修習三昧。諸比丘！入三昧之比丘應如實了知。何為如實了知耶？〔謂〕色集與滅，受集與滅，想集與滅，行集與滅，識集與滅是。

諸比丘！以何為色集耶？以何為受集耶？以何為想集耶？以何為行集耶？以何為識集耶？

諸比丘！於此處歡喜、歡呼、耽著而住。何為歡喜、歡呼、耽著而住耶？

歡喜、歡呼、耽著於色而住。依歡喜、歡呼、耽著，而彼生喜。喜取於色。緣取而彼有生，緣有而彼生生，緣生而老、死、愁、悲、苦、憂、惱生。如是於此處，悉皆有苦蘊之集。

歡喜於受……乃至……歡喜於想……乃至……歡喜於行……乃至……

歡喜、歡呼、耽著於識而住。依歡喜、歡呼、耽著於識而住，而彼生喜、

喜取於識。緣取而彼有生，緣有而生生。緣生……乃至……如是於此處悉皆苦蘊之集。

諸比丘！此是色之集……乃至……受……乃至……想……乃至……行……乃至……是識之集。

諸比丘！何為色之滅耶！……乃至……受……乃至……想……乃至……行……乃至……是為識之滅。

諸比丘！於此處不歡喜、不歡呼，不耽著而住。何為不歡喜，不歡呼，不耽著而住耶？不歡喜、不歡呼、不耽著於色而住。依不歡喜、不歡呼、不耽著色而住，彼於色喜滅，喜滅故彼取滅。取滅故有滅，……乃至……如是於此處悉皆苦蘊之滅。

不歡喜、不歡呼，不耽著於受而住。依不歡喜、不歡呼、不耽著受而住，彼受喜滅，喜滅故彼取滅，取滅故有滅，有滅故……乃至……如是而於此處，悉皆苦蘊之滅。

不歡喜於想……乃至……不歡喜、不歡呼、不耽著行而住。依不歡喜、不歡呼，不耽著於行而住，則彼於行喜滅。喜滅故彼取滅。取滅故……乃至……如是而於此處，悉皆苦蘊之滅。

不歡喜、不歡呼、不耽著於識而住。依不歡喜、不歡呼、不耽著於識而住，則彼於識喜滅，……乃至……喜滅故彼取滅，……乃至……如是於此處，悉皆苦蘊之滅。

諸比丘！此色之滅……乃至……受之滅，想之滅、行之滅、識之滅〔註 20〕。

（四）相應部經的因緣起的七支

世間包含六根、六塵、六識、六觸、六受。通過根＋塵＝識世界生起或者變壞斷滅。而根塵識就是觸、受、愛、取、有、生、老死憂悲苦腦。

〔一〇七〕第四世間

「諸比丘！說世間之生起與滅沒。且諦聽。

諸比丘！以何為世間之生起耶？

以眼與色為緣，而生眼識，三者和合為觸，依觸之緣生受，依受之緣生愛，依愛之緣而取，依取之緣而有，依有之緣而生，依生之緣而有老死、憂悲苦惱絕望，此即世間之生起。以耳與聲為緣……以鼻與香為緣……以舌與味

〔註 20〕 http://cbetaonline.dila.edu.tw/zh/N0006_022

為緣……以身與觸為緣……

以意與法為緣生意識，三者和合為觸，依觸之緣生受，依受之緣而愛，依愛之緣而取，依取之緣而有，依有之緣而生，依生之緣而有老死、憂悲苦惱絕望。此即世間之生起。

以何為世間之滅沒耶？

以眼與色為緣生眼識，三者和合為觸。依觸之緣生受，依受之緣而愛，依其愛之無餘離卻滅盡，則取之滅盡……如是滅盡此一切苦蘊。

比丘等！此即世間之滅沒。」

（五）相應部經具有因緣起十二支

〔一〕第一法說

「如是我聞。爾時，世尊住舍衛城衹樹給孤獨園。

爾時，世尊言諸比丘：「諸比丘！」彼等諸比丘應答世尊曰：「大德！」世尊乃如是曰：「諸比丘！〔我〕為汝等說緣起。汝等諦聽，當善思念。我當宣說。」彼等諸比丘奉答世尊曰：「大德！唯然。」

世尊如是宣說：「諸比丘！緣起者何耶？諸比丘！緣無明有行，緣行有識，緣識有名色，緣名色有六處，緣六處有觸，緣觸有受，緣受有愛，緣愛有取，緣取有有，緣有有生，緣生有老死、愁、悲、苦、憂、惱。如是，此乃全苦蘊之集。諸比丘！此謂生起。

由無明之無餘、離貪滅，有行滅。由行滅，有識滅。由識滅，有名色滅。由名色滅，有六處滅。由六處滅，有觸滅。由觸滅，有受滅。由受滅，有愛滅。由愛滅，有取滅。由取滅，有有滅。由有滅，有生滅。由生滅，有老死、愁、悲、苦、憂、惱等滅。如是全苦蘊之滅。」

世尊說此已，彼諸比丘而歡喜、隨喜，世尊之所說〔註21〕。

注：因緣生起的十二支不符合邏輯理論。為什麼？

分析每一支的內容，然而把它們拼合起來，就會發現這種集合好亂。這就是編輯錯誤，籠統地收集，把所有的放在一個籃子裏，並沒有一個主題思想，讓讀者讀了不知道這些經想說什麼。

還要注意的是相應部中的十二因緣起和現在的十二支因緣起有差別（必要讀因緣篇，發現有很多不同）。

〔註21〕http://cbetaonline.dila.edu.tw/zh/N0006_012

〔二〕第二分別

〔爾時，世尊〕住舍衛城……

〔爾時，世尊宣說曰：〕「諸比丘！我為汝等分別說緣起，汝等諦聽，當善思念。我則宣說。」彼等諸比丘答曰：「大德！唯然。」

世尊以此宣說曰：

「諸比丘！何為緣起？諸比丘！緣無明有行，緣行有識，緣識有名色，緣名色有六處，緣六處有觸，緣觸有受，緣受有愛，緣愛有取，緣取有有，緣有有生，緣生有老死、愁、悲、苦、憂、惱。如是全苦蘊之集。

諸比丘！**何為老死？**於各種眾生之類，各種眾生之老衰、衰耄、朽敗、白髮、皺皮、壽命之頹敗、諸根之耄熟，以此謂之老。於各種眾生之部類，各種眾生之歿、滅、破壞、死、破滅、諸蘊之破壞，遺骸之放棄，此謂之死。如是此老與死，諸比丘！以此謂之老死。

諸比丘！**何為生？**於各種眾生之類，各種眾生之出生、出產、降生、誕生、諸蘊之顯現，諸處之獲得，諸比丘！以此謂之生。

諸比丘！何為有？諸比丘！此等有三有：欲有、色有、無色有是。諸比丘！以此謂之有。（筆者注：有是眾生生活的境界）

諸比丘！何為取？諸比丘！此等**有四取**：欲取、見取、戒禁取、我語取。諸比丘！以此謂之取。諸比丘！何為愛？諸比丘！此等有**六愛身**：色愛、聲愛、香愛、味愛、觸愛、法愛，諸比丘！以此謂之愛。

諸比丘！何為受？諸比丘！此等有**六受身**：眼觸所生之受，耳觸所生之受，鼻觸所生之受，舌觸所生之受，身觸所生之受，意觸所生之受是，諸比丘！以此謂之受。

諸比丘！何為觸？諸比丘！有**六觸身**：眼觸、耳觸、鼻觸、舌觸、身觸、意觸是，諸比丘！以此謂之觸。諸比丘！何為六處？〔諸比丘！此等有**六處**：〕眼處、耳處、鼻處、舌處、身處、意處，諸比丘！以此謂之六處。

諸比丘！何為名色？〔諸比丘！〕**受、想、思、觸、作意、以此謂之名；四大種及四大種所造之色，以此謂之色。**如是此名與此色，謂之名色。

諸比丘！何為識？諸比丘！此等有**六識身**：眼識、耳識、鼻識、舌識、身識、意識是。諸比丘！以此謂之識。諸比丘！何為行？諸比丘！此等有三行：身行、口行、心行是。諸比丘！以此謂之行。

諸比丘！何為無明？諸比丘！無知於苦，無知於苦集，無知於苦滅，無

知於趣苦滅之道，諸比丘！以此謂之無明。

諸比丘！如是緣無明而有行，緣行而有識……如是全苦蘊之集。因無明之無餘、離貪滅，故行滅。因行滅，故識滅……。如是全苦蘊之滅。」

（六）十支因緣起的相應部經

這首經只有十支：無明、行、識、名色、六處、觸、受、愛、有、老死（愛和取是一個意思，這是原始的思想）；有和生合而為一，因為四食等於有和生）。

〔一一〕第一食

如是我聞。爾時，世尊住舍衛城衹樹給孤獨園。

〔爾時，世尊曰：〕「諸比丘！有此等四食，使有情或眾生存住，攝受為生。

四食者何？或䴥、或細之摶食，二是觸食，三是意思食，四是識食。諸比丘！此等四食使有情或眾生存住，攝受為生。

諸比丘！此等四食，以何為因、以何為集、以何為生、以何為起耶？**此等四食乃以愛為因、以愛為集、以愛為生、以愛為起。**

諸比丘！此愛以何為因、以何為集、以何為生、以何為起耶？**愛乃以受為因**、以受為集、以受為生、以受為起。

諸比丘！此受以何為因、以何為集、以何為生、以何為起耶？**受乃以觸為因**、以觸為集、以觸為生、以觸為起。諸比丘！此觸以何為因、以何為集、以何為生、以何為起耶？**觸乃以六處為因**、以六處為集、以六處為生、以六處為起。

諸比丘！此六處以何為因、以何為集、以何為生、以何為起耶？**六處乃以名色為因**、以名色為集、以名色為生、以名色為起。諸比丘！此名色以何為因、以何為集、以何為生、以何為起耶？**名色乃以識為因**、以識為集、以識為生、以識為起。

諸比丘！此識以何為因、以何為集、以何為生、以何為起耶？**識乃以行為因**、以行為集、以行為生、以行為起。諸比丘！此行以何為因、以何為集、以何為生、以何為起耶？**行乃以無明為因**、以無明為集、以無明為生、以無明為起。諸比丘！如是，緣無明而有行，緣行而有識……如是，此是全苦蘊之集。**無明之無餘，離貪滅、乃行滅，行滅乃識滅……如是，此是全苦蘊滅**〔註22〕。」

〔註22〕http://cbetaonline.dila.edu.tw/zh/N0006_012

四、相應部經如何看待輪迴問題

（一）當體即空

1.「此處於現法、真實、如應如來為無所得」

這就是當體即空。一旦了悟了就不會執取五蘊。

〔八五〕第三焰摩迦

爾時，具壽舍利弗，住舍衛城祇樹林給孤獨園。

時，有比丘名為焰摩迦起如是惡見，〔謂：〕「我如解世尊所說之法者，漏盡比丘，身壞、命終而斷滅無有。」

眾多比丘聞名為焰摩迦比丘起如是惡見，〔謂：〕「我如解世尊……無有。」時，彼諸比丘來到具壽焰摩迦之處，到而與焰摩迦俱交談慶慰、可歡喜、感銘之語，而坐於一面。

坐至一面彼諸比丘言具壽焰摩迦曰：

「友焰摩迦！汝起如是惡見，真實耶？〔謂：〕『如解世尊所說之法者，漏盡比丘身壞、命終而斷滅無有。』」

「友等！如是我解所說之法，〔謂：〕『漏盡比丘身壞、命終而斷滅無有。』」

「友，焰摩迦！勿作如是言，勿譏誣世尊，譏誣世尊者不善，世尊不曾如是說，〔謂：〕『漏盡比丘身壞、命終而斷滅無有。』」

彼諸比丘如是說已，具壽焰摩迦仍執著妄取現貪而說：「我如解世尊所說之法者，漏盡比丘身壞、命終而斷滅無有！」彼諸比丘，不能使具壽焰摩迦離此惡見，時，諸比丘，則從座起，來到具壽舍利弗之處。到而言於舍利弗曰：

「友舍利弗！名焰摩迦比丘，起如是惡見，〔謂：〕『我如解世尊所說之法者，漏盡比丘身壞、命終而斷滅無有。』具壽舍利弗！願憐愍故，請到焰摩迦比丘之處。」

具壽舍利弗，默然聽許。

時，具壽舍利弗，於暮時從宴默而起，即到具壽焰摩迦之處，到而與具壽焰摩迦俱相交談慶慰……乃至……

坐於一面之具壽舍利弗，言於具壽焰摩迦曰：

「友焰摩迦！汝起如是惡見者，真實耶？〔謂：〕『我如解世尊所說之法者，漏盡比丘身壞、命終即斷滅無有。』」

「友！我如是解世尊所說之法，〔謂：〕『漏盡比丘身壞、命終斷滅無有。』」

「友焰摩迦！於汝意如何，色是常耶？是無常耶？」

「友！是無常。」「受……想……行……識是常耶？是無常耶？」

「友！是無常。」「是故於此處……乃至……

如是觀者，即知……不更受後有。

友焰摩迦！於汝意如何？見如來是色耶？」

「友！不也。」「見如來是受……想……行……識耶？」

「友！不也。」「友焰摩迦！汝意如何？見於色中有如來耶？」

「友！不也。」「見離色有如來耶？」

「友！不也。」

受中……離受……。想中……離想……。行中……離行……

「見於識中有如來耶？」。「友！不也。」

「見離識有如來耶？」。「友！不也。」

「友焰摩迦！汝意如何？見如來是色、受、想、行、識耶？」

「友！不也。」

「友焰摩迦！汝意如何！見如來是無色、無受、無想、無行、無識耶？」「友！不也。」

「友焰摩迦！此處於現法、真實、如應如來為無所得。汝能記說而言：『我如解世尊所說之法者，漏盡比丘身壞、命終是斷滅無有』耶？」

「友舍利弗！我於先無知故，以起彼惡見。今聞具壽舍利弗之說法，則斷彼惡成見，於法則現觀。」

「友焰摩迦！有如是問汝者，〔謂：〕友焰摩迦比丘！漏盡之阿羅漢身壞、命終為如何耶？友焰摩迦！有如是問者，當如何答耶？」

「友！有如是問我者，〔謂：〕……為如何耶？友！有如是問者，則如是答，〔謂：〕友！色是無常，無常者則是苦，苦者則已滅、已沒。受、想、行、識是無常，無常者則是苦，苦者則已滅、已沒。友！有如是問者，則如是作答。」

「善哉、善哉！友焰摩迦！友焰摩迦！然則當為汝說譬，則得廣知。

友焰摩迦！譬如有居士，或居士之子，富裕而財多、物多具足守護。有一人，欲彼之無益、不利、不安穩、欲奪〔彼〕命。彼如是思惟：『此居士或居士子，富裕財多、物多，具足守護。以力不易奪其命，我宜強入以奪命。』彼則到彼居士或居士子之處，作如是言曰：『尊者！我奉侍汝。』彼居士或居士子令彼奉侍。彼奉侍早起晚睡，事敬，愛語令喜悅。彼居士或居士子，信彼為親友，信彼為心友而信賴彼。友！彼人如是，此居士或居士子，思惟信賴我之時，見彼獨居，則以利刀以奪其命。

友焰摩迦！汝意如何！彼人到此居士或居士子之處，到而如是言：『尊者！我奉侍汝』之時，彼為害者耶？為害者而且不知為我害者耶？

彼奉侍早起晚睡、事敬、愛語以令喜悅時，彼乃為害者耶？為害者而且不知為我害者耶？

見彼之獨居，以利刀奪其命時，彼為害者耶？為害者而且不知為我害者耶？」「友！如是。」

「友！如是無聞凡夫，不見聖人，不知聖人之法，不順聖人之法，不見善知識，不知善知識之法，不順善知識之法，故觀色是我，我以色有，我中有色，色中有我。觀受……想……行……識是我，我以識有，我中有識，識中有我。

彼不如實知無常之色，色為無常，不如實知無常之受，受為無常，不如實知無常之想……行為無常，不如實知無常之識，識為無常。

不如實知苦為色，色為苦，不如實知苦為受……想……行……識為苦。

不如實知無我之色，色為無我，不如實知無我之受……想……行……識，識為無我。

不如實知有為之色，色為有為，不如實知有為之受……想……行……識，識為有為。不如實知害者之色，色為害者，不如實知害者之受……想……行……識為害者。彼攝持依色執為我體。攝持依執受……想……行……識為我體。彼依執此五取蘊，以資長夜不利、苦惱。

友！有聞之聖弟子，以見聖人……乃至……順善知識之法，不觀色是我，我以色有，我中有色，色中有我。不觀受……想……行……識是我，我以識有，我中有識，識中有我。

彼如實知無常之色為色是無常，如實知無常之受……想……行……識，為識是無常。如實知苦之色為色是苦，如實知苦之受……想……行……識，為識是苦。

如實知無我之色為色是無我。如實知無我之受……想……行……識，為識是無我。**如實知有為之色為色是有為，如實知有為之受……想……行……識為識是有為。**

如實知害者之色為色是害者。如實知害者之受……想……行……識，為識是害者。彼不攝持不依色執為我體。不攝持不依受……想……行……識，執為我體。彼不依執此五取蘊而資長夜利益、安樂。」

「友舍利弗！若諸具壽如是哀愍，欲利益以教導、教誡同梵行者，則等於此。我於此聞具壽舍利弗所說法，無取著，由諸漏得心解脫。」

具壽舍利弗如是說已。具壽焰摩迦喜悅，而歡喜具壽舍利弗之所說〔註 23〕。

2.「於現法不得真實之如來，以前及現在，我乃施設苦與苦之滅。」

〔八六〕第四阿㝹羅度

如是我聞。爾時，世尊住毘捨離城大林重閣堂。

其時，具壽阿㝹羅度，住離世尊不遠之林間小屋。

時，有眾多之外道出家眾，到具壽阿㝹羅度之處，到而與具壽阿㝹羅度，俱相交談慶慰、可感銘、歡喜之言，而坐於一面。

坐於一面之彼諸外道出家眾，言具壽阿羅度曰：

「友阿㝹羅度！彼如來是最上人、最勝人，已獲得最勝，彼如來有施設此四句，〔謂：〕**如來死後有耶？或如來死後無耶？或如來死後亦有亦無耶？或如來死後非有非無耶？**」

如是言已，具壽阿㝹羅度，言彼諸外道出家眾曰：

「友等！彼如來是最上人、最勝人，已獲得最勝，彼如來不用施設此四句，〔謂：〕如來死後有耶？或如來死後無耶？或如來死後亦有亦無耶？或如來死後非有非無耶？」

如是言已。彼諸外道出家眾，言於具壽阿㝹羅度曰：

「此比丘，乃新參而出家未久；或若長老，則愚癡不聰明。」

時，諸外道出家眾，言新參，言愚癡，以毀罵具壽阿㝹羅度，即從座起而去。時，彼諸外道出家眾離去未久，具壽阿㝹羅度乃生思念：

「若彼諸外道出家眾，重來問我，我將如何作答？為彼諸外道出家眾，說世尊之所說，不以非實讒誣世尊，以隨法說法、以順法之順正說，不得令墮呵責處？」

時，具壽阿㝹羅度來詣世尊之住處，詣而……乃至……

於一面坐之具壽阿㝹羅度，白世尊曰：

「大德！我住離世尊不遠之林間小屋。大德！時，有眾多外道出家眾，

〔註 23〕http://cbetaonline.dila.edu.tw/zh/N0006_022

來到我處……乃……言我曰：『友阿㝹羅度！彼如來是最上人、最勝人，已獲得最勝，彼如來有施設此四句，〔謂：〕「如來死後有耶？……乃至……如來死後非有非無耶？」』

大德！如是言已，我言彼諸外道出家眾曰：『友等！彼如來是最上人、最勝人已獲得最勝。彼如來不用施設此四句，〔謂：〕「如來死後有耶？……乃至……如來死後非有非無。」』

大德！如是言已，彼諸外道出家眾言我曰：『此比丘乃新參而出家未久，或若長老則愚癡不聰明。』大德！時，彼諸外道出家眾，言新參，言愚癡以毀罵我，即從座起而去！

大德！時，彼諸外道眾出家離去未久，我乃生思念：『若彼諸外道出家眾，重來問我，我將如何作答？為彼諸外道出家眾，說世尊之所說，不以非實讒誣世尊，以隨法說法、以順法之順正說，不得墮呵責處。』」

「阿㝹羅度！汝意如何，色是常耶？是無常耶？」

「大德！是無常……乃至……」「是故於是處……乃至……

如是觀之，知……乃至……不受後有。」

「阿㝹羅度！汝意如何！觀色是如來耶？」「大德！不也。」

「觀受……想……行……識是如來耶？」「大德！不也。」

「阿㝹羅度！汝意如何！觀色中有如來耶？」「大德！不也。」

「觀離色有如來耶？」「大德！不也。」

「觀受……想……行……識中有如來耶？」「大德！不也。」

「觀離識有如來耶？」「大德！不也。」

「阿㝹羅度！汝意如何，見此如來無色、無受、無想、無行、無識耶？」「大德！不也。」

「阿㝹羅度！汝於是處，於現法不得真實之如來，汝得說：『友等！彼如來乃最上人、最勝人、已獲得最勝，彼如來不用施設此四句，〔謂：〕「如來死後有耶？或如來死後無耶？或如來死後亦有亦無耶？或如來死後非有非無耶？」』」「大德！不也。」

「善哉、善哉！阿㝹羅度！阿㝹羅度！以前及現在，我乃施設苦與苦之滅〔註 24〕。」

〔註 24〕http://cbetaonline.dila.edu.tw/zh/N0006_022

3. 五蘊之中「誰」承受果報的未來？

活著的五蘊，找不到一個叫自我和我所的東西，修行者觀察到五蘊皆空以及它們的斷滅，那麼除了五蘊之外還有什麼去承受來生的果報？是「識」嗎？沒有色受想行，那麼人死後，識依附什麼存在和生起？這個問提也許不能用語言來討論，因為超過了人們的認識，在這裡我們只不過按佛經來理解。

〔八九〕差摩

爾時，眾多之長老比丘，住拘睒彌國瞿師多羅園。

其時，具壽差摩住跋陀梨園，患重病甚是痛苦。

時，諸長老比丘，暮時從宴默起，告具壽陀娑曰：

「友陀娑！往差摩比丘之處，往而言於差摩比丘曰：『友等！諸長老言汝：「友！堪忍否？足否？苦受損而不增、知損失、不知增長否？」』」

「唯唯，友等！」具壽陀娑應諾諸長老比丘而往具壽差摩之處。往而言具壽差摩曰：「友差摩！諸長老言汝：『友！堪忍否？……不知增長否？』」

「友！不忍，不足……乃至……知增長而不知損失。」

時，具壽陀娑往諸長老比丘之處。往而言於諸長老比丘曰：

「友等！差摩比丘言：『友！不堪忍……乃至……知增長而不知損失。』」

「友陀娑！往差摩比丘之處。往而言於差摩比丘曰：『友差摩！諸長老言於汝：「友！世尊說示五取蘊，謂：色取蘊、受取蘊、想取蘊、行取蘊、識取蘊是。具壽差摩觀此五取蘊，有少分之我或我所耶？」』」

「唯唯，友等！」具壽陀娑應諾諸長老比丘，往具壽差摩之處。往而……乃至……「友！諸長者言汝：『友！世尊說五取蘊，謂：色取蘊……乃至……識取蘊。具壽差摩觀此五取蘊，有少分之我或我所否？』」

「友！世尊說五取蘊，謂色取蘊……乃至……識取蘊。友等！我不觀此五取蘊有少分之我或我所。」

時，具壽陀娑，往諸長老比丘之處。往而言諸長老比丘曰：

「友等！差摩比丘言：『友等！世尊說五取蘊，謂：色蘊……乃至……識蘊。友等！我不觀此五取蘊有少分之我或我所。』」

「友陀娑！往差摩比丘之處，往而言差摩比丘：『友差摩！諸長老言汝：「友！世尊說五取蘊：謂色取蘊……乃至……識取蘊。具壽差摩若不觀此五取蘊有少分之我或我所者，具壽差摩乃漏盡阿羅漢。」』」

「唯唯，友等！」具壽陀娑應諾長者比丘，往具壽差摩之處……乃至……

友差摩！諸長老言汝：「友！世尊說五取蘊，謂：色取蘊……乃至……識取蘊。具壽差摩若不觀此五取蘊有少分之我或我所者，具壽差摩乃漏盡之阿羅漢。」

「友等！世尊說五取蘊，謂：色取蘊……乃至……識取蘊。友等！我於此五取蘊不觀有少分之我或我所，而非漏盡之阿羅漢。友等！我雖證於五取蘊有我，而非觀此為我有。」

時，具壽陀娑往諸長比丘之處……言諸長老比丘：

「友等！差摩比丘言：『友等！世尊說五取蘊，謂：色取蘊……乃至……識取蘊。友等！我不觀此五取蘊有少分之我或我所，而非漏盡之阿羅漢。友等！我雖證於五取蘊有我，而非觀此為我有。』」

「友陀娑！往差摩比丘之處，往而言於差摩比丘曰：『友差摩！諸長老言汝：「友差摩！汝說為有我，以何者說為有我耶？說色是我耶？說離色有我耶？說受……想……行……識是我耶？說離識有我耶？友差摩！汝說為有我，以何者說為有我耶？」』」

「唯唯，友等！」具壽陀娑應諸長老比丘，往具壽差摩之處。往而言於具壽差摩：

「友差摩！諸長老言汝：『友差摩！汝說有我，以何者說為有我耶？說色為我耶？說離色有我耶？說受……想……行……識是有我耶？說離識有我耶？友差摩！汝說有我，以說何為有我耶？』」

「且止！友陀娑！何以如是令驅馳耶？取杖來，我自往諸長老比丘之住處。」

時，具壽差摩扶攙往諸長老比丘之住處。往而與諸長老比丘，俱相交談慶慰、歡喜、感銘之語後，坐於一面。

坐一面時，諸長老比丘言於具壽差摩曰：

「友差摩！汝說為有我，以何者說為有我耶？說色是我耶？說離色有我耶？說受……想……行……識是我耶？說離識有我耶？友差摩！汝說為有我者，以何者說為有我耶？」

「友等！我非說色是我，非說受……想……行……識是我，非說離識有我。友等！我雖證於五取蘊為有我，但非觀此為我有。

友等！譬如優缽羅、缽曇摩、分陀利華之香。若有人說瓣有香、莖有香、花蕊有香者，為等說乎？」

「友！此事不然。」

「友等！如何答者，方為正答耶？」

「友！以答華有香，方為正答。」

「友等！如是，我非說色是我，非說離色有我，非說受……想……行……識有我，非說離識有我。友等！我雖證於五取蘊有我，而非觀此為我有。

友等！聖弟子雖已斷五下分結，但隨伴五取蘊之我慢、我欲、我隨眠未斷。彼於後時，於五取蘊觀生滅而住。〔謂：〕此是色，此是色集，此是色滅，此是受……想……行……識，此是識集，此是識滅。

彼若於此五取蘊觀生滅而住者，隨伴五取蘊之我慢、我欲、我隨眠之未斷者，達永斷。

友等！譬如染污塵垢之衣。主者以此交與洗衣者。洗衣者，將此用鹽湯、灰水、牛糞，平均摩擦，而再以淨水洗濯之。

彼衣雖然清淨潔白，然此隨伴之鹽臭、灰臭、牛糞臭未斷。洗衣者，將此交與主者，置於篋中以香薰此，則隨伴此之鹽臭、灰臭、牛糞臭之未斷者，而達永斷。

友等！如是聖弟子，雖已斷五下分結，未斷隨伴五取蘊之我慢、我欲、我隨眠。彼於後時，於五取蘊觀生滅而住。〔謂：〕此是色，此是色集，此是色滅，此是受……想……行……識，此是識集，此是識滅。彼若於五取蘊，觀生滅而住者，則於隨伴五取蘊之我慢、我欲，我隨眠之未斷者，達永斷。」

如是說已，諸長老比丘言於具壽差摩曰：

「我等非欲嬈亂具壽差摩而問。然具壽差摩，能廣說、示教、立說、開顯、分別、顯發彼世尊之教。」

具壽差摩，即廣說、示教、立說、開顯、分別、顯彼世尊之教。

具壽差摩如是說已。諸長老比丘喜悅、歡喜具壽差摩之所說。

說如是說時、六十位長老比丘及具壽，無取著而從諸漏得心解脫〔註25〕。

（二）無我——過去沒有自我、現在沒有自我、未來更沒有自我

這首經文特別重要，講的是一種理論方法，涉及有關「再生」的問題。「無我」意味著沒有自我，為什麼說「無我」？因為人生由五蘊構成，離了五蘊沒有一個叫「我」的東西，所以說過去沒有，現在沒有。那麼未來能有嗎？

〔註25〕http://cbetaonline.dila.edu.tw/zh/N0006_022

——「**色受想行識過去、已滅、已變壞之，謂有『曾有』名數，謂有『曾有』名目，謂有『曾有』施設。謂無『現有』名數，謂無『當有』名數**」。

〔六二〕第十言路（沒有相當的雜阿含經）

〔爾時，世尊〕在舍衛城……乃至……

「諸比丘！有三種之言路、**增語路、施設路**，未令雜亂，未曾令雜亂，現前不令雜亂，當不令雜亂，不為有智之沙門，婆羅門所訶議。以何為三耶？

諸比丘！於過去、已滅、已變壞之色，謂有『曾有』名數，謂有『曾有』名目，謂有『曾有』施設。謂無『現有』名數，謂無『當有』名數。

於過去、已滅、已變壞之受，謂有『曾有』名數，謂有『曾有』名目，謂有『曾有』施設。謂無『現有』名數，謂無『當有』名數。

於過去、已滅、已變壞之想……

於過去、已滅、已變壞之行，謂有『曾有』名數，謂有『曾有』名目，謂有『曾有』施設。謂無『現有』名數，謂無『當有』名數。

於過去、已滅、已變壞之識，謂有『曾有』名數，謂有『曾有』名目，謂有『曾有』施設。謂無『現有』名數，謂無『當有』名數。

諸比丘！於未生、未現之色，謂有『當有』名數，謂有『當有』名目，謂有『當有』施設。謂無『現有』名數，謂無『曾有』名數。

於未生、未現之受，謂有『當有』名數，謂有『當有』名目，謂有『當有』施設。謂無『現有』名數，謂無『曾有』名數。

於未生、未現之想……乃至……

於未生、未現之行，謂有『當有』名數，謂有『當有』名目，謂有『當有』施設。謂無『現有』名數，謂無『曾有』名數。

於未生、未現之識，謂有『當有』名數，謂有『當有』名目，謂有『當有』施設。謂無『現有』名數，謂無『曾有』名數。

諸比丘！於已生，現生之色，謂有『現有』名數，謂有『現有』名目，謂有『現有』施設。謂無『曾有』名數，謂無『當有』名數。

於已生、已現之受，謂有『現有』名數，謂有『現有』名目，謂有『現有』施設，謂無『曾有』名數，謂無『當有』名數。

於已生、已現之想……

於已生，已現之行，謂有『現有』名數，謂有『現有』名目，謂有『現有』

施設。謂無『曾有』名數，謂無『當有』名數。

於已生，已現之識，謂有『現有』名數，謂有『現有』名目，謂有『現有』施設。謂無『曾有』名數，謂無『當有』名數。

諸比丘！此三種之言路、增語路、施設路，未令雜亂，未曾令雜亂，現前不令雜亂，當不令雜亂，不令有智之沙門、婆羅門訶譏。

諸比丘！彼鬱迦羅之住人，瓦沙與盤若是無因論者，無所作論者，無有論者，於此三種之言路、增語路，施設路，予以訶責、訶毀者。所以者何？乃畏嘲笑、輕侮、非難故也〔註 26〕。」（中五十經中第一封滯品〔終〕

（三）「誰」承受未來的果報？

佛陀斥責這個問題，意味著不認可四相（我、人、眾生、壽者）。因為五蘊是無我，所以沒有一個叫「我」的去承受果報。——「〔然〕無我所作之業，何者之我應受」？

〔八二〕第十滿月

爾時，世尊住舍衛城東園鹿母講堂，與大比丘眾俱。

時，世尊於十五日布薩滿月之夜，為比丘眾所圍繞而坐於露地。

時，有一比丘，從座而起，偏袒〔右〕肩，向世尊合掌，白世尊曰：

「大德！世尊若許答我問者，我願聊問世尊。」

「比丘！然則坐於己座，而如所欲問。」

「唯唯，大德！」彼比丘應答世尊。則坐於己座，而白世尊曰：

「大德！有五取蘊，謂：色取蘊、受取蘊、想取蘊、行取蘊、識取蘊是，此事然耶？」

「比丘！有五取蘊，謂色取蘊……乃至……識取蘊是。」

「善哉，大德！」彼比丘歡喜、隨喜世尊之所說，再問世尊曰：

「大德！此五取蘊以何為根耶？」

「比丘！此五取蘊乃以欲為根。」

……乃至……

「大德！彼五取蘊即是取耶？以離五取蘊有取耶？」

「比丘！彼五取蘊亦非即取，亦非離五取蘊有取。於彼有貪欲者，此，乃取。」

〔註 26〕http://cbetaonline.dila.edu.tw/zh/N0006_022

「善哉，大德！」彼比丘……乃至……再問世尊言：

「大德！於五取蘊，應有欲貪之差別耶？」

「比丘！世尊當說，比丘！於此有一人如是思惟，謂：我於未來世得如是色，我於未來世得如是受，我於未來世得如是想，我於未來世得如是行，我於未來世得如是識。比丘！於如是五取蘊，當有欲貪之差別。」

「善哉，大德！」彼比丘……乃至……更問世尊曰：

「如何蘊名為蘊耶？」

「比丘！以色之過去、未來、現在、內、外、粗、細、劣、勝、遠、近名為色蘊。以受……想……行……識之過去、未來、現在、內、外、粗、細、劣、勝、遠、近名為識蘊。比丘！以此等之蘊名為蘊。」

「善哉，大德！」彼比丘……乃至……更問世尊曰：

「大德！依何因、何緣名為色取蘊耶？依何因、何緣為受取蘊耶？依何因、何緣為想取蘊耶？依何因、何緣為行取蘊耶？依何因、何緣為識取蘊耶？」

「比丘！以四大為因、以四大為緣，而為色取蘊。以觸為因、以觸為緣，而為受取蘊。以觸為因、以觸為緣，而為想取蘊。以觸為因、以觸為緣，而為行取蘊。以名色為因、以名色為緣，而為識取蘊。」

「善哉，大德！」彼比丘……乃至……更問世尊曰：

「大德！如何而起有身見耶？」

「比丘！於此處之無聞凡夫，不見聖人，不知聖人之法，不順聖人之法，不見善知識，不知善知識之法，不順善知識之法，以見色是我，我乃色有，我中有色、色中有我。見受……想……行……識是我，我乃識有，我中有識，識中有我。比丘！如是而起有身見。」

「善哉，大德！」彼比丘……乃至……更問世尊曰：

「大德！如何而不起有身見耶？」

「比丘！於此處有有聞之聖弟子，見聖人之法，知聖人之法，善順聖人之法，見善知識，知善知識之法，善順善知識法，不以色是我，我乃以色而有，我中有色、色中有我，不以受……想……行……識是我，我乃識有，我中有識，識中有我。比丘！如是而不起有身見。」

「善哉，大德！」彼比丘……乃至……更問世尊曰：

「大德！以何為色之味？以何為過患？以何為出離耶？以何為受……想……行……識之味？以何為過患？以何為出離耶？」

「比丘！緣色所生喜樂為色之味。色之無常、苦、變易之法，為色之過患。於色調伏欲貪、斷欲貪，為色之出離。緣受……想……行……識所生喜樂，為識之味。識之無常、苦變易之法，為識之過患。於識調伏欲貪、斷欲貪為識之出離。」

「善哉，大德！」彼比丘歡喜、隨喜世尊之所說，而更問世尊曰：

「大德！如何知、如何觀者，於此有識之身及外之一切諸相，不起我慢、我所慢之隨眠耶？」

「比丘！如是以正慧作如實觀色之過去、未來、現在、內、外、粗、細、劣、勝、遠、近之一切色，此非我所，此非我，此非我體。如是以正慧作如實觀受……想……行……識之過去、未來、現在、內、外、粗、細、劣、勝、遠、近之一切識，此非我所，此非我，此非我體。比丘！如是知、如是觀者，則於此有識之身及外之一切諸相，不起我慢、我所慢之隨眠。」

其時有一比丘，心生思念：

「如是色乃無我，受……想……行……識乃無我。〔然〕**無我所作之業，何者之我應受？」**

時，世尊心知彼比丘心之所思念，以告諸比丘曰：

「諸比丘！**此處有一愚人，以無智、無明渴愛所礙之心，思惟能越師教而言，〔謂：〕『如是色乃無我，受……想……行……識乃無我，〔然〕無我所作之業，何者之我應受？』諸比丘！處處於彼諸法，受我質問之調練！**

諸比丘！汝等於意如何？色是常耶？是無常耶？」

「大德！是無常。」受……想……行……

「識是常耶？是無常耶？」「大德！是無常。」

「無常者是苦耶？是樂耶？」「大德！是苦。」

「無常、苦、變易之法者，以見於此，得以此是我所，此是我，此是我體耶？」「大德！不也。」

「是故於此處……乃至……如是觀，知更不受後有〔註27〕。」

（四）斷言沒有一個叫「識」的去再生

沒有一個叫「識」的別立於色、受、想、行之外而存在，色、受、想、行、識相關特別密切。

〔註27〕http://cbetaonline.dila.edu.tw/zh/N0006_022

〔五三〕第一封滯

〔爾時，世尊〕在舍衛城……乃至……

「諸比丘！封滯者不解脫，不封滯者，則解脫。

諸比丘！於色封滯而住於識者，以色為所緣，止住於色，近倚喜而住，令生長增廣。……乃至……以行為所緣，止住於行，近倚喜而住，令生長增廣。

諸比丘！如說『我離於色，離於受，離於想，離於行，而施設於識之來往、死生、長益、廣大』者，無有是處。

諸比丘！比丘若於色界斷貪者，以斷貪故有分斷，無有識之所緣、依止。諸比丘！比丘若於受界，……於想界……於行界……於識界斷貪者，以斷貪故有分斷，無有識之所緣、依止。

識無依止、無增長、無現行而解脫。以解脫故住，以住故知足，知足故無恐怖，無恐怖而自般涅槃。知：生已盡、梵行已立、所作已辦、不受後有。」

〔五四〕第二種子

〔爾時，世尊〕在舍衛城……乃至……

「諸比丘！有五種之種子。以何為五耶？〔謂：〕根之種子，莖之種子，枝之種子，節之種子，種子之種子是。

諸比丘！此五種之種子，不壞、不腐、不害於風熱，有堅核，雖善貯藏，若無地、無水者，諸比丘！此五種之種子，得生長增廣耶？」

「大德！不也。」

「諸比丘！此五種之種子，壞、腐、害於風熱，核不堅，不善貯藏，若有地、有水者，諸比丘！此五種之種子，得生長增廣耶？」

「大德！不也。」

「諸比丘！此五種之種子，不壞……乃至……善貯藏，若有地、有水者，諸比丘！此五種之種子，得生長增廣耶？」

「大德！是也。」

「諸比丘！地界者，譬如可見四識住。諸比丘！水界者，譬如可見喜貪。諸比丘！五種之種子者，譬如可見識與食。

諸比丘！於色封滯而住識者，以色為所緣，止住於色，近依喜而住，生長、增廣。

諸比丘！於受封滯而住識者，乃……近依喜而住，生長、增廣。

諸比丘！於想封滯……乃至……

諸比丘！於行封滯而住識者，以行為所緣，而止住於行，近倚喜而住，生長、增廣。

諸比丘！如說『我離於色、離於受、離於想、離於行，而施設於識之來往、死生、長益、廣大』者，無有是處。

諸比丘！比丘若於色界斷貪者，以斷貪故有分斷，無有識之所緣、依止。

諸比丘！比丘若於受界……想界……行界……

若於識界斷貪者，以斷貪故有分斷，無有識之所緣、依止。於識無依止、無增益，無現行而解脫。以解脫故住，以住故而知足，知足故不恐怖，不恐怖而自般涅槃，知：生已盡……乃至……不受後有〔註 28〕。」

（五）「識」也是無我（六處）

這首經很重要，確認「識」是無我，因為不管哪一個依因緣而起或滅的都是無我，像砍香蕉樹找樹心而不可得一樣，在六根中找「自我」也不可得。

〔一九三〕第七優陀夷

爾時，尊者阿難與尊者優陀夷，住於憍賞彌國之瞿史羅園。

其時，尊者優陀夷，一日夕暮之時，從獨想而起，行至尊者阿難之處。……坐於一面。

坐於一面之尊者優陀夷，告尊者阿難曰：「友阿難！世尊用種種之方便，以說明此身，此身無我。如是之說示，亦同此言識以說告、顯示、分別、明瞭而謂識是無我，得如是言否？」

「友優陀夷！世尊用種種之方便，說明此身，此身無我。如是之說，亦同此言識以說告、顯示、分別、明瞭而謂識是無我，得作如是言。」

「友！以眼與諸色為緣，生眼識否？」「友！唯然。」

「凡眼識生起之因緣者，其因其緣，一切之一切全無所餘滅盡者，眼識猶可存在耶？」「不然，友！其不存在。」

「友！世尊以此方便，說明此身，此身無我。如是說示，亦同此言識說告、顯示、分別、明瞭而謂識是無我，得作如是言。友！耳與諸聲為緣……鼻與香為緣……舌與味為緣……身與諸觸為緣……意與諸法為緣生意識否？」「友！唯然。」

〔註 28〕http://cbetaonline.dila.edu.tw/zh/N0006_022

「凡意識生起之因、之緣者，其因、其緣一切之一切全無所餘滅盡者，則意識應存在否？」「不然，友！不存在。」

「友！世尊用此方便，說明此身，此身無我。如是說示，亦同此言識說告、顯示、分別、明瞭而謂識是無我，得作如是言。」

「友！恰如有人必要樹心，而徘徊求樹心，採樹心，攜持銳利斧入於森林，彼於此處見壯直之大芭蕉樹，生長極高，於是截其根、截根、截頂，截頂取除綠葉，彼於此處尚不得樹膚，何況其樹心耶？

與此同理。友！比丘於六觸處，不執觀我、我所，彼如是不執觀，則對世之任何物不生執著，不執著則無愛慕，無愛慕則得獨自入於涅槃。證知：生已盡、梵行已立、應作已作，不為如是再生〔註29〕。」

（六）沒有別立的「識」

佛說沒有一個別立於其他四蘊而去輪迴的「識」，因為識也是無常、苦、無我，然而現有的「識」是由六根接觸六塵而產生，因此離根和塵就找不到一個獨立的「識」。

〔九三〕第十二法（二）

「諸比丘！緣二法而生識。諸比丘！如何緣二法而生識耶？

以眼與色為緣而生眼識。眼是無常、變壞、異變之質；色亦是無常、變壞、異變之質。如是此等二法為動轉、消散、無常、變壞、異變之質。則眼識是無常、變壞、異變之質。凡於眼識之生起為因為緣，其因與緣亦無常、變壞、異變之質。諸比丘！依無常之緣所起之眼識如何成為常住耶？諸比丘！凡此等三法之合會、集結、和合，諸比丘！稱此為眼觸。眼觸亦是無常、變壞、異變之質。凡於眼觸之生起為因為緣，此因與緣亦是無常、變壞、異變之質。而諸比丘！依無常之緣所起之眼觸如何為常住耶？諸比丘！觸而感受、觸而思考、觸而識知，如是此等之法亦為動轉、消散、無常、變壞異變之質。

以耳與聲為緣而生耳識……

以鼻與香為緣而生鼻識……

以舌與味為緣而生舌識……

以身與觸為緣而生身識……以意與法為緣而生意識。意是無常、變壞、異變之質。色亦是無常、變壞、異變之質。如是此等二法是動變、消散、無常、

〔註29〕http://cbetaonline.dila.edu.tw/zh/N0006_035

變壞、異變之質。意識亦為無常、變壞、異變之質。凡於意識之生起為因為緣，其因與緣亦為無常、變壞、異變之質。諸比丘！依無常之緣所起之意識如何是常住耶？諸比丘！凡此等三法之合會、集結、和合，諸比丘！稱此為意觸。意觸亦是無常、變壞、異變之質。凡於意觸之生起為因為緣，其因與緣亦為無常、變壞、異變之質。而諸比丘！依無常之緣所起之意觸如何為常住耶？諸比丘！觸而感受，觸而思考，觸而識知，如是此等之法亦動轉、消散、無常、變壞、異變之質。諸比丘！如是緣二法而生識〔註 30〕。」

五、相應部經的思想精華

（一）八正道——唯一解脫煩惱的道路

相應部經中的八正道大多是原始佛教思想，第一品（十首經文）最有價值，剩下的七品內容大致相同，最主要的是相應部經肯定八正道的價值就是克服貪嗔癡，斷除煩惱，體會涅槃。詳細解釋八正道內容的是相應部的第五集中的道相應。總之說，脫離煩惱，證得覺悟安樂解脫，唯一之道就是依靠自己的努力走在八正道之路：第一道相應，第一無明品，〔五〕第五何義：——「諸比丘！遍知此苦，云何為有道？云何有跡耶？即八支聖道是，謂：正見、〔正思惟、正語、正業、正命、正精進、正念〕、正定是。諸比丘！遍知此苦，有此道、此跡。」「This is the path; there is no other that leads to the purification of intelligence. Follow this (path), for everything else (in this world) is the deceit of Màra the Tempter〔註 31〕」。

那麼「覺悟」是什麼？譯者站在不同角度而翻譯不同的意義。1. 漢英佛學術語詞典，「覺悟」是覺醒，領悟精神現實（to awake, become enlightenment, or comprehend spiritual reality）。2. 牛津大學百科詞典，「覺悟」包含兩個意義：清醒的行動（act of enlightenment）和清醒的狀態（state of being enlightened）。3. 劍橋國際英語詞典，「覺悟」是可以達到最高的精神狀態境界（Enlightenment is the highest spiritual state that can be achieved）。

覺什麼悟呢？首先瞭解一下「心」這個字。巴利英語詞典「心」是「Citta」人的觸感本質的重心和焦點，以及隱藏內在的根本慧都伴隨其內、外所表達即思維（the center and focus of man's emotional nature as well as that intellectual

〔註 30〕http://cbetaonline.dila.edu.tw/zh/N0006_035

〔註 31〕N.V.Banerjee, The Dhammapada，107 頁。

element which inheres in and accompanies its manifestations; i.e. thought〔註 32〕），簡說「心」即思想、感受、認識萬物的可能（the ability to think, feel emotions and be aware of thing〔註 33〕）或者說知見的能力（one's intellectual powers〔註 34〕）

在這筆者認為「覺悟」既覺醒之義（行為與狀態）。一個人覺悟到哪個程度決定由於對宇宙觀和人生觀（我與法的規律）的參透意義。「心」強調是思想的意義。意味著通過八正道，走在這個路的過程中（應用實行），行者可以轉化凡心成為聖心，即參透的認識萬有的本體，成就聖人的無害、慈悲、解脫慧。

八正道的具體內容：

1. 正見

第一道相應，第一無明品，〔八〕第八分別——「諸比丘！云何為正見耶？諸比丘！苦之智、苦集之智、苦滅之智、順苦滅道之智是。諸比丘！此名之為正見。」

正見即啟發知識（苦集之智），頂峰就是智慧（苦滅之智）。所以實行正見的行者表現「無我」在於兩個方面：有漏正見和無漏正見。（1）有漏正見即指人們應用正見，發揮善心，準則道德的行為的生活方式，深信因果，所以遇見困境等，明智處理。（2）無漏正見即指了知宇宙、萬物沒有最初根源的上帝、土水火風等，認清相生相關緣起的存在、發展、壞滅的運行規則，不等同五蘊是我，我的……這就是出家行者的內力與目標。要擁有正見依據兩個因素：聽（接近有智慧的人學習）和如理作意（起心認識符合真理，離成見邊見邪見），這樣可以幫助行者擴大的見識與內在的深。在八正道之中，正見為先，因為它決定後來的所有。

2. 正思維

是所有的起心或作意，脫離四種殺害、嗔恨、癡迷和貪愛的思維，故名正思維：——「諸比丘！云何為正思惟耶？諸比丘！出離之思惟、無恚之思惟、無害之思惟是。諸比丘！此名之為正思惟。」

3. 正語

是肯定人的價值和外交的作用，是通過使用語言在四個方面：（1）事實

〔註 32〕T.W R. Davids and W. Stede, Pali-English Dictionary，266 頁。

〔註 33〕Cambridge International Dictionary of English，898 頁。

〔註 34〕Oxford Advanced Learner's Encyclopedic Dictionary，568 頁。

的說。(2)幫助、團結的說。(3)文化語言的說。(4)有價值、利益的說:——「諸比丘!云何為正語耶?諸比丘!離虛誑語、離離間語、離粗惡語、離雜穢語。諸比丘!此名之為正語。」

4. 正業

——「諸比丘!云何為正業耶?諸比丘!離殺生、離不與取、離非梵行。諸比丘!此名之為正業。」

正業被描述在兩個形態:(1)真正的行為:符合道德、憲法規定。在這的道德概念是超越了法律規定,為什麼?因為法律規定是附屬每個國家的歷史階段、主義意識、風俗集慣……而改變的,但道德是一種不傷害的意識行為,比如法律不禁止賣啤酒、武器(歐洲)……但按道德來說,雖然利己,但損害他人,社會,所以雖然不犯法但有道德的人不會做的。(2)聖人的行為是唯慧是業即出家行者以智慧為事業,有智慧的人必有道德人格,無我為他的精神價值。

5. 正命

邪命的人只能活在貪嗔癡煩惱之中:——「諸比丘!云何為正命耶?諸比丘!於此聖弟子,斷邪命,於正命為活命。諸比丘!此名之為正命。」

6. 正精進

——「諸比丘!云何為正精進耶?諸比丘!於此有比丘,對未生之惡不善法,為不令生而起志欲、精進、發勤,以持策心。為斷已生之惡不善法,而起志欲,〔精進、發勤,策心以持〕。為令未生之善法使令生起,而起志欲,〔精進、發勤、以持策心〕。以往已生之善法,令不忘失,而倍修習、廣修習,為使令圓滿,以起志欲、精進、發勤、持策心。諸比丘!此名之為正精進。」

正精進表現在三個方面:(1)諸惡莫作。(2)眾善奉行。(3)自淨其意。缺了正精進這支,不論在那個方面都無法成就。

7. 正念

——「諸比丘!云何為正念耶?諸比丘!於此有比丘,於身以隨觀身,而熱誠、正知、具念、以調伏世間之貪憂而住;於受以隨觀受,而熱誠、正知、具念、以調伏世間之貪憂而住;於心以隨觀心,而熱誠、正知、具念、以世間之貪憂而住;於法以隨觀心、而熱心、正知、其念、以調伏世間之貪憂而住。諸比丘!此名之為正念。」

正念是調整所有感觸的認識和反應，看清它們運行的三種感觸苦、樂、不苦不樂，所以說正念是所有法門的基礎，因為有排除心上垢染的功能。人的意念特別難調服，因為人的心活動在遂深的無識之中，而無識隱藏很深，不仔細觀察，無法看到它的行蹤，一心也是一種正念。正念幫助行者不懷念過去和妄想未來，這不是一種放下所有責任，什麼都不顧的狀態，而有正念的人，活在樂住當下，有遠、寬、深的知見，處理妥當所有問題，因為沒有成見、邊見、執取……所以看事像看手掌一樣的清楚，因此成就、價值更高的效率。

巴利經文中揭示正念在四個方面，包含在「身與心」之中即身、受、心、法（四念處）和觀色受想行識（五蘊）是無我。全然的正念顯現通過四個角度：（1）身體的組合、生起、壞滅、演變的進程。（2）調整所有觸感的苦、樂、不苦不樂反應。（3）哪一種心生起，看透它們的來龍去脈，才不會被它們帶走。（4）以萬有為對象觀照實行。因此消除了所有執取反應（是我、是我的、是我的自我），而佛教的無我，不是說身心、財產不是我，不是我的，所以孽待它、破壞它……而是知道它的暫時功能價值，合理使用，利己利他，活著該使用好好的使用，該幫助盡力幫助。那一天無常來了不會覺得痛苦，該放下了樂意的放下。

8. 正定

——「諸比丘！云何為正定耶？諸比丘！於此有比丘，離諸欲、離諸不善法，有尋有伺、由離生喜與樂，具足初靜慮而住。尋伺寂靜故內淨、為心一趣，由無尋無伺之三摩地生喜與樂，具足第二靜慮而住。離喜故，於捨而住，正念正知、以身集正受，如諸聖者之所宣說，有捨有念之樂住，即具足第三靜慮而住。斷樂、斷苦故，及已滅憂與喜故，成不苦、不樂而捨念清淨，具足第四靜慮而住。諸比丘！此名之為正定。」

定分兩：（1）凡定即以三界為住心對象（四禪八定）。（2）聖定：以解脫定為對象，即傾心向解脫三明為證得對象（天眼智明、宿命智明、漏盡智明），這就是佛教與其他宗派的差別。

總之脫離苦的方法（道聖諦），就是包含在戒定慧之中，即：

1. 見識、思維（慧——正見、正思維）

「正見」和「正思惟」是給人一種思想功能即可以用見識（智慧）解脫心理和生活上的所有煩惱。那什麼是「正」呢？正見是正確的見解，幫人們站在不同的角度觀察問題，找到自己的方向。正思惟，是正確地作意，如實地認知，產生無漏的慧智，看透萬法是苦、無常、無我。當徹底了悟無我，從而離欲，放下了執著、恐懼、怨恨和妄想，就可以從苦惱和痛苦中出離，再不惹起煩惱就是安樂。所以正見和正思維是做為解脫基礎的路徑。

其實佛教是智慧的道，如果不夠智和慧真很難理解佛法。對佛說首先不要迷茫的信而「聞、思才修」。佛教鼓勵人發展知識、智慧，就這點，推動佛教存在和發展到現在都是靠有信譽、有知識、有智慧的諸位高僧。也就是這點佛教不犯最大的錯誤即不阻礙人類知識進步的速度和在歷史上存在和發展的佛教。佛教本來沒有「異教裁判法庭」，用來判定某一些比原始「歪」了知識，所以佛教中沒有為了文化和傳統有所不同而引發了文化衝突，或宗教戰爭。佛教總是先鋒發展智慧，應用知識幫助人類的生活。其實人的理想和未來貢獻的積極價值要靠看法和想法，所以有正見識、正思維是最重要的，當認出了萬法是無常、苦、無我，就不再爭鬥，不再逃避、不再貪求、不再執取、而是體驗眼前的涅槃，給予自己和人生的幸福安樂。

2. 社會道德（戒——正語、正業、正命）

正語是用有文化、知識、智慧的語言來幫助人，而不會用來傷害他人。正命和正業是依慈悲不損害的原則來創業養命，避免殺生，不偷盜，行為端正不犯淫，在生活中用慈心對待所有眾生，包括保護的環境，使社會、世界減少武裝衝突，減少罪犯，拉近人與人之間的關係，互相愛著。因為想改造世界，首先要做好自己，每個人都完善自己，就沒有了人防備人，社會變得和諧，充滿了慈愛。

3. 靜在的內心（定——正念、正定）

常觀念四念處即觀「身、受、心、法」，對五陰放下執著，心不顛倒，意不錯亂，不失正念，時時明瞭不被貪嗔癡做主（正念）。心達到安住清淨，邪念已清除，心住一處，不向外馳散就是正定。定有兩種：止和觀。禪止只暫伏煩惱，最高的境界是非想非非想處，不能除掉煩惱的根源，禪觀就在定中起智慧，觀察萬法的實相，才能消除所有煩惱。簡單地說，人應該把生活慢下來，意識到所有行為，語言，思想，實行放下，不執取，「每一天醒起，感謝的生活，給予我有新，美好的一天，愛去的萬類。」

4. 在生活中積極的態度和行為（證精進）

正精進即在生活中包括態度與行為努力不退離惡，向善。正精進包含四個條件，也稱為四正勤即：第一未生的惡法，使之不生；第二已生的惡法，使之斷除；第三未生的善法，使之生起；第四已生的善法，使之增長。凡是想成功必須有精進，佛教的正精進不僅僅遠離惡，而積極地去幫助，但放下所有的分別概念，這才是佛教的目的。

（二）四諦

1. 相應部中的四諦

諦相應的主要內容是講解四個真理和四諦的價值在於給個人和社會帶來幸福安樂，一共十一品，但只有幾首經文值得看。有幾個該評論的問題是：

第一定品（十首經）

第一和第二首，這兩首的內容主要是行者必該修禪、靜謐思考四諦。

第五和第六首，是講有知識、有道德的人（沙門、婆羅門）都應了知四諦。

第七到第十首，強調向內心尋覓，不離四諦的主旨。

第二轉法輪品（十首經）

也許在編輯的過程中內容被擴展的了，本來只需要五首經就能夠表達所有的內容。

第一，第三和第四首：把宗教性質的內容分開，這就是四諦思想內容的精華。

第十首：講四諦密切相關，瞭解苦諦就意味著瞭解另外的三諦。

第三到第五品

開始出現混亂，應該注意的只有一兩首經。在第五品的最後兩首經（第九須彌（一）和第十須彌（二））是「附驥」第二品（第八明），也完全配合、重複第三品的第三正等覺者。

第六品

完全展開四諦，瞭解四諦就是解悟。

第七到第十

因為不了悟四諦，所以在生活中犯了過錯，不持戒行，奢侈享受……

第十一品

不懂得四諦，會被在五趣（那時還沒有六道輪迴，因為當時佛教還沒有接受婆羅門稱之為戰爭神的六道中的阿修羅）中輪迴。

2. 相關四諦的問題討論

轉法輪和「無我相」思想都非常重要，是佛教經典的精華，是引領佛弟子遵循佛的教誨而生活的指南針。以後所有的學說對這一思想都是一種補充或者發展，但也有變化甚至變質。

如果《轉法輪》是介紹佛陀的「道」，那麼《無我相》就是闡明佛陀的「道」是怎樣出現的。結合這兩部經，放在同一個宗教文化背景下，在帕尼沙恒河盆地區域（上游下游），會看清楚佛陀的「道」的來源、內容以及出現的原因。一般人從來都不會把這兩部經聯繫在一起，所以無法看出問題，他們通常把兩套經看成不相關的內容。

傳法輪經的內容是什麼？是介紹四諦：即（1）苦諦說明人生苦的現狀。（2）集諦說明苦的原因。（3）滅諦說明涅槃的狀態，這種涅槃可以現實化在現在的生活。（4）道諦說明滅苦的方法，即生活方式能現實化生活中的涅槃。內容分成五項，三個部分：

第一，佛拒絕當時的兩種修行方式並介紹八正道。（1）當時的兩種修行方式是過度享受和一味苦行，以為這樣就能得到解脫。（2）八正道的內容是：正見、正思惟、正語、正業、正命、正精進、正念、正定，是佛教基本的教義，是四聖諦中滅苦的道聖諦，指的是如何使煩惱的眾生，從苦惱和痛苦中出離。

第二，介紹並提出四諦（四個真理）的內容（苦諦、集諦、滅諦、道諦）。

第三，強調解脫、證悟。佛強調把所有的信心都放在四諦，四諦可以證明、肯定我們已解脫，並領悟了「有生就有滅」。

通過證實四諦我們明白佛已經頓悟了，這點不再討論。但重要的是我們要明確，對於四諦，佛宣布自己覺悟了，「覺悟」兩個字的意思就是指一個人從昏沉中覺醒，也就是說一個人從來看不出自己的問題，現在終於看透了。所有人生的問題（包括人類、日常生活）沒有什麼是神奇的。所以，佛稱為「如來」，只是說人從真理而來。人們稱佛陀，佛陀的名字是指一個人已醒悟了，看透人生怎樣解脫痛苦而已。查閱四諦的內容就明白，苦諦介紹七種痛苦，只不過是人生日常的苦。集諦是苦的原因，也就是愛（貪和執守）。滅諦是在生活中沒有貪愛，也就沒有苦（安樂、涅槃的心態）。道諦是引導人生脫離苦難的道路（安樂、涅槃的道路）。

在苦諦部分，有一件事是我們需要注意的，就是第八苦——「五取蘊苦」。自古及今，也有翻譯成五蘊、五陰熾盛、五盛陰、五盛蘊。「盛」還是「熾盛」，經常被後人誤解。那麼「第八苦」什麼時候出現呢？大約是從東晉（317～420）開始，「八苦」首先是出現在「大般涅槃經」第二卷（法顯法師譯），這觀念一直往下傳，尤其是後秦的鳩摩羅什法師、南北朝的真諦法師和唐代的玄奘法師也用的，當然也有用意的道理。但根據自己的想法筆者認為這觀念引導了人們認為真「有身是苦」的第八苦，同樣老子所說「吾所以有大患者，為吾有身，及吾無身，吾有何患？」〔註 35〕但事實真的是這樣嗎？其實這是一種誤解的，在發展的過程中，尤其是部派佛教的階段，因為想擴狂傳法的範圍和應付其他宗教的攻擊，也有根據行者對佛教的教義的知識理解，所以部派佛教時形成了一個很豐富的理論系統。強的方面是幫佛教在某些新的土可以廣泛傳播，舊的土可以穩定的站。弱的方面是讓佛教的教義變得又複雜又失去原始精華的價值，只注重理論忘了實施性。

也是因為過度的理論發展，四諦的苦諦無情被誤解有了「第八苦」，一個與上面列出的七種苦完全不同的。根據最近開始的幾年直到現在的研究工程，通過南傳佛經和結合 CBETA 2016 查究「五陰熾盛苦，五盛陰苦，五陰盛苦，五取陰苦，五取蘊苦，五蘊熾盛苦，五盛蘊苦，五蘊盛苦，五陰熾盛，五盛陰，五陰盛，五取陰，五取蘊，八苦，五眾，五陰，五受陰，五蘊，五聚，五盛蘊，五受蘊，五受眾，苦諦」，加上幾部詞典如漢典〔註 36〕……，已經發現的證據和原因可以肯定的結論「沒有第八苦五陰熾盛」，這只是後人的誤解，發生在印度佛教發展的過程中，具體從原始到部派階段，也從一些中國佛教學者接受和繼續錯誤的推測。這裡只簡單報告研究過程的結果如下：

「[0312a04] 五

[0312a04] 諸比丘！苦聖諦者，即是此，謂：生苦、老苦、病苦、死苦、愁悲憂惱苦、遇怨憎者苦、與所愛者別離苦、所求不得苦，**略說為五取蘊苦。**」〔一一〕第一 如來所說（一）

Now this, bhikkhus, is the noble truth of suffering: birth is suffering, aging is suffering, illness is suffering, death is suffering; union with what is displeasing is suffering; separation from what is pleasing is suffering; not to get what one wants is suffering; in brief, the five aggregates suject to clinging are suffering.

首先瞭解一下五取蘊是什麼？「五取蘊」舊譯是「五受陰」或「五盛陰」即包括色取蘊、受取蘊、想取蘊、行取蘊、識取蘊。「取」是取執不捨離的意思。「蘊」舊譯是「陰」同樣「積聚」的意思。

〔註 35〕道德經。

〔註 36〕http://www.zdic.net/, http://etext.fgs.org.tw/search02.aspx……

五取蘊是什麼意思？按《雜阿含經》、《大毗婆沙論》大概的理解「五受陰謂色受想行識陰在過去、未來、現在，或起欲、貪、嗔、癡或復隨起一心所隨煩惱，是名取蘊」。所以如果解釋因為五蘊身是感受七種苦所以稱為「五受蘊」或因為五蘊身是儲藏（把東西放進去和容納）七種苦所以稱為「五取蘊」，那就不是原來的意義。其實人類的苦只有七種，分成身有四種和心有三種，而「五取蘊苦」*the five aggregates suject to clinging are suffering*——五蘊被取執就是苦痛苦，只不過是「略說為」*in brief* 而已。那為什麼說「五蘊被取執是苦」可以總結七種苦的內容？因為對於身與心的色受想行識，人們發生「執著、貪愛、捨不離」才發生上面已說的七種苦，若看透「我法皆空」，色受想行識只是色受想行識而已，沒有什麼叫「我或我的」，從此脫離貪愛和執著，「貪與執」沒有，煩惱也沒了，那哪來生老病死（色蘊）和愛別離、怨憎會、求不得（受想行識蘊）苦呢？

所以「盛」這個字在漢語中是猛烈的貪欲，取是執取，因此「五取蘊苦」的意思是對五蘊（身心聚合）的身心產生執著，稱為五取蘊。然而因為「五取蘊」剎那剎那的生滅，它一直遷流變壞，所以執取身心五蘊就是苦的表現，所以說「五盛蘊苦」、「五蘊熾盛苦」。總的來說苦是我們本身糾纏貪愛所導致的，身苦，是因為被貪愛糾纏，是我們本人離不開貪愛而苦。集諦中，佛說苦的原因是愛，而愛有三種：欲愛、有愛和無有愛。不太清楚 Narada 長老的英文版是怎麼樣，但翻譯者翻譯的意思不是很明顯。愛欲是再生的根源((再生輪迴 ponobhavika——之因即是貪，以貪執感官享受（kama-tanha），貪執有生（bhavatanha），貪執無生（vibhavatanha))。意味著，愛和渴望的心依附這個或那個的生活事件，愛圍繞著五欲六塵（kama-tanha——欲愛：主要是指對五欲的執取，愛著，具體是以欲望而貪愛享受色、聲、香、味、觸、法的六塵），愛追隨生存（bhavatanha）而生愛、戀愛，認為萬物永恆而長存。愛也帶著無生存的思想（vibhavatanha），無生愛，認為死後是虛無。但明珠法師的翻譯版是「愛引致再生，伴隨喜和貪，貪在這在那尋找喜樂，就是欲愛，有愛，非有愛」。

「……it is this craving which leads to re-becoming, accompanied by delight and lust, seeking delight here and there; that is, craving for sensual pleasures, craving for becoming, craving for disbecoming.」欲愛是對五欲（財、色、名、食和睡）的貪戀，這是全人類的欲望。有愛是貪生存、長生不死以及死後有

來生，是人類第二個大願望。「無有愛」很重要，有很多人誤解或不懂。無有愛是貪婪、期望我不會再生，我永遠長存，這就是貪求涅槃了。求得涅槃有兩個方向：

第一是小我和大我（梵體）成為一體。這是屬於婆羅門教解脫的奧義書。

第二是用苦行、禁慾修煉，在今世完全可以結束再生，這屬於反吠陀的沙門、遊士的思想。

無有愛不是一般人的欲望，而是大部分知識分子、婆羅門、沙門、真正修行遊士的渴望，想證悟、達到涅槃（無生存的境界、無煩惱的生存色彩）。在這裡「有」是存在，是欲有、色有、無色有（三界）的「有」。如果有愛是貪戀生存、長存，那麼「無有愛」一定要理解成貪求「不生存」。不生存的是什麼？就是無生涅槃的梵體。為何有「無有愛」？因為在奧義書時代，許多人一直去尋找解脫（脫離現在痛苦、折磨的生活）。純種婆羅門也去出家，因為那時正統的思想也從吠陀發展成奧義書。沙門、遊士反對吠陀，去出家的更多。婆羅門通過禪定沉思，想達到小我與大我、梵天、梵體相融的境界。認為這樣就是達到長存、安樂、不變、清靜的涅槃狀態（常、樂、我、靜），是真實無幻的境界。沙門、遊士用苦行克制身體，目的就是控制心的貪欲、結束這輩子的痛苦與下輩子的再生。渴望涅槃、終止生存、輪迴，達到永恆安樂，這就是無有愛。欲愛、有愛是人生的貪望。無有愛是出家人的理想，當時的出家人、婆羅門、沙門、遊士受折磨，他們不是貪求五欲和生存，而是求虛無。無有愛是涅槃，是婆羅門的梵我，是沙門、遊士追求的停止現有和再生。他們看不出來，雖然他們不貪錢、色、權力、名利、地位，不貪圖享受生活，但他們唯一貪求的是達到安樂永恆的涅槃。涅槃不需要吃、穿、睡，不需要相比、不生氣、不煩惱，自在安樂，這樣的生活，誰都喜歡，誰都想要。這就是無有愛的貪戀，這種貪超過欲愛與有愛。因為想滿足欲愛很不容易，享受和守著欲愛更難。有愛呢？如果長生不死，而生活很貧窮、辛苦，這樣長壽更苦。在佛教還有一個故事，說有一位十八歲的姑娘一直活著，活到她的孫兒都死了，她還十八歲，雖然吃得飽穿得暖，可是都活膩了，最終她請求觀音菩薩解除她身上長生不死的咒語。

佛經中提到佛不喜歡當時的兩種修行，介紹了佛找到的八正道，後來佛介紹八正道的思想理論。佛提出的修行理論是什麼？就是四諦。

佛經記載，聽了佛的解釋之後，橋陳如立刻頓悟，說：「有生就有滅。」佛聽後點了頭：「橋陳如已經證悟，橋陳如已經證悟。」橋陳如頓悟了什麼，而佛確認他已瞭解了佛說的精華。所以筆者推測，也許佛與那五位交流了許多問題，而不是簡單地談四諦。從頭讀到這裡，為何橋陳如要說「有生就有滅」，而佛確認「橋陳如已經證悟了」？佛一定說了好幾句關於否定婆羅門的禪定（yoga）和沙門的苦行修煉的話，因為佛已苦修多年但沒有收穫。然後給五位詳細分析苦諦與集諦，讓他們看破貪愛，放下對五蘊的追求，「因愛勾結喜與貪，在這在那尋找樂趣」。從物慾到長存，到無生涅槃和涅槃的常、樂、我、靜，佛詳細分析貪求無有愛是五位修行者的誤解和糾纏。不知道在講轉法輪經時佛有沒有說無我相經，讓橋陳如尊者聽了才頓悟，或只聽到四諦他立刻頓悟（因有智慧的修道者只聽到這就了悟了），而其他的尊者聽過了無我相經才解悟。

關於苦諦，佛只提出，沒有多講。因印度當年的哲學，隨著奧義書的發展，都很清楚苦由自己造成，不能責怪他人，也不埋怨環境。印度哲學，在奧義書從拜神靈的傾向變成修行（禪定和苦煉），讓自己能達到解脫的狀態。

關於集諦，佛指出愛是苦的原因，一定使橋陳如五位兄弟很驚訝。欲愛、有愛沒有什麼特別的，但無有愛一定會讓當時的真正修行者非常震驚。難道半輩子，他們要放棄世間的興趣，埋頭苦修以解脫人生的痛苦。人生離不開痛苦，離開這個世界，尋找涅槃，永遠沒有痛苦，這不是所有的修行者出家流浪的目的嗎？現在佛說，尋求涅槃是貪愛的一種，是痛苦的原因，尋找涅槃就是這生活本來已經很苦了，還要再拖著一個更痛苦的生活。這樣來說，所有行者們做的苦工都是毫無用處的嗎？所以筆者推論，佛講轉法輪經結束前便講了無我相經。那麼無我相經的內容是什麼呢？

（三）「五蘊」思想

上面綜述佛經的內容分成五項，三個部分，三部分都在正文：

第一，五蘊是無我。因五蘊不是我所以「導致病惱」，無法避免。

第二，因五蘊是無常、苦，所以對於五蘊應正觀與正智慧，如：「這不是我的，這不是我，這不是我的我」。

第三，因看透五蘊的本質是無常、苦、無我。「多聞聖弟子如此觀察，則厭離於色，厭離於受，厭離於想，厭離於諸行，厭離於識。厭離而離染，以離貪而解脫」。看透五蘊而厭離五蘊，厭離而離貪。由離貪而得解脫。

佛經十分清楚，不必解釋。但加上這幾句話「生已盡，梵行已立，應作已作，再無後有」，這裡如果沒有聯繫轉法輪經和當代的哲學思想，很難通順地解釋。所以在這我們有三個問題要談：

首先，正文部分的意思是：人的身心分開地看只是五組而已。這五組「導致病惱」，即會變壞和不會順著自己的心意。五蘊是無常（不長久的存在與永恆），是苦（dakkha）的（不安、改變、壓制……）。它們本質是這樣，如果我們為了滿足它們而打算、計較，就會最終受苦而無法解決任何事情。「多聞聖弟子如此觀察」，是厭離五蘊，由厭離而對五蘊沒有貪心，沒有嫉妒……不會為它造惡業，因此得以脫離苦。

第二是解脫的問題。佛經說：「於解脫而有『已解脫』之智，他了知：『生已盡，梵行已立，應作已作，再無後有。』」但一些佛經，甚至另一翻譯版本是「在解脫中，智起我已解脫『生已盡，梵行已成，該做已做，不會再有一生。』」這裡有幾句短語：「不會回到以前的狀態」、「不會有一生」，「不會再生」……通過這短語可以理解，厭離後就離貪，離貪了就得到解脫。而「不會回到以前的狀態」也可以說「不會再有苦了」。可以結束再生，或是否有輪迴，在這裡不討論。但我們能看出來，佛告訴橋陳如五位兄弟，「你不貪，不貪戀五蘊，你就結束了輪迴」。佛在給他們一個新的宗教信仰，帶著一個新信仰（不貪就結束輪迴），通過幾句話能夠改變他們本來的信仰嗎？因為他們堅持苦行，是想把心離貪，貪沒有了就是結束未來的輪迴。這樣兩個信仰就差不多了，只不過生活方式不一樣而已。都是要心離貪，未來一定會得到解脫。你的苦行沒有作用，你應該保持正常的生活，餓了就吃，累了就睡，活著要有道德、禪定（戒、定、慧），如我佛說的道諦、八正道，你一定可以脫離再生。這樣是否能說服人切斷本來的信仰，讓他們一直相信？但在實際上他們的心還貪。例如，我們知道貪是苦，而時時刻刻還在貪，還不想死……我們該知道，這五位是哲學家，不是無知識的迷信人。所以，上面的《轉法輪經》是佛給人們介紹七種痛苦，所以我們要明確「解脫」就是脫離七種痛苦。是否再生或有沒有輪迴，下回再分析。到這裡，我們已解決解脫的問題，很簡單，只是解脫人生日常的七種痛苦。

第三是解釋四諦無有愛的價值。佛提到第三個原因是尋找涅槃、無生無有使行者被困在苦中而他們不知道。我們必須注意，尋找涅槃、無生，不是佛的本意。對佛來說，解脫是脫離現在的苦，即脫離現在的生活中七種痛苦的心態，不是尋找婆羅門永樂的涅槃或達到無生、無滅的境界。為何尋找無有是錯誤？尋找無有，沒有現有，沒有那麼煩惱的世界，沒有痛苦的人生。這件事從當時的兩個觀點出發（奧義書）：1. 婆羅門不反駁吠陀的梵我觀點。

2. 沙門、遊士反駁吠陀的再生、輪迴觀點。

首先，婆羅門不反駁吠陀的梵我觀點。在梨俱吠陀（RigVeda），約公元前 1000 年最古老的吠陀成立，有 1028 聖歌。梨俱吠陀還提到靈魂的信仰和唯一的哲理作為一神教哲理的基礎。到公元前 800～前 500 年奧義書時期，雅利安文化隨著雅利安人到恒河下游，然後到德干高原與恒河上游（包括雅穆納河 Yamuna River——是印度教的兩條聖河恒河和與雅穆納河環繞著的北方邦）。婆羅門在四個階級之中有最高的地位。因教育、宗教都在他們手上，他們強迫人民（不算奴婢）要尊重、接受他們在社會上是最高的領導。他們花心思編輯一套關於祭祀儀式的書。在生活中，某一件事都有儀式，都要請婆羅門來作禮，而「禮」價格很高，拜神的祭品一定是珍貴的。在印度西北，恒河上游，逐漸把婆羅門作為遊士貴族的系統。但婆羅門名利都有，他們對信徒要求越來越多（所有民眾包括剎帝力的階級）。在本地區和外地區的上游和西北（恒河下游）的不同民族，他們已產生了不滿。還有，他們編輯、注釋禮式、咒語和吠陀的哲理時，形成關於宇宙的哲學思想，包括人們的出現、出現的價值、任務，各位神靈對群眾的關心等。由此發展成奧義書的流行思想，尤其流行於恒河下游的東北、南方。中心區與西北是注解禮式，加盛拜神的風俗，叫范詩編輯，這個階段已過去了。恒河下流的東北與南方，從吠陀與范詩發展而來，變成奧義書。奧義書是坐在旁邊、靠近的意思，還有地方翻譯成「在耳邊小聲地說」。奧義書是流行思想，雖然激烈反對「中國」和西北的婆羅門，還不接受婆羅門祭祀的形式、享受生活、看重財物。但他們就解脫的方向創造了一條新路，使用一些新的方法讓小我和梵體合成一體。從唯一奧秘、無形無聲而產生萬物的梨俱吠陀，後來發展成梵天，這是唯一存在的實體。這世界，無數的萬物，都是梵天生出來，人們的身心也都是梵天生出來的，梵天是包含所有的萬物，梵天就是所有物種，物種也是梵天。雖然這樣，但這個身體不是梵天，心也不是梵體，梵天是人們的靈魂（Atman——小我），是宇宙的靈魂（Brahman——大我或梵）。只有用禪定（Yoga）人們才能有機會認出小我，同時認出、返回與梵天融合成一體。當時就能解脫這痛苦與幻境的生活。無有（沒有存在的）就是梵天，而這裡不存在的意思即幻境錯覺的生活不存在。梵天就是涅槃（真幸福）。認為用禪定修行能達到解脫的宗派，他們不贊成正統的祭祀神聖，但他們也不反駁吠陀是神（吠陀經由梵天說）。婆羅門是最高階級，他們主張離家出走，進森林生活，悠閒修行禪定。因此後來婆羅門把這些思想當成真正的婆羅門的哲學正統。

第二，沙門、遊士反對吠陀再生輪迴的觀念。恒河下游的東北與南方的奧義書時代，沒有反對婆羅門但在教理中否認吠陀神的價值，否認婆羅門最高社會階級的地位，蔑視神咒，他們是完全否認、完全反對「中原」區與西北恒河下游正統婆羅門的階級。這個風潮也是去尋找解脫，自己尋找新路，不會跟著吠陀的方向，反對雅利安的純粹文化，形成許多教團，到處流浪，去尋找道與修行，他們是沙門與遊士。參加他們教團的，也許大部分是本地人，還有不純的雅利安人，少有正統的雅利安人。佛經提過他們的六十二個見執（錯誤的觀念），也提到九十六個當時的教派，包括所有的沙門、遊士（有一些後來屬於正統的婆羅門的教派，上面提過的就是不反對吠陀的沙門、遊士）。勢力最強的是三派，依據時間出現而排序：順世論派（古印度唯物派——Charvaka）、耆那教（Jain）和佛教。三個宗派都極力反對拜祭（殺動物祭神，有時祭人），尤其是耆那教與佛教選擇不害（ahimsa）作為戒律，不傷害任何動物與苗草。奧義書的思想有兩個特點：梵我解脫與業報輪迴。信仰梵我解脫是不反對吠陀的，他們也相信當世的業報輪迴。奧義書的輪迴思想認為，人只有這輩子生活，離開了世界，若有罪的靈魂馬上下地獄，或變成餓鬼、畜生。有福的靈魂有神靈帶上天堂，或變成富貴的人，幸福還是痛苦往往這樣。輪迴三界好像不是佛教最初的教理，或是佛教三界的內容與其他教派的輪迴不同。佛教大乘後期輪迴有三輪（三界）的思想不斷地發展。我們該記得九十六外道派，有些沒有明確的哲學思想，有些遊士沒有哲學思想，只是在尋找真理。意思就是當時的輪迴內容，在各個宗教百家爭鳴的時代，沒有哪個教派的思想成為主流。有人相信輪迴，有人不相信，有些教理尊重道德、仁愛，但有些教理否認人的道德。有些相信輪迴的人，他們甚至相信業報，上當神仙，下當鬼怪。他們相信一切都能結束，認為貪、嗔、癡就有煩惱，就會在輪迴中循環。只要心不貪、嗔、癡，就會解脫，結束輪迴循環。換一句說法，死時，若煩惱就無法離輪迴，心沒有煩惱，死後才能完全結束苦惱與輪迴（聽起來像後來的佛教）。因此，一定要將佛教與耆那教的教理相比，才能明白佛教的特別之處。那麼，死了還有什麼呢？這問題很難回答，佛教每個部派理解都不一樣，每個理論都有各自的道理，而筆者還沒驗證過死後的狀態是怎麼樣，所以現在對這問題不敢用個人的短視作定論，但可以肯定萬物只是由這個狀態變成另外一個狀態，有無輪迴並不重要，重要的是現在我們活得安樂，讓心完全終止貪、嗔、癡。

總之，看透五蘊和六根是無常、苦、無我，就是叫解悟，解悟了自然則厭離貪，斷煩惱。

（四）一些重要的經文短語

1. 大多數的經文中都說「不執觀我、我所，彼如是不執觀，則對世之任何物不生執著，不執著則無愛慕，無愛慕則得獨自入於涅槃。證知：生已盡、梵行已立、應作已作，不為如是再生。」

2.「以何為色之以何為色之甘味？以何為患難？以何為出離？以何為聲之……以何為香之……以何為味之……以何為觸之……以何為法之甘味？以何為患難？以何為出離？凡緣法所起之安樂喜悅，此為法之甘味，凡法之無常、苦、變壞之法，此為法之患難。凡對法制止欲貪、捨去欲貪、此為法之出離。」

「萬法有生起必有斷滅」，世界成立由六根、六塵、六識、六觸、六受，（可以理解六觸處＝五取蘊＝四大種＝因緣起，這四個沒有差別，只不過站在不同的角度，所以用字不同）。它們原本是無常、苦、無我，了悟它們的甜味、禍害、集起，斷滅，因此厭嫌、離貪成就梵行，解脫了所有煩惱。

第五章　結語——佛教原始思想和非原始思想的區別依據與意義

本文通過經典對比和掌握原始佛教時期實際的修行情況，進行研究和反辯，幫助研究者對原始佛教有一個中道的看法，認清歷史的演變，並恰當地說明這一思想出現在哪個歷史階段，它出現的目的是什麼？它的理論和應用給提供了社會什麼啟示？……本文的宗旨是要論證佛教不是宗教，也不是非宗教，而是一個清淨、和諧的僧伽團體，在生活中有實驗的性質，不注重遙遠且不現實、缺乏驗證的虛論。佛教的涵義是一條「路」，是為了給「活人」建立一個充滿人文性、充滿慈悲精神的理想社會。佛教的教義是理性的，是平等的思想、深邃的智慧、切實的指導，並不帶有迷信和神話色彩。佛教出現的唯一目的是「知苦和滅苦」，要求提高個人責任，用智慧轉化貪嗔癡，而不是祭拜與祈福。在任何時代，任何環境，有煩惱的存在就有佛教的應用價值。所以筆者以佛教出現的目的和主張為本，瞭解印度佛教流轉的歷史，站在理論和應用的角度提出假設與反辯，解答似是而非的疑問，最後篩除不符合原始佛精神的內容，揭示出真正的佛教傳統。使原始佛教時期的佛教精義有了更為明晰的輪廓，並可推動人們更為準確地認識和理解早期佛教。

以上觀點在論文中已用經文來論證，下面是用推論來論證筆者的結論：

（一）佛教還沒出現時，印度已經有了九十六個宗教派別，為什麼在已經有這麼多宗教的情況下還會出現佛教，佛教的出現是否多餘？佛教有什麼特別的思想，讓佛教從眾多宗教中脫穎而出，這個思想又是什麼？這思想影響或反映當時的什麼樣的社會和哲學思想？想瞭解這幾個問題，筆者認為需要先瞭解佛教出現前的歷史背景和佛教理論基礎。佛陀誕生於公元前 6 世紀的北印度，也在這個地方，大約公元前 1600 年，雅利安牧人侵略印度北部的旁遮普（五河＝印度河）。大約公元前 1000～700 年，雅利安民族從旁遮普（五河＝印度河）到庫魯（Kuru）亞穆納河（Yamuna River）原水（屬於恒河三角洲系統），形成庫魯婆羅門的「中原」地區。然後，逐漸入侵到恒河的下游也就是到孟加拉國灣（Bay of Bengals 印度洋北部一個海灣）。這是婆羅門的黃金時期。婆羅門是最高階級，主張祭祀萬能上帝。吠陀是神的啟示或神的教誨。大概公元前 800～前 500 年是奧義書（Upanishad）出現的時間。從公元前 700 年起，雅利安文明逐漸蔓延至德干高原（Deccan Plateau 印度中部和南部）並遍及印度。政治和經濟軍事中心移向南海岸，這個地區也是文化和宗教的中心。這裡也是佛陀一生不斷旅行傳法的地方——區域附近的下游。這個時期的恒河流域（上下游）也流行奧義書。恒河由雪山流到印度北部中心最終注入孟加拉國灣，劃定了恒河下游的邊界，恒河下游分為三區：

西北大多數都是純種雅利安人，剩下的是當地奴隸。這裡的婆羅門代表純種正統的婆羅門，他們想重振婆羅門的輝煌（持續拜神，背誦吠陀神咒，進行文化教育）。隨著時代的發展，除了奴隸之外的當地人開始瞭解吠陀，正統婆羅門為了弘揚自己的文化而編寫書籍，整合吠陀經（梵語），注釋哲學書、傳說或咒語。有五部奧義書在公元前 7 世紀釋迦牟尼佛誕生之前就已出現。

東北部和南部有兩個地方的人不是純種雅利安人。大部分是東北部的本地人和蒙古南遷的游牧民族，當西北被雅利安人征服，一些地方就變成了雅利安人的屬地，如釋迦部落是憍薩羅國（Kosala，亦作拘薩羅）的殖民地。在南區的居民一般是當地人與雅利安人之間的混血後代。婆羅門教認為，摩揭陀（南）、東北部的人不是雅利安人。雖然雅利安人未在這兩個區域生活，但他們仍然受雅利安文化影響。但是由於他們不是純種的雅利安人，所以他們對吠陀與婆羅門的看法跟西北人不一樣。這兩個區域出現做沙門（乞士）的風潮，反駁吠陀，輕視咒術，輕蔑祭祀。甚至蔑視婆羅門修士祭祀的資格。這場運動逐步形成許多教派（沙門圖）。每個教派都有自己的經典（教義）。目前不清楚他們是否寫成一本書，也許他們只是口口相傳，誦讀著流傳下來。後來，當婆羅門教強大起來（在奧義時，他們曾被削弱），婆羅門把從古代到當時的所有哲學思想分為兩類：第一類是接受神靈，認為世間存在著超自然的力量（如我、靈魂、自體）；第二類則是否認有神靈和超自然的神力。佛教被婆羅門劃分為第二類，與耆那教（Jainia）和順世派（Lokayata）（這一派人死之後，丟下他產生的一切能量，不再有任何存在。在他們看來，死亡是一切存在的終結，只有現在才是真實）一樣。至少到公元四世紀，大乘佛教與婆羅門教的思想幾乎是完全融合。公元七世紀，中國的玄奘法師到印度看到比丘（出家人）住在婆羅門的房子，婆羅門在教他們大乘佛教經典。也許公元前三世紀的婆羅門已開始進行這種安排，所以在婆羅門強盛之後，婆羅門便利用權力壓迫佛教，導致第一個佛教法難的發生。當時每一個教派都不拒絕我、神我、神靈、梵天，雖然奧義書有的內容輕視婆羅門，但婆羅門仍用心記錄所有與之相關的作品和吠陀的思想。

在奧義書的時代，為什麼有很多人出家成為沙門、遊士？因為他們想尋找解脫，而這個解脫是不在吠陀書的三部之內的，也不是祭祀和祈禱所能實現，更不是在雅利安人社會階級的規定之中。為何那個時代的人們都競相尋找解脫？而什麼是解脫呢？是脫離痛苦，而痛苦與生活相關，因此解脫是脫離生活。人生苦難、緊迫，通過相應部可以這樣猜測。根據相應部，人們可以參考印度公元前 600～前 300 的地圖，那時印度有十六個大的國家，這個時期被稱為印度列國時代（mahajanapada）。也可以稱為印度的「春秋戰國」時期，類似於中國先秦時期。殘酷的戰爭時常發生。雅利安人與土著居民以及混血人在軍事和文化方面開始了殘酷的戰爭對抗。約公元前 600 年，釋迦牟尼佛剛出生時，印度有十六個國家，過了八十年，當釋迦牟尼涅槃後只有四個國家。士人、人才、懷抱國家的知識分子，勝利的威風凜凜，失敗的無家可歸，在生活中失去了信心，他們選擇自殺或苟且地生存在脆弱的環境中。如果說在「春秋戰國」時期的中國引發百家爭鳴，產生多樣的哲學家，激發出無數優秀的人才，那麼印度也一樣，在印度列國時代，生活的殘酷迫使人們求取解脫的哲學。惡劣的生活環境造就了印度人思想的高峰。戰亂的生活環境對悉達多太子（還沒出家的佛）的生活思想和哲學思想有很大的影響。達到四禪（非想非非想處）禪習的頂點時，悉達多太子沒有找到真正的解脫，於是太子開始修苦行——這個修行方式與婆羅門教的沙門派截然相反，佛仍舊沒能找到解脫之道。最後悉達多沙門在菩提樹下思維，過了四十九天，太子已經找到通向真理的道路，內心非常平靜與安樂，「我生已盡、梵行已立、所作已辦、自知不受後有」。宣講解悟真理後，悉達多沙門自稱為如來（如是真理、來是人來＝〉人是真理來的），他人尊稱他為世尊或佛陀（覺者、覺悟之人）。然後佛宣布一個真理，一個讓人解脫的路徑，與婆羅門的吠陀思想完全不同。與婆羅門的重要結論和其他部派的思想也不同。那麼宣布悟道後，佛的思想和哲理是什麼？是「緣起無我」。

亂世的苦痛造就了佛的思想，戰爭、災荒、國破、家亡，人民怨聲載道，哀鴻遍野……人們的貪心造成了種種痛苦，貪心是我們痛苦的根源。佛把人們的身心撥開讓人們看清楚執守自己的貪心是沒有意義的，只會把苦惱帶給自己和他人。自我和他人看起來是在生存，其實沒有任何人真正地存在，一切都是因緣循環。因緣非常奇妙、無常、料不到，但也是無我（沒人、沒主宰、沒什麼長存不變）。最後佛教誨人們過一種自在的生活，就是看破、放下，甚至自己的生命、生依（人們依靠而生存的）都放下，名不執，利不守，讚揚、批評都不放在心上，天天去化緣，破布縫衣下夜晚打坐，在樹下睡不過三天。不自殺但也不刻意拉長生命或享受五欲，經過有緣的地方就傳道。這就是佛教出現的意義和理由。

（二）自衛求存是人類的本能，為了慰藉心靈，人類創立了許多以萬能的主神為中心的宗教，就如嬰兒依賴父母，在宗教裏尋求精神寄託。多數宗教的主神都是長存不滅的。但佛教是人類宗教歷史中最為獨特的，也是唯一否定不死靈魂的宗教。根據佛教，「我見」是一種思想上的煩惱，是知見上的執著與實踐相應產生了「我」和「我的」的概念。「我」又演化產生出欲望、自私、憤怒、固執、惡毒、驕傲等等。佛教認為「我」是人類矛盾和鬥爭的源頭，為了解決由「我」產生的一系列問題，佛教提出了「無我」的思想。無我（anatta）的本質是沒有獨立存在的「現有」，因此萬物都不存在一個屬於自己的實體。那麼佛陀依據什麼說「無我」？首先，眾生只是把自己和自己看到的事物當作「我」，那麼這個觀察事物的立場是很站不住的，因為我們所謂的萬物的存在與消失只是憑人類的感官判斷的。當我們判斷事物的狀態和存在與否的時候，這個事物本身的狀態也在發生改變，正因如此，用眼睛所看到的都是無我，包括其他的感官如耳、鼻、舌、身也一樣。佛教認為人是由五個元素構成的，即色（物理）、受、思、行、識（心理），佛教稱這五個元素為「五蘊」。如果說五蘊是「自我」，那麼人類就理所應當地可以控制它們，控制自我不能生病、不能老、不能死……，但是人類對於「自我」並沒有這樣的絕對控制權，生老病死並不由人類的意志而變化，所以佛教說五蘊是「無我」。

如果五個元素構成的並不是「自我」，那麼五蘊是否是一個完整的個體呢？在這裡我們可以拿蓮花的香味做一個比喻，花香不屬於蓮花的根、莖、葉，但這一切卻又全都是屬於蓮花，缺一不可。簡而言之「自我」不是單一存在於某一個部分，它只在五蘊融合時存在。

通過閱讀《相應部》和《雜阿含》，我們可以發現，「無我」的思想在原始佛教具有真正的價值。簡單地說「無我」就是從本質看事物的狀態。佛勸誡我們要活在現實的世界中。在現實世界中必須有正念的覺悟，要學會放下，看透一切事物，了悟「無我」，談笑風生，不受滾滾紅塵中物質、財產、名譽等欲望的羈絆，這才是佛教誨人們追求的最高精神境界。解下人世間的羈絆，才能追求更幸福的人生，解脫苦惱。出家人對於生活的要求很簡單，粗茶淡飯，對於物質的需求止步於維持生命活動的所需。心靜就是解脫，用「無我」化解「我」產生的苦惱，看透世界的本質。「無我」思想雖然隨著歷史發展而出現了一些演化，但是始終保持著從原始佛教教義中繼承的精神。這就是佛教中的精華思想。「無我」的理論不接受斷滅論和常見論（永恆）。關於「無我」有一個很重要的問題必須注意，就是如果沒有「無我」的正見，我們就會對一切產生誤解，誤解會讓人痛苦，這樣的誤解對「無我」也是一種的毀滅。

而在印度，自古以來奧義書無論在任何時代都是至關重要的。印度的社會分成四個階級，婆羅門是最高的社會階級，印度人民非常尊重他們。婆羅門教（Brahmanism）也稱為印度教（Hinduism），它是印度本土的宗教（Hindus）。形成於大約公元前 1500 年甚至更早，比佛教至少早出現十世紀。不能確定誰是開創的祖師。這個宗教倡導多神教（polytheism），印度教的主神是三相神（Trimurti）即三位一體：創造神（Brahma）、保護神（Vishnu）和毀滅之神（Shiva）。婆羅門教以梵文經為主，如：吠陀（Vedas）、奧義書（Upanishads）、薄伽梵歌（Bhagavad Gita），後來多神的吠陀思想變成只有一神。奧義書的哲學思考極有深度，奧義書的基本內容是認為人類和所有眾生都是自體不生、不滅、常寂、無住。這就是小我（Atman 一個不滅的靈魂）和大我（Brahman-梵天或大我，是宇宙的絕對本體）。他們主張「小我和大我統一體」。人如果想解脫就一定要修行，讓自己的本性融入宇宙的本體，也就是認為小我與大我融成一體，就可以達到一種無邊永恆存在的狀態。

悉達多太子作為當時印度的一位王子，生活在一個富足安逸的環境，精通婆羅門的經文。那麼悉達多太子為什麼會產生佛陀的思想，怎麼會已經精通吠陀經典又可以創立佛教，創立一個新的不包含印度的任何主流宗教的理念以及婆羅門教的主導思想的宗派，即便如此不僅沒有被印度社會所排斥，而且還得到了人民的同情和支持。筆者認為這就是無我的思想產生的一個自然的結果，通過佛陀的修煉過程和實踐驗證，通過了悟「緣起」，用大徹大悟的智慧，佛看破了萬物的本質。用佛教的無我精神引發了信心，在印度社會點燃了新的火種，消除階級、種族分化的想法，打消了特權人的氣焰，鼓勵那些貧困人的精神，如果這種無我的想法可以廣為流傳，筆者相信世界上不會再有戰爭，不會再有階級分化，天下大同，人會愛人，世界上沒有人會欺負人、踐踏人，我們的世界能得到真正的和平與幸福安樂。這就是佛教原始思想出現的原因和目的，也可以稱之為佛教原始思想的依據、論據。

總之對於「業報」、「解脫」，雖然佛教與其他的宗教解釋的不同，但這個概念早在奧義書就已說明了，而「眾生平等」思想也出現在耆那教中……但唯有的佛教才提出新穎的「緣起」、「無我」，這才真正是佛教的思想精華。說遠一點，在印度出現、發展和達到最高成就的佛教，同時也在印度消失，為什麼？這很令人驚訝和疑惑。是什麼原因導致的？有很多不同的意見，有人認為是因為僧團的梵行道德墮落，還有像 Swami Vivekananda 所說的是在印度本國，佛教必死無疑，因為佛和弟子拋棄了上帝。那麼為什麼耆那教也不承認最高的上帝，不接受吠陀經典，還仍然存在？……筆者個人認為佛教在印度的消失不是一個自然的過程，不否定也有「內在」的原因，但重要的是「外在」的因素。是婆羅門為了維護自己的統治地位而有計劃地打壓佛教，使佛教在自己生於斯成於斯的故鄉絕跡。因為佛教的出現否定了當時社會的階級分別，強調人與人之間的平等，否定有一位萬能創世的上帝，強調「此生則彼生，此滅故彼滅」。而婆羅門徒則用一切方法來保護階級統治。在對待這個問題上，佛教不像耆那教，佛教不肯妥協，這一切帶來的矛盾是不可避免的。因此，婆羅門一方面反對佛教活動，另一面則用佛教的優點補充和完善自己的經典系統。婆羅門幾千年奠定下來的勢力，加上一些佛教內在（也有婆羅門加入僧團的）的問題，使佛教的「變相」和「壞滅」成為不可避免的結局。這也再一次肯定了佛教思想的價值，如果佛教思想沒有超出婆羅門，威脅到婆羅門的統治地位，就不會被那麼強烈地反對。在相應部中也提到佛教徒一直受到各種刁難。

（三）佛教僧團對印度社會的影響

有「人」必有「生出人」的因；有「時間」必有「生出時間」的因；有「宇宙」必有「生出宇宙」的因……因此產生了創世、萬能的上帝（Brahman）；或宇宙大爆炸、創世大爆炸（Big Bang）；多重宇宙論（multiverse theory）；研究超串理論（Superstrings theory）；超弦理論 M-Theory……所有這些思想理論都是用來理解「因」，有「因」的思想成果，也有它的作用，但作用是很有限度的，必定不可「站穩」，因為問題又出現了：生出上帝的是什麼因？生出宇宙的是什麼因？如果上帝本身不需要什麼「因」合成，那麼上帝是「一元」還是「多元」……重重疊疊無邊無限的「原因的原因」，這就是佛說的「戲論」。

在佛教中也出現一些疑問，即有「思」（心或識等），就有生起「思」的因，從此產生了心王、心所、無明……，這肯定不是佛說的，因為這種理論不穩定，比如「生出無明是什麼因」？等等。在相應部中佛說「只說苦和滅苦」，當然有苦（dukkhā）和「苦因」的存在，如有「苦因」，「苦」就生起；沒有「苦因」，「苦」必然也滅，這就是緣起的思想精華：「此生則彼生，此滅則彼滅」。總之，只有佛教的「緣起無我」思想，才能為當代人的各種疑惑提供合理的解答。重點是「緣起無我」除了富有說服力的理論，還給社會貢獻了什麼呢？

1. 平等階級

基於階級社會的吠陀哲學系統，除了用來保護統治階級的權利和為其服務之外，真的沒有什麼意義，只是一種無理和空虛的語言。佛陀是古代印度社會的一位先鋒革命思想家，佛宣布：「人」都是由人生出來的「人」，因此人與人之間，不是生下就成為高貴的婆羅門或是貧賤的下級，高貴和貧賤是由道德行為決定的。因為人不是物質，所以不能通過外表或者出生的環境來決定人的價值，「人品」才是最重要的。佛教僧團的歷史證明，佛收留的門徒，不分別階級，王家、貴族、次貧……所有的人都平等為徒，就像一切的江水流到海都是海水。

2. 性別、地位的平等思想

雖然歷史不能確定女界被解放和性別平等形成於何時，但在古代印度宗教史上顯然都沒有提到允許女性出家的，直到佛教出現，才接受女性出家和建立尼團，古代印度社會性別平等的基礎才真正形成。佛教出現時，不僅強調女性與男性的平等，而且也恢復了女人在家庭中的地位，提高她們的精神生活和解脫的領域。可以說性別平等的革命思想，其中最重要的價值是幫助女性贏得了應有的權利，使她們在任何情況下，特別是在結婚後，可以決定自己在家庭中的地位。階級分別、鄙視女性，在古代印度，不是一個簡單的問題，那佛是用什麼方法來解決這一問題的？在相應部經中，佛教導女性如何讓他人珍重，如何使自己在娘家不害怕，如何發揮自己的內力，男人該如何對待老婆……。因此佛教中的四眾有聖僧，有聖尼，有聖女居士，有聖男居士，他們在社會中與在解脫方面都是平等的。

3. 平衡社會

雖然物質能給人類提供生活資料，但物質不能解決人生的精神困惑。現實證明，不僅是文明的強國、經濟科學發展的社會，全世界都在面臨很多問題，比如道德好像變得遙遠了，老人面臨孤獨，年輕人面臨學習、工作、生活的壓力而有自殺傾向，世界面臨嚴重的氣候變化，空氣污染……，那問題出現在哪裏呢？就是一個「思」字。看起來很簡單，但「思」不僅是個人的問題，它也會影響整個社會，比如當一個政策或政治制度改變，整個社會就跟著改變。其實「思」的目的不過是尋求幸福，但它因此就造了一個「自我——self」，由此人的思又創造一個抽象的世界，貪嗔癡也跟著生起，世界也就跟著變動。其實欲望、幸福、痛苦等等，沒有什麼秘密，它只是「有我的思維」，所以對於人生所有的問題，所有的恐懼，只要不以自己為中心，放下有我的思維，不信仰任何宗教，依據八正道的方法修行，並在生活中應用，必定能解決問題，擺脫恐懼。思平則世界平，思安則世界安。這就再一次證明佛教不是宗教，只是一條通往安樂的道路，是一個幸福的生活方式，是一個向善的教育。

4. 切實、和平的生活

真實有貪就有苦，但是我們能擺脫貪嗎？人類能放棄貪望嗎？佛陀的智慧是清華思想的當時，但如果照搬一樣的以前，不一定能完全符合現在的時代。為什麼呢？可以看共同生活共同吃飯的那時，沒有我的財產，這樣不能推動社會發展，所以說呢人的本能有貪才有動力，有目的才能忘吃，不睡，學習，研究……為了自我，為了榮譽，有了真正的精神和物質的競爭，英國和歐洲就有了爆發革命的科學和技術，因此引導人類進步如現在的社會。歷史也證明，經歷了兩次世第一和第二界大戰，因為戰爭，讓科學背景的國家戰爭中，提出了一種神奇的科學進步。如果按佛教的精神來說世間是無常、苦、無我，不要貪，那不是社會豈不是就永遠生活在鐵器時代，因為沒有發展的動力嗎？歐洲哲學家批評，不直接推動社會發展物質與科學的佛教。聽得很有道理，那怎麼樣理解佛教呢？首先按實際來說，佛教提出一個生活方式是幫人們從減少到完全脫離的痛苦的路徑，所以佛教給人類貢獻是屬於道德、哲理、社會科學，不包含自然科學的領域。就是這點所以很長的時間，社會管理家還是根據佛教的能力來發揮作用，他們也不會讓佛教超越是一個很好、人文的生活方式的範圍。而佛教自己也脫不離這個本身固有的軌道。

這樣說那佛教是沒有科學，沒能給予社會發展能力了嗎？其實有很多問題不能只看一方面然後確定。「生住異滅」這進程是真理的，不能有一個永遠只生存而不會毀滅的世界，不能有一個永遠旺盛不衰落，或永遠衰落不旺盛的時代，生住異滅，滅後再生住異滅……這不停的一個循環。那人們怎麼理解，是什麼力量推動這循環的運行？上帝嗎？還是水呢？空氣呢？火呢？都不是。筆者可以單舉一個問題就是臭氧層（ozon）現在有了一個洞，如果不處理好，不停止所以對它的傷害，那肯定有一天社會會面對毀滅的。這不是人造成了嗎？佛教專門的語言叫做「業」，而「業力」由每個人自己的行為「因」造成的「果」，就是它推動運行的世界的能力。其實世界沒有什麼是偶然的，必然或自然的，是「因、緣、果」，所以想避「果」首先要改「因」，先從個人來改的。

佛教的解脫境界不是遙遠的，就現在、這裡平安的平凡生活，一個遙遠的涅槃它不過只是一個「畫餅」，在紙上畫的餅，永遠不能知道它是什麼味道。所以珍惜眼前的每一秒鐘，減少個人貪望，自私自利，擴大學習的範圍，提高知識，用安定的智慧看出人類局面共同的生活，這樣才能正真知道該怎麼做才是貢獻給社會和人類的幫助而不是越來越糟糕的現在。這樣同時也是給與自己感受到現在的安樂涅槃。所以離貪是涅槃的真理，離貪不代表是沒奮鬥的人生目標，菩薩行是為了眾生，而不是為己所以不為了欲愛想享受而爭鬥，不為了有愛所以不逃避恐懼生命長短，不為了無有愛所以不需要拼命去找遠遠不知的未來而看不到輝煌的陽光，充滿的幸福在現在的生活。原始佛教已經貢獻給人類、社會一種切實平易、和平的現在生活。

（四）現世的涅槃

婆羅門傳統信仰的「小我」（Atman）是人本身的永恆核心，而佛教的重點是「無我」（Anātman），認為世界上沒有一個常恒不變獨立存在的個體。婆羅門和佛教分別把「梵」（Brahman）和涅槃（Nirvana）作為最高的解脫境界。

「小我與梵合成一體」是婆羅門的解脫。而證得涅槃的佛教，不是與宇宙融合，因為涅槃不是宇宙的起源，涅槃簡單地說就是永久地結束苦的狀態。根據緣起的理論，任何事物的產生，都需要依賴其他的事物，而這一事物又是其他事物產生和存在的條件，事物都是互為因緣的，比如一輛車是由很多不是車的東西（車輪、車門、輪輻……）構成，而車輪、車門又是由很多因素構成，等等，因此永遠找不到因的起源，因為因的始起，在客觀實際中不可現有。總之，涅槃不是斷滅論（Annihilationalist interpretation of Nibbaana），也不是超越論（Transcendental interpretation of Nibbaana），所有引起不善的根源，比如貪愛、嗔恨、無明被斷除就是涅槃，但不要誤解涅槃等於斷滅苦的因，涅槃不是「因」也不是「果」，沒有任何事物從涅槃生起，因為如果有事物從涅槃生起，涅槃就成為「因」（有為涅槃），沒有什麼可以造成涅槃，涅槃也不會造成什麼。雖然有一條路可以引到涅槃，但涅槃不是這條路的果，與沿著一條道路可以走到山頂，而山頂不是道路的結果相似。又比如以手指著月亮而看見月亮，但月亮不是手指的結果，執取手指不僅失去了看到真正的月亮的機會，而且又被誤解手指是月亮，也就是忘記了自己活著的目和意義。所以佛叫我們唯一要做的，不是「戲論」，而是要正確地理解「涅槃」，也就是在現在的生活中，通過實行道德（戒），內觀思（定），用無分別心的無我（慧）活在當下，忘我而入世，幫助他人，利益社會，體驗現世的「現法樂住」的涅槃狀態，亦即《六祖大師法寶壇經》所說的「佛法在世間，不離世間覺，離世覓菩提，恰如求兔角。」

第六章　相應部經目錄——記號十種標誌價值與意義

這章出現的目的是說明筆者篩除不符合原始佛教思想的論證依據和解釋下一章的附錄，為什麼筆者用十個標準記號來評價的理由。

一、純粹原始——標準記號：∞

（一）沒有符咒、鬼神、魔魅、玄秘超凡的事：釋迦牟尼佛是一位歷史人，佛陀主張是了知人類平凡生活的主要問題即知苦與離苦。佛的教理「切實現在」、「得到智人讚歎」，普通人也能明白，也能實現。歷史證明，佛陀不肯吃「唱偈食」——即來自唱誦符咒的飯。歷史也證明，佛陀是反駁婆羅門教「符咒、鬼神」的魔魅風範而設立殊別解脫道路的。佛陀的教理還有兩個特徵是「人人可行」和「立即有效」。

1. 釋迦牟尼佛一位歷史人，佛陀主張了知人類平凡生活是重要問題即知苦與離苦：

➢ 3.1.b.4.IV〔註 1〕Anuràdha 阿菟羅度。相當漢譯《雜阿含經》卷五（大正藏二・三二 c）（S.iii, 116）

——「[0171a07] 二二

[0171a07]『善哉、善哉！阿菟羅度！阿菟羅度！以前及現在，我乃施設苦與苦之滅。』」〔註 2〕

〔註 1〕《相應部經》，第三 犍度篇，第一章 蘊相應，第二份，第四 長老品，第四經 Anuràdha。

〔註 2〕CBETA 2016，元亨寺版《漢譯南傳大藏經》，南傳相應部目。http://jcedu.org/fxzd/ah/xyb/mulu.htm

經文內容是：具壽（尊者）Anuràdha 不知道佛陀涅槃後是有還沒有，前進問問世尊。佛陀為了他分別義理，最後說兩個重要句話：「1. 阿冤羅度！汝於是處，於現法不得真實之如來……。2. 阿冤羅度！以前及現在，我乃施設苦與苦之滅。」

➢ 4.10.II. Anuràdha（S.iv380）〔註 3〕，這首經完全相同於 3.1.b.iv.iv. Anuràdha，所以應該屬於「編輯錯誤」與「經文重複」的。

2. 佛陀的教理是「切實現在」，「人人可行」、「立即有效」、「得到智人讚歎」。這些特性，是佛陀宣布的，在經典裏中經常看到。整套相應部很多次提到，所以這裡只列出幾首經。

➢ 1.11.1.III. Dhajaggam：旗尖（S.i, 218）〔註 4〕，相當漢譯《雜阿含經》卷三五・一二（大正藏二・二五五 a）

——「[0375a06] 一三

[0375a06] 若不憶念我者，則以憶念法，法乃由世尊之所善說者。有現在果報、不隔時，當得雲來見者，導引於涅槃者，是有識之士之各自所當知。」〔註 5〕

➢ 2.1.5.I. 五畏罪（之一）（S.ii, 68）〔註 6〕

[0082a13] 一二

[0082a13] 對法抱不壞之信——「法乃由世尊善說者，即：[其法] 乃有現果報，有不時報，所謂來見者，為導引之所在者，此乃由各各識者所不可不知之 [法]。」〔註 7〕

→ 這兩首經，內容是相同的。

➢ 4.1.b.ii.（70）.VIII. Upavàna 優波婆那（S.iv, 41）〔註 8〕

〔註 3〕《相應部經》，第四 因緣篇，第十章 無記說相應，第二經 Anuràdha。

〔註 4〕《相應部經》，第一 有偈篇，第十一章 帝釋相應，第一品，第三經 Dhajaggam：旗尖。

〔註 5〕CBETA 2016，元亨寺版《漢譯南傳大藏經》。&南傳相應部目錄。http://jcedu.org/fxzd/ah/xyb/mulu.htm

〔註 6〕《相應部經》，第二 因緣篇，第一章 因緣相應，第五 家主品，第一經五畏罪（之一）。

〔註 7〕CBETA 2016，元亨寺版《漢譯南傳大藏經》。&南傳相應部目錄。http://jcedu.org/fxzd/ah/xyb/mulu.htm

〔註 8〕《相應部經》，第四 六處篇，第一章 六處相應，第二份，第二鹿網品，第八經 Upavàna 優波婆那

——「[0054a04] 三

[0054a04] 坐於一面之尊者優波婆那，白世尊言：『大德！現生之法，所稱現生之法，大德！如何稱此現生之法，為即時者，來見〔可示導於涅槃，〕智者一一可自知法耶？』

[0054a06] 四

[0054a06] 優波婆那！此處有比丘以眼見色，感知色，且對色感知之染心，對色有染心，而覺知：『我對色有染心。』優波婆那！若比丘以眼見色，感知色，且對色感知有染心，彼對色有染心，而覺知：『我對色有染心。』如是，優波婆那！現生之法為即時者，來見〔可示導於涅槃，〕智者應一一自知者。」〔註 9〕

→ 教法已宣布「切實現在、來見、智者讚歎」……是如何呢？就是「如果有貪嗔癡，就知道自己的心有的貪嗔癡，了知了貪嗔癡就不會跟著它們去造業，那就是解脫煩惱，簡單說知道、了知是「因」，覺悟就是「果」，這是教法的解說特性。

➢ 4.8.XI. Bhadra〔註 10〕驢姓，相當 Bhagandha-Hat-Thaha（S.iv, 327）

——「[0025a14] 三

[0025a14] 坐於一面之婆托羅加伽聚落主，白世尊言：『大德！願世尊為余說示苦之生起與滅沒。』

[0026a02]『聚落主！余若為汝說：「過去世如是如是。」若對過去世說示苦之生起與滅沒者，汝於此即有疑念、困惑。聚落主！余若為汝說：「未來世應如是如是。」若對未來世說示苦之生起與滅沒者，汝於此即有疑念、困惑。然則聚落主！余今坐於此處，坐於此，為汝說示苦之生起與滅沒，於此當諦聽，當善思惟，余即為說。』……

[0027a01] 六

[0027a10] 大德！殊妙哉！大德！希有哉！大德！世尊以此善巧說示，謂：『凡苦之生，皆以欲為根本、以欲為因緣而生，此欲是苦之本。』」〔註 11〕

〔註 9〕CBETA 2016，元亨寺版《漢譯南傳大藏經》。南傳相應部目錄。
http://jcedu.org/fxzd/ah/xyb/mulu.htm

〔註 10〕《相應部經》，第三 犍度篇，第一章 蘊相應，第二份，第四 長老品，第四經 Anuràdha。

〔註 11〕CBETA 2016，元亨寺版《漢譯南傳大藏經》和南傳相應部目錄。
http://jcedu.org/fxzd/ah/xyb/mulu.htm

經文內容是不說謊說妙，不說過去未來，直說現在苦的原因，和滅苦的方法。這是佛陀「切實現在」的性格、的解說。

3. 佛陀不肯吃「唱偈食」

不肯吃「唱偈食」就是一種表達反對唱誦符咒的行為。因為唱誦符咒、祈求神靈來幫解苦，是婆羅門教當時的迷信特徵（現在也是這樣的）。在經典裏中，經常看到的，這裡只舉出幾段經文與「唱偈食」有關的。

➢ 1.7.1.VIII. Aggika 拜火，相當「雜阿含經」卷四二・一七（大正藏二・三〇九 c）〔註 12〕，（S.i, 166）

——「[0279a14] 七

我唱此偈者　非為得食者
婆羅門於此　知見者非法
諸佛之唱偈　以斥其代價
婆羅門法住　是為生活道
漏盡悔行靜　完全大聖者
依事奉飲食　是為功德田」〔註 13〕

➢ 1.7.2.I. 耕田〔註 14〕與 1.7.1.VIII. Aggika 拜火，是被重複的，兩首是屬於偈頌類似。

（二）關於生死輪迴、前世後世、玄秘超凡的事等等，佛不討論。歷史證明，婆羅門教是神教，在恒河西北岸，主張世間的一切是幻化不實，人類四階級是隨著供養神靈的薄厚而搞得輪迴做人的地位不同。佛陀出生，在於印度文明的奧義書時代，那時，恒河東岸、恒河南岸的各種本地民族紛紛形成沙門教團，反抗雅利安遺居民族的婆羅門教的輪迴說。有的不信輪迴說，有的主張別的輪迴說——人類出生的地位，不屬於供養神靈薄厚，而在於他自己的行為善惡。佛陀起於恒河東岸，他的教理跟「數論派」、「唯物派」非常接近的，這兩派對於輪迴說都不信。佛陀教理裏邊還有「無我說」，就是絕對否認婆羅門教的「神我說」，而「神我說」就是「創世說」創立四性——

〔註 12〕《相應部經》，第一 有偈篇，第七章 婆羅門相應，第一 阿羅漢品，第八經 Aggika 拜火。

〔註 13〕CBETA 2016，元亨寺版《漢譯南傳大藏經》和漢越詞典摘引。http://www.vietnamtudien.org/hanviet/

〔註 14〕《相應部經》，第一 有偈篇，第七章 婆羅門相應，第二 優婆塞品，第一經 耕田。

四階級——輪迴的起源。原始佛陀，主張「我無論」，所以沒有承認人生輪迴、前世後世、玄秘超凡的事情。後來的佛教人，有的不信輪迴說，有的運用輪迴說來做方便度化眾生，有的信仰輪迴說，依著它努力發達，那是另一種回事。

1. 沒有生死輪迴、前世後世、玄秘超凡的事

（1）沒有生死輪迴

➢ 3.1.b.1.I.〔註 15〕封滯，相當漢譯《雜阿含經》卷二（大正藏二・九 a）（S.iii, 53）

——「［0079a01］三

［0079a01］諸比丘！封滯者不解脫，不封滯者，則解脫。

［0079a02］四

［0079a02］諸比丘！於色封滯而住於識者，以色為所緣，止住於色，近倚喜而住，令生長增廣。……乃至……以行為所緣，止住於行，近倚喜而住，令生長增廣。

［0079a04］五

［0079a04］諸比丘！如說『我離於色，離於受，離於想，離於行，而施設於識之來往、死生、長益、廣大』者，無有是處。

［0079a06］六～一〇

［0079a06］諸比丘！比丘若於色界斷貪者，以斷貪故有分斷，無有識之所緣、依止。諸比丘！比丘若於受界，……於想界……於行界……於識界斷貪者，以斷貪故有分斷，無有識之所緣、依止。

［0079a09］一一

［0079a09］識無依止、無增長、無現行而解脫。以解脫故住，以住故知足，知足故無恐怖，無恐怖而自般涅槃。知：生已盡、梵行已立、所作已辦、不受後有。」〔註 16〕

經文內容是不封滯（離貪）於色（或者）、受、想、行（四識住），識就沒有依止、無增長、無現行而解脫。沒有離開四識住二單獨運行的識。所以

〔註 15〕《相應部經》，第三　犍度篇，第一章　蘊相應，第二份，第一　封滯品，第一經　封滯。

〔註 16〕CBETA 2016，元亨寺版《漢譯南傳大藏經》。&南傳相應部目錄。http://jcedu.org/fxzd/ah/xyb/mulu.htm

根本沒有什麼叫做「識去輪迴」。**離貪色，得解脫，這是解脫現在、現世的煩惱而已。**

➢ 3.1.b.1.II.〔註 17〕種子和 3.1.b.1.I. 封滯，兩首經的內容是相似。

（2）沒有前世後世

➢ 3.1.b.iv.iii-Yamaka 焰摩迦〔註 18〕

——「[0162a14] 三四

[0162a14] 友焰摩迦！此處於現法、真實、如應如來為無所得。汝能記說而言：『我如解世尊所說之法者，漏盡比丘身壞、命終是斷滅無有』耶？」〔註 19〕

→ 內容說明，雖然佛陀的本身是在活著，但沒有見到有一位佛陀在世界上的生活，那麼什麼可能說，在佛陀的肉身被死去的時候，哪能說佛陀有還沒有？這就是當體即空，過去已沒有，現在當然沒有，未來就不必說了。

➢ 3.1.b.iv.iv-Anur①dha 阿㝹羅度〔註 20〕與 3.1.b.iv.iii. Yamaka 兩首經的內容是相似的。

（3）沒有玄秘超凡的事

➢ 5.12.i.（8.）VIII. 思〔註 21〕（Cintà）（S.v, 418）

——「[0307a08] ※二

[0307a08] 諸比丘！勿思惟惡不善之思，謂：『世間為常，世間為無常，世間為有邊，世間為無邊，命即身，命與身為異，如來死後為有，如來死後為無，如來死後亦有亦無，如來死後非有亦非無。』何以故耶？」〔註 22〕

佛陀是一位人文、實用的哲家，佛不喜歡對實際沒有利益的談玄說妙。如果推想玄秘超凡的事，不如推想「四聖諦」，因為推想四聖諦，讓你脫離苦難。

〔註 17〕《相應部經》，第三 犍度篇，第一章 蘊相應，第二份，第一 封滯品，第二經 種子。

〔註 18〕《相應部經》，第三 犍度篇，第一章 蘊相應，第二份，第四 長老品，第三經 焰摩迦。

〔註 19〕CBETA 2016，元亨寺版《漢譯南傳大藏經》。和南傳相應部目錄。 http://jcedu.org/fxzd/ah/xyb/mulu.htm

〔註 20〕《相應部經》，第三 犍度篇，第一章 蘊相應，第二份，第四 長老品，第四經 阿㝹羅度。

〔註 21〕《相應部經》，第五 大篇，第十二章 諦相應，第一 定品，第八經 思。

〔註 22〕CBETA 2016，元亨寺版《漢譯南傳大藏經》。和南傳相應部目錄。 http://jcedu.org/fxzd/ah/xyb/mulu.htm

（三）沒有「戲論」

原始佛陀是一個「切實現在」的哲家，佛不喜歡「戲論」，佛主張，智者之中在見面時候，「一是法談，二是聖默」。歷史證明，佛陀說法，是對話短文，簡而明，後來的部派佛教，為了解釋佛教原始經，才漫長的分別說話，編輯成為「囉嗦」的經本。

佛陀是一位人文、實用的哲家，對於實際沒有利益的談玄說妙，佛不討論。身或心都不應該有「戲論」，這是不符合真理的標準，對善法的增長也沒有任何利益的言論〔註 23〕。所以在經文，原始經典中，文辭曲折、簡易、坦白、易懂易行。防除「戲論」，短文短語很多，這裡單舉一例：

➢ 4.1.d.iv.〔註 24〕（207.）XI. 麥把（S.iv, 201）

——「[0260a04] 一一

[0260a04] 諸比丘！『我有』者，此為戲論。『此是我』者，此為戲論。『我』者，此為戲論。……諸比丘！戲論為病，戲論為瘡，戲論為箭。然則諸比丘！『我等以不戲論心而住』，汝等當如是學習。」〔註 25〕

（四）沒有奢求生活的樂（喜樂、快樂、富裕）

因為奢求是貪欲，貪欲是苦的正因，克服貪、欲是涅槃。原始佛教的精粹是面對「知苦與離苦」，而不是後來佛教的「離苦得樂」的主張。原始的佛陀沒有「找樂」，沒有「避苦」，而是「面對苦」然後找出苦的原因，從此轉化脫離苦。那麼如何脫離生活中的苦呢？是找樂壓著苦是嗎？不是。打一個比方，難過時出去玩或者喝酒解愁，玩膩了，喝醒，苦能沒有嗎？不會的。其實有樂必有苦，相似一個故事，很漂亮和很醜的兩個姐妹，想要漂亮的姐姐必要接受很醜的妹妹，兩個範疇的苦與樂也是，它們離不開的。所以佛教的涅槃，是平安，是安穩，是清淨的內心，而不是「樂」的。對於原始佛教，苦的原因是「愛——貪執」，愛即是貪、愛即是執——貪欲和執我。離貪欲、離我執即離愛、無我，所以沒有尋找富裕、快樂、安樂、長生、永生、輪迴永存、涅槃永存，這是婆羅門教的實有境界。很有意思的一個故事，媽媽聽孩子

〔註 23〕國語詞典 https://www.moedict.tw/戲論。

〔註 24〕《相應部經》，第四 因緣篇，第一章 因緣相應，第四份，第四 毒蛇品，第十一經 麥把。

〔註 25〕CBETA 2016，元亨寺版《漢譯南傳大藏經》。&南傳相應部目錄。http://jcedu.org/fxzd/ah/xyb/mulu.htm

一邊喊一邊哭，是因為他用手被夾住在一個糖壺裏，媽媽說「你放下你手裏握住的糖，你自然可以拉出來那你的手」，但小孩不想放下塘，因為他想要吃糖。很簡單的道理「放下就解脫」，自然離了苦。

➢ 4.8.XI. Bhadra〔註 26〕驢姓，Bhagandha-Hat-Thaha，S.iv,327

——「[0025a14] 三

[0025a14] 坐於一面之婆托羅加伽聚落主，白世尊言：『大德！願世尊為余說示苦之生起與滅沒。』

[0026a02]『聚落主！余若為汝說：「過去世如是如是。」若對過去世說示苦之生起與滅沒者，汝於此即有疑念、困惑。聚落主！余若為汝說：「未來世應如是如是。」若對未來世說示苦之生起與滅沒者，汝於此即有疑念、困惑。然則聚落主！余今坐於此處，坐於此，為汝說示苦之生起與滅沒，於此當諦聽，當善思惟，余即為說。』

[0027a01] 六

[0027a10] 大德！殊妙哉！大德！希有哉！大德！世尊以此善巧說示，謂：凡苦之生，皆以欲為根本、以欲為因緣而生，此欲是苦之本。」〔註 27〕

經文的內容是說明有一位村長讚歎佛陀，真的是「在他愛、貪欲的人被苦難的時候，他就被痛苦。就是因為他有愛、貪欲於那些人。」

➢ 3.1.a.i.ii-Devadaha〔註 28〕天現（S.iii, 5）

——「[0008a13] 一〇

[0008a13] 友等！有往處處之異國，問比丘者，〔謂〕刹帝利……乃至……友等！諸賢人好觀察，問具壽等之師說何教何耶？友等！若如是問者，應如是說，應如是說：『友等！〔謂〕我等之師，以教調伏欲貪。』

[0009a02] 一一

[0009a02] ……『友等！〔謂〕師於色教令調伏欲貪，於受教令……於想……於行……於識教令調伏欲貪。』

[0009a06] 一二

[0009a06] ……『友等！〔謂〕若於色不離貪、不離欲、不離愛、不離渴、

〔註 26〕《相應部經》，第四 六處篇，第八章 聚落主相應，第十一經 驢姓。

〔註 27〕CBETA 2016，元亨寺版《漢譯南傳大藏經》。&南傳相應部目錄。
http://jcedu.org/fxzd/ah/xyb/mulu.htm

〔註 28〕《相應部經》，第三 犍度篇，第一章 蘊相應，第一份，第一 那拘羅父品，第二經 Devadaha 天現。

不離熱煩、不離渴愛者，彼色之變易、變異，而生愁、悲、苦、憂、惱。若於受……於想……於行不離貪……不離渴愛者，彼行之變易、變異，而生愁、悲、苦、憂、惱。若於識不離貪、不離欲、不離愛、不離渴、不離熱煩、不離渴愛者，彼識之變易、變異，生愁、悲、苦、憂、惱。友等！我等之師見如是過患故，於色教令調伏欲貪……於受……於想……於行……於識教令調伏欲貪。』

［0010a01］……友等！〔謂〕若於色離貪、離欲、離愛、離渴、離熱煩、離渴愛者，彼色之變易、變異、而不生愁、悲、苦、憂、惱。若於受……於想……於行離貪、離欲、離愛、離渴、離熱煩、離渴愛者，彼行之變易、變異，而不生愁、悲、苦、憂、惱。若於識離貪、離欲、離愛、離渴、離熱煩、離渴愛者，彼識之變易、變異，而不生愁、悲、苦、憂、惱。友等！我等之師見如是福利故，於色以教調伏欲貪。……於受以教……於想……於行……於識以教調伏欲貪。」〔註 29〕

佛陀教導人們對於五蘊調伏欲貪，因為調伏就離苦，不調伏就得苦。為什麼？因為五蘊無常、苦、無我。

（五）原始經典，是含義歷史性的短文

有些哲理，但「切實現在、即時有效」，和於當時知識，「普通人可懂可行、得到智人讚歎」。

➢ 1.3.1.III. 王〔註 30〕（S.i, 71）

——「［0131a09］二

［0131a09］坐於一面之拘薩羅國波斯匿王白世尊曰：『世尊！於有生者中，有能免老死者否？』

［0131a11］三

［0131a11］大王！任何生物亦不能免老死。

［0131a12］四

［0131a12］大王！雖有大財富。有大富、有大受用、甚多金銀、甚多資材、甚多財穀之家主，因有生故，亦不能免老死。

［0131a14］五

［0131a14］大王！雖有大財之婆羅門，有大財富，有大富、有大受用、

〔註 29〕CBETA 2016，元亨寺版《漢譯南傳大藏經》。&南傳相應部目錄。http://jcedu.org/fxzd/ah/xyb/mulu.htm

〔註 30〕《相應部經》，第一 有偈篇，第三章 拘薩羅相應，第一品，第三經 王。

甚多金銀，甚多資材、甚多財穀之家主，因有生故，亦不能免老死。

［0132a02］六

［0132a02］大王！漏盡之應供者，行盡梵行，所作已辦，已捨重擔，達自利，盡有縛，依正智而解脫之比丘之身體，亦是破壞之法，應捨之法。」〔註 31〕

→ 哪位出生，哪位必死，凡人已是，聖人也是，沒人能避免。

二、原始帶有方便——記號 ÷

明明是屬於原始經典，意味是符合上面所說的五個標準，但在經本教理內容，已被加入了符咒、鬼神、魔魅、生死輪迴、前世後世、玄秘超凡、追求享受快樂……的形式。筆者認為，後人加進了一點方便是為了兩個理由：1. 也許是為了順便接近而容易化度對象，所以開了這種方便。2. 或者是為了提高宗教信仰，強加玄妙方面，讓佛教經典升高了價值。

（一）為了度人

➢ 1.11.2.I. 諸天〔註 32〕（禁戒足）（一）（S.i, 228）

——「［0389a05］二

［0389a05］諸比丘！天帝釋為人時，以完滿執持七禁戒足。依此執持之天帝釋乃得天帝釋之地位。

［0389a07］三

［0389a07］何為七禁戒足耶？

［0389a08］四

［0389a08］應終生孝養父母。應終生尊敬家之長老。應終生語柔和。應終生不誹謗。應生心離慳貪之垢而住家。有意寬、仁而常布施、喜施捨、從乞求者、樂施分配。應終生語真實。應終生無忿恨，若忿起則速制伏。」〔註 33〕

→ 內容說明，如果修行七個善業，就成為帝釋。這是否已用了方便法門引導人們積極行善。有或者沒有天堂，這個問題不討論，因為每個人體驗不一樣，信仰也不一樣，有或沒有，真實到現在沒人能證明。但筆者想說的是「行善」是為了自己的慈悲心幫助別人，不為了任何目的，不為了報答，單純

〔註 31〕CBETA 2016，元亨寺版《漢譯南傳大藏經》。&南傳相應部目錄。http://jcedu.org/fxzd/ah/xyb/mulu.htm

〔註 32〕《相應部經》，第一 有偈篇，第十一章 帝釋相應，第二品，第一經 諸天（禁戒足）（一）。

〔註 33〕CBETA 2016，元亨寺版《漢譯南傳大藏經》。

幫助只是班助，這才是真正的原始佛教。但人的本能是「貪」，而貪有很多種，所以行善也是，有人是為了名利，有人是為了福報……，所以行七善，捨離五蘊身後，再生成為帝釋是一種方便法門的意義。

（二）為了提高宗教信仰，強加玄妙方面，讓佛教經典升高了價值

➢ 5.12.2.（11.）I. 如來所說（一）（S.v, 420）〔註 34〕（轉法輪經）

——「[0314a05] 一六

[0314a05] 世尊轉如是法輪時，地居之諸天發聲言曰：

[0314a06]『世尊如是於波羅捺國仙人墮處鹿野苑，轉無上之法輪，沙門、婆羅門、天、魔、梵或世間之任何者，皆不能覆。』

[0314a08] 一七

[0314a08] 聞得地居諸天之聲之四大天王諸天，發聲言曰：

[0314a09]『世尊如是於波羅捺國仙人墮處鹿野苑，轉無上之法輪，沙門、婆羅門、天、魔、梵、或世間之任何者，皆不能覆。』

[0314a11] 一八

[0314a11] 聞得四大天王諸天聲之忉利諸天……焰摩諸天……兜率諸天……化樂諸天……他化自在諸天……梵身諸天發聲言曰：

[0314a13]『世尊如是於波羅捺國仙人墮處鹿野苑，轉無上之法輪，沙門、婆羅門、天、魔、梵、或世間任何者，皆不能覆。』

[0315a01] 一九

[0315a01] 如是於其剎那，其頃刻，其須臾之間，乃至止於梵世之聲已達。又，此十千世界湧震動，示現於無量廣大光明之世間，超越諸天之天威力。」〔註 35〕

→ 內容是諸天、諸神、魔、鬼……一切都是讚歎佛說的法。

三、帶有可疑問題——標號？

雖然符合上面所說原始思想的五個標準，但在經本教理內容，或者經文的行文方法，讓筆者有點懷疑。

〔註 34〕《相應部經》，第五　大篇，第十二章　諦相應，第二　轉法輪品，第一經　如來所說（一）。

〔註 35〕CBETA 2016，元亨寺版《漢譯南傳大藏經》，南傳相應部目錄。http://jcedu.org/fxzd/ah/xyb/mulu.htm

（一）對於原始經典內涵，有存疑

➢ 5.1.1.（7.）VII ∞！！÷？ 一比丘（二）（S.iv, 8）〔註 36〕

——「[0125a07] 三

[0125a07] 坐於一面之彼比丘，白世尊曰：

[0125a08]『大德！言貪欲之調伏、嗔恚之調伏、愚癡之調伏者，大德！貪欲之調伏、嗔恚之調伏、愚癡之調伏者，是何者之增上語耶？』

[0125a10]『比丘！貪欲之調伏、嗔恚之調伏、愚癡之調伏者，乃涅槃界之增上語。以此說諸漏之滅盡。』

[0125a12] 四

[0125a12] 如是談已。彼比丘白世尊曰：

[0125a13]『大德！言不死，不死者、大德！云何為不死耶？云何為達不死之道耶？』

[0125a14] 比丘！比丘！**貪欲之滅盡，嗔恚之滅盡，愚癡之滅盡者，此名之為不死。此即八支聖道，謂：正見、〔正思惟、正語、正業、正命、正精進、正念、〕正定是。**」〔註 37〕

→ 貪欲、嗔恚、愚癡之調伏，是涅槃界，叫做諸漏之滅盡。這是原始的，所以標「∞」號。本經很值得留意的，所以標「！！」號。但是，貪欲、嗔恚、愚癡之調伏，叫做不死。八正道，叫做「**達不死之道**」，這點是可疑的問題。佛陀如果把涅槃叫做不死，那麼佛陀就運用方便了。因為，一旦了悟了「無我」，那哪裏有生或死，而叫做「不死」。所以標「÷？」號，因為存在懷疑它是方便。

（二）筆者自己判斷，又覺得不太相信自己是否正確

對於經典內涵，有存疑，然而提出一些判斷、一些認定，但筆者個人又覺得不太自信是否正確。或者經文內容存在一些懷疑、可以的問題，因此都用標「？」號。

➢ 5.1.7.（164.）IV. ！！！？ 有（I-IV）（S.v, 56）〔註 38〕

〔註 36〕《相應部經》，第五 大篇，第一章 道相應，第一 無明品，第七經 一比丘（二）。

〔註 37〕CBETA 2016，元亨寺版《漢譯南傳大藏經》。和南傳相應部目錄。
http://jcedu.org/fxzd/ah/xyb/mulu.htm

〔註 38〕《相應部經》，第五 大篇，第一章 道相應，第七 尋覓品，第四經 有（一～四）。

——「[0205a05] 二～三三

[0205a05] 諸比丘！有三種有。以何為三耶？欲有、色有、無色有是。諸比丘！以此為三種有。

[0205a07] 諸比丘！為證知……徧知……徧盡……斷此三種有……乃至……應修習此八支聖道。」〔註 39〕

→ 欲有、色有、無色有，這三種有，標與「！！！」號，是對的。因為欲界是塵間、色界是天界、無色界是禪證的境界，當然是佛教後起，屬於部派佛教的。這是現在各位學者共同確認。但是筆者本身存疑，不知道「三界：三有」是否佛在世時，已經存在在其他宗教的教理裏而流行了呢，所以後來部派佛教就把它採納，放進佛教教理中，因此標了「？」號。

四、經文重複——記號 ↔^ 和 ↔

有一些經本的內涵和文句，重複一部分——：記號 ↔^。或完全被重複：——記號 ↔

➢！！！. 4.10.II. Anuràdha（S.iv380）是完全被重複 3.1.b.iv.iv. ∞！Anuràdha（S.iii, 116）。——「善哉、善哉！阿菟羅度！阿菟羅度！以前及現在，我乃施設苦與苦之滅。」是屬於原始的，但有帶上歷史性質（！），但是因為 4.10.II. Anuràdha 也有地址在 Anuràdha（S.iv380），是編輯有錯誤的，兩首經完全相同，所以標「！！！」號：

➢ 5.1.1.ii〔註 40〕（∞）半（Upaddham）／阿難（Ananda）（S.iv380）

↔^.5.1.1.iii-〔註 41〕（∞）（完全）／舍利弗（S.v, 3）

→ 這兩首經文都說到善知識對於修行人的好作用。上一首經，阿難跟佛陀說：——「有善知識、善朋友，此是梵行之半。」佛不同意，佛說，應該是完全。下一經，舍利弗跟佛陀說：——「有善知識、善朋友，此悉皆為梵行。」佛同意。所以，兩經內容是相似的、接近的，標「↔^」號。

五、內容相關——記號 ≈

各個相應的形式方面，已存在很大的重疊，比如八正道、七覺支……都有

〔註 39〕CBETA 2016，元亨寺版《漢譯南傳大藏經》。

〔註 40〕《相應部經》，第五 大篇，第一章 道相應，第一 無明品，第二經 半（阿難）。

〔註 41〕《相應部經》，第五 大篇，第一章 道相應，第一 無明品，第三經（完全）舍利弗。

同樣經文，它們的價值，為什麼要實行，應用實行了會引到哪裏（涅槃），在哪一個組哪個支最重要的……。因此，有一些經文，在哪一個相應它都會出現（當然是一些基本的相應經文）。可以認出五蘊發展成「第三集 犍度篇」、六處發展成「六處篇」、八正道發展成「大篇」……。

總之相關這裡列出三點：

（一）不同事件、不同環境、不同人物，而共有一個目的。比如有幾首經，同樣提及一個問題，所以這樣的不屬於重複，而是屬於相關的內容。

➢ 5.1.1.（5）v〔註 42〕（∞）何義（S.v, 6）

≈ .4.1.c.5.（151）vii〔註 43〕（∞）何功德（S.iv, 138）

→ 這兩首經文都說到一個問題是：「跟隨佛陀修習梵行，為了什麼？」兩首經都同答：是「為了了知苦難」。第一首經是屬於「八正道相應」，是因為說明解苦之路就是「八正道」。下一首經是屬於「六處相應」，是因為說明苦是「六處」。因此不可以說它們是「經文被重複」，因為它們屬於兩個同的相應，所以只能說「模仿編輯」。

（二）從這首經開始，造成另一首經出現，或從這首經的思想，引起了知另一首經的意義，或者結合兩首經的意義，找到一個關鍵的問題。

➢ 3.1.c.v.（152）iv〔註 44〕無我所（S.iii, 183）

≈ 3.1.b.3.（81）ix〔註 45〕波陀聚落 Pàrileyya（S.iii, 94）

→ 這兩首經文都說到「斷見」，但是「無我所」把它叫「邪見」，而不給與解釋，但讀過了「波陀聚落」經文才知道「邪見」就是「斷見」。

➢ 4.1.c.1.（107）.iv〔註 46〕世間（S.iv, 87）

≈ 4.1.a.3.（23）.i〔註 47〕一切（S.iv, 15）

〔註 42〕《相應部經》，第五 大篇，第一章 道相應，第一 無明品，第五經 何義。

〔註 43〕《相應部經》，第四 因緣篇，第一章 因緣相應，第三份，第五【業】新舊品，第七經 何功德。

〔註 44〕《相應部經》，第三 犍度篇，第一章 蘊相應，第三份，第五 見品，第四經 無我所。

〔註 45〕《相應部經》，第三 犍度篇，第一章 蘊相應，第二份，第三 所食品，第九經 波陀聚落。

〔註 46〕《相應部經》，第四 因緣篇，第一章 因緣相應，第三份，第一安穩者品，第三經 世間。

〔註 47〕《相應部經》，第四 因緣篇，第一章 因緣相應，第一份，第三 一切品，第一經 一切。

≈4.1.b.2.（68）.vi〔註 48〕三彌離提 Samiddhi（4）一切（S.iv, 39）

≈4.1.b.4.（84）.i〔註 49〕敗壞（Paloka）（S.iv, 53）

≈4.1.b.4.（85）.ii 空（S.iv, 54）

→ 這五首經文都提到「六處」，問題是：

√「世間」兩個字，本來是提及世間生起和世間斷滅，闡明一旦六根接觸六塵，發起感受，愛戀、然而執取感受，引起生老病死憂悲苦腦，這就成為了世間生起的意義。反而，根塵接觸，棄捨貪愛、執取，世間因此就滅。

√ 但讀過上面的經文，不太懂意思，只是讀到「一切」經文。內容提出佛說，世間的一切，一切組成什麼叫做世間的，就是「六根六塵」即六處，而除了六處，世間沒有什麼的了，所以了知了「世間」的意義。

√ 補充「一切」，就是「三彌離提」曰：「世間出現，是為了六根接觸六塵，發生認識，所以世間全都是被認識通過六處。」

√ 繼續讀「敗壞」和「空」兩首經跟明確「世間（通過六處認識）都是敗壞的、空的。沒有什麼可愛、可靠的」。

→ 因此筆者就把這五首經標與「≈」號。

（三）經文的思想有的互相相反、抵抗，有的是相補。

只標注一些重要和切要的：

➢ 2.1.6.I. 思量（S.ii, 80）〔註 50〕

≈.3.1.b.1.I. 封滯（S.iii, 53）〔註 51〕

這兩首經，內容完全相反的意義：

√「思量」屬於編輯後的經典，加上方便的，因為有的主張「有一個叫識去輪迴」的。內容已提到「心識隨著無明和行，促動再生」。

——「［0099a07］一二

［0099a07］諸比丘！陷於無明之人，若自為福行者，則其識趣於福；若自為非福行者，則其識趣於非福；若自為不動行者，則其識趣於不動。」

〔註 48〕《相應部經》，第四　因緣篇，第一章　因緣相應，第二份，第二　鹿網品，第六經　三彌離提。

〔註 49〕《相應部經》，第四　因緣篇，第一章　因緣相應，第二份，第四　闡陀品，第一經　敗壞。

〔註 50〕《相應部經》，第二　因緣篇，第一章　因緣相應，第六　樹品，第一經　思量。

〔註 51〕《相應部經》，第三　犍度篇，第一章　蘊相應，第二份，第一　封滯品，第一經　封滯。

√「封滯」屬於原始經典，主張「**五蘊無我、沒有輪迴**」，經曰：「沒有一個脫離色、受、想、行而單獨運行的識」。

——「［0079a04］五

［0079a04］諸比丘！如說『我離於色，離於受，離於想，離於行，而施設於識之來往、死生、長益、廣大』者，無有是處。」

➢ 4.1.c.1.（107）.iv〔註 52〕世間（S.iv, 87）

≈ 4.1.a.3.（23）.i〔註 53〕一切（S.iv, 15）

≈ 4.1.b.2.（68）.vi〔註 54〕三彌離提 Samiddhi（4）（S.iv, 39）

≈ 4.1.b.4.（84）.i〔註 55〕敗壞（Paloka）（S.iv, 53）

≈ 4.1.b.4.（85）.ii〔註 56〕空（S.iv, 54）

→ 這五首經文可以說是相補的，上面已解釋理由。

六、帶有歷史性質——記號！

（一）屬於原始標準，加上經文內容還具有歷史性質所以該值得留意。例如：

1. 佛陀允許僧團中可以「自了——自己結了自己生命」，如果這位僧或尼病得不可治療、不可忍受。

2. 佛陀教導時，有一些僧尼誤解，引致想「自了」傾向，佛陀叫他們過來，再次開示。

3. 關於提婆達多破僧團和合的事，有些經文供給了別的內容，也許真實不是那樣的。

4. 關於富樓那往西方森林區域教化，沒有那麼美滿成功如傳說。就在《相應部經》中有的兩首經文記載這件事，但都不像傳說的那樣。

〔註 52〕《相應部經》，第四 因緣篇，第一章 因緣相應，第三份，第一 安穩者品，第三經 世間。

〔註 53〕《相應部經》，第四 因緣篇，第一章 因緣相應，第一份，第三 一切品，第一經 一切。

〔註 54〕《相應部經》，第四 因緣篇，第一章 因緣相應，第二份，第二 鹿網品，第六經 三彌離提。

〔註 55〕《相應部經》，第四 因緣篇，第一章 因緣相應，第二份，第四 闡陀品，第一經 敗壞。

〔註 56〕《相應部經》，第四 因緣篇，第一章 因緣相應，第二份，第四 闡陀品，第二經 空。

➢ 4.1.b.iv.（87.）iv　∞！！！　闡陀 Channa〔註 57〕（S, iv, 55）

≈3.1.b.iv.（87）v　÷！！！　跋迦梨 Vakk①li：〔註 58〕（S, iii, 119）

≈ 1.4.3.III.　！，÷　瞿低迦 Godhika〔註 59〕（S.i, 120）

→ 三首經文都提到佛陀允許弟子們「自了」，如果病太重，太痛苦，不能治療了。「闡陀」這首經中，闡陀自了，佛陀說沒有罪。「跋迦梨」經中，佛陀去看病跋迦梨，看了，知道他忍不住了，回來後，遣比丘來告訴他，佛陀默認他「自了」。「瞿低迦」經中，有一位比丘修行多次失敗，想要自了，不知道內情是如何，應該這首經是屬於後人編輯的，但是這裡佛陀讚歎他「不貪執、能捨棄」。

➢ 5.10.1.（9.）IX　！∞　毗舍離 Vesàli（S.v, 320）〔註 60〕

佛陀教導比丘們「不淨觀」，他們就實行觀不淨，然而覺得自己的身體多麼醜惡，所以想遠離它，引起「自了」，死了大概三十個人左右。佛知道這事，就把他們叫過來，再次教導，換另一個修法即「入出息念」。

（二）不屬於原始，屬於後人編輯，但有值得留意的價值，例如：

1. 經文內容關於「我空法有」的思想，是部派佛教，屬於說一切有部的思想系統。

2. 經文內容關於「萬法皆空」，是屬於大乘性空的思想系統。

3. 經文內容關於某些部派佛教，發展「因緣」教理，躲避「無我」教理，是為了恐怕給予普通人帶來模糊與恐懼。

➢ 3.1.b.iv.VIII.　∞！！！　闡陀 Channa（S.iii, 132）〔註 61〕

→ 闡陀也相信「無我說」但不能修行，為什麼是沒有我？誰在想呢？……立即去問阿難尊者。阿難說，不要固執有、無，隨著因緣，不能確定彼有此無。在這個因緣過程中，愛取就苦，離愛離取就離苦。這首經顯明是後起的，因為闡陀那麼久跟著佛陀，哪裏不懂得世尊心得的「我無論」。

〔註 57〕《相應部經》，第四　因緣篇，第一章　因緣相應，第二份，第四　闡陀品，第四 Channa 闡陀。

〔註 58〕《相應部經》，第三　犍度篇，第一章　蘊相應，第二份，第四　長老品，第五經　跋迦梨。

〔註 59〕《相應部經》，第一　有偈篇，第四章　惡魔相應，第三品，第三經　瞿低迦。

〔註 60〕《相應部經》，第五　大篇，第十章入出息相應，第一品，第九經　毗舍離。

〔註 61〕《相應部經》，第三　犍度篇，第一章　蘊相應，第二份，第四　長老品，第八經　闡陀。

七、有值得留意的思想——記號！！

經文內容與「歷史性質」類似，只不過是不很明顯屬於歷史的。這個標準，偏於思想的特徵：教理該有什麼可留意，教理的分判……

➢ 1.1.1.I. 渡瀑流〔註62〕（S.I.1）

→ 有一位天子問佛，您怎麼度過瀑流？佛說，不離不追五欲，所以解脫，度過瀑流（苦難）。內容的意義很原始，但是使用的文辭、背景……，明明相一首詩歌一樣。所以應該是屬於方便佛教，屬於詩歌，屬於藝術。但是因此判定他是方便，也不太所當。雖然方便但含義隱藏藏了佛教思想精華，在《相應部經》中也沒有幾首。可是摘引原始佛教思想的時候，可以把它介紹介紹。

八、後人編輯、多餘編輯、編輯錯誤、外道破壞——記號！！！

排在這類經文數量是最多的。「後人編輯」會帶有批判的語氣，也許是後代的人，不懂佛意，或者被影響其他的思想，或者為了度人方便，所以輕便摻入囉嗦或多餘的文句。有的經文，可以準確的指出它是被外道摻入破壞，因為作為一位佛們弟子不會那麼愚蠢，破壞了佛陀和諸位聖弟子們的形象。

（一）後人編輯

➢ 3.1.a.i.ii Devadaha 天現（S.iii, 5）〔註63〕

Devadaha 是一個很經典的原始思想，整個經文內容是一個故事，弟子們請求向西方山林區域傳教，佛給他們囑咐教導：1. 跟佛學習，是為了調伏欲貪，欲貪導致苦，調伏貪愛是引到涅槃的路。可是最後本經，從 14 號到 17 號，後者摻入馬馬虎虎的四個短文，提及行善生善趣，行惡生惡趣……。這種是適應平民信仰的需要，原始佛教沒有，是後人繼續編入本經中，問題是可樣的造作，把很好的經文混淆了它。

（二）編輯囉嗦、多餘，編輯錯誤

➢ 3.1.b.v.iv〔註64〕 ∞！！！ 牛糞（S.iii, 143）≈ 3.1.b.v.v〔註65〕

〔註62〕《相應部經》，第一 有偈篇，第一章 諸天相應，第一 葦品，第一經 瀑流。

〔註63〕《相應部經》，第三 犍度篇，第一章 蘊相應，第一份，第一 那拘羅父品，第二經 Devadaha 天現。

〔註64〕《相應部經》，第三 犍度篇，第一章 蘊相應，第二份，第五 華品，第四經 牛糞。

〔註65〕《相應部經》，第三 犍度篇，第一章 蘊相應，第二份，第五 華品，第五經 指尖。

∞！　指尖（S.iii, 147）

→ 這兩份經文，行文不同但意義完全相同。上一首經比例「牛糞」，下一首經比例「指尖」。幸運在「指尖」這首經完全被保存，而「牛糞」這首經被破壞，看不懂內容想說什麼，因為它被加進很長、很多段落，都說到什麼是平凡文化……可以說是婆羅門文化的。因此這就是在編輯的過程中，發生錯誤、囉嗦，多餘，因為已受到環境的影響，不能把它修正。

（三）外道破壞

➢ 5.12.v.（41）I　∞！！！　思維〔註 66〕（S.v, 446）↔ .5.12.i.viii-思 Cinta（S, v, 418）

→「思維」這首經是原始經典被外道破壞的，因為它的內容本來完全相同於「思 Cinta」這首經，如果完全相同就可以說是「經文重複」了但在本來內容有 5、6 個數目，破壞者加進 5 個數目（2 到 6），剔除經本的第二數目的內容。原本，經文內容是「別忘思維，應該思維四聖諦，因為它引致離苦、證得涅槃」，但因為被摻入了 5 個數目，所以成為了「肯定有帝釋與阿修羅打仗的事情，不可不信」，因此把經文內容變成亂七八糟的理論。

九、沒有標記的經文

內容沒什麼值得提及，或者沒有什麼特別的意義。

➢ 1.1.1.v. 幾何斷〔註 67〕

→ 有一位天子問佛，要離去多少，要實現多少，要越過多少，才叫「度過瀑流」？佛說，離去五，實現五，越過五。但是，不知道，五是什麼意思？很莫名其妙的，讀遍了整個《相應部經》，至今還不知道三個「五」的答案。

十、評價經文的——記號 0 差；00 很差；000 極差

➢ 1.11.1.X.（0）海邊聖者（參婆羅 Sambara）（S.i, 227）〔註 68〕

→ 帝釋與阿修羅激戰，海邊隱居聖者請求阿修羅「乞無畏之施」，但反而阿修羅給「以求乞無畏。我只與恐畏」。他們就詛咒阿修羅王，阿修羅王

〔註 66〕《相應部經》，第五　大篇，第十二章　諦相應，第五　深嶮品，第一經　思維。

〔註 67〕《相應部經》，第一　有偈篇，第一章　諸天相應，第一　葦品，第五經　幾何斷。

〔註 68〕《相應部經》，第一有偈篇，第十一章　帝釋相應，第一品，第十經　海邊聖者（參婆羅 Sambara）。

感到不安。這首經雖然也算是一種因果報應，但一位聖人會對眾生這樣詛咒嗎？這不僅僅不符合佛教慈悲關懷的精神，而且顯明「以牙還牙」，太俗了。

➢ 1.11.1.I（00）須毘羅 Suvìra（S.i, 216）〔註 69〕

→ 修羅攻擊諸天時，天帝釋命令須毘羅天子帶兵迎討阿修羅，須毘羅奉答帝釋但因為須毘羅放逸而不奉行，反而喜歡享受。筆者標與（00），是因為經文太囉嗦，偈頌漫長，比（0）更差。

➢ 5.7.iii.（22.）II（000）鐵丸（S.v, 282）〔註 70〕

→ 阿難尊者問佛，用心或用身是否能飛到梵天世界？佛回答「可以」。整個經文是否用來描寫佛可以飛到梵天的理由？筆者標與「000」，是因為站在佛的立場，反駁婆羅門的魔鬼、符咒，而佛圓寂大概一二百年後，佛的弟子們已豎起「神通廣大」的佛陀形象，當時的修行者不把「知苦離苦」的經文稱為最高目標，反而喜歡神通、妙惑……。如果佛知道這件事情，應該會感到悲傷，以此標與「000」號。

注：在每一「品或章」之頭筆者會標記，比如「∞」原始記號，意味著是全品（章）評價的概括。比如，在整個品雖然有一些方便經文或者編輯有誤，但是看起來那些問題不太的影響，讓整個品失去了原始思想的價值，所以標記「∞」號。

該表述的是，筆者這樣的評價，是依據一些特殊優異的境況，不可太細節的境況。類似同用「恒河」或「屋頂」來比喻，雖然只是圍繞這恒河或屋頂，但有很多問題可說，有時佛用來比喻「八正道」，有時佛用來比喻「七覺支」……，在這些場合，雖然它們有相關內容，但不可能全部把它們標記出來，太枝節，太繁瑣，而且不在本書評價的範圍。

〔註 69〕《相應部經》，第一 有偈篇，第十一章 帝釋相應，第一品，第一經（Suvira）。
〔註 70〕《相應部經》，第五 大篇，第七章 神足相應，第三 鐵丸品，第二經 鐵丸。

參考文獻

一、經典著作類

1. 宋天竺三藏求那跋陀羅譯：《雜阿含經》，50 卷，Cbeta Online 版。
2.《別譯雜阿含經》，20 卷，失譯。
3. 求那跋陀羅漢譯，釋德勝越譯，釋慧士校注：《雜阿含經》，胡志明：越南佛學研究院出版，1992 年。
4. 漢譯南傳大藏經，元亨寺版。
5. 明珠法師越譯：《相應部經》，胡志明：越南佛學研究院出版，1986 年。

二、詞典類

1. 維基百科（原始佛教研究、初期佛教、根本佛教），電子版。
2. 佛光大辭典查詢，電子版。

三、書籍類

1.《雜阿含經》導讀，黃家樹，書網。
2. 印順法師著，釋潤盛越譯：《性空學探源》，書網。
3. 釋印順著：《雜阿含經論會編》，全三冊，北京：中華書局出版，2013 年。
4. 王建偉：《雜阿含經校釋》，華東師範大學出版社，2014 年。
5. O.O.Rozenberg 著，吳文營和阮雄厚越譯：《佛教哲學問題》，河內：佛學資料中心出版，1990 年。
6. W. Rahula 著，善明法師越譯：《原始佛教和大乘佛教》（Theravada-

Mahayana Buddhism），Gems of Buddhist Wisdom, Buddhist Missionary Society, Kuala Lumpur, Malaysia, 1996。

7. Will Durant 著，釋女志海越譯：《哲學的故事》（The Story of Philosophy），書網。
8. Will Durant 著，阮獻黎越譯，：《印度文明史》，胡志明：越南師範大學出版，1989 年。
9. Edward Conze 著，阮明進越譯：《佛教簡史》（A Short History of Buddhism），書網。
10. Edward Conze 著，阮有校越譯：《佛教的本質和發展》（Buddhism-Its Essence and Development），書網。
11. Nalinaksha Dutt 著，釋明珠越譯：《大乘佛教及其與小乘佛教的關係》（Aspects of Mahayana Buddhism and its Relation to Hinayana），胡志明：宗教出版社，1999 年。
12. Nalinaksha Dutt 著，釋原藏越譯：《印度的佛教派別》（Buddhist Sects In India），胡志明：宗教出版社，2015 年。
13. P.V. Bapat 著，釋原藏越譯：《2500 年的佛教》（2500 Years of Buddhism），書網。
14. Andrew Skilton 著，釋善明越譯：《世界佛教歷史的簡明》（A Concise History Of Buddhism），書網。
15. H.W.Schumann 著，陳芳蘭越譯：《佛陀的歷史》（The Historical Buddha），書網。
16. 尹正主編：《古代印度歷史哲學思想》，河內：國家政治出版社，1998 年。
17. 釋滿覺越譯：《印度哲學歷史》，胡志明：文化出版社，2007 年。
18. 釋清檢著：《印度佛教史》，胡志明：東方出版社，2009 年。
19. 釋圓智著：《印度佛教論》，東方出版社，2006 年。
20. 心明著：《巴利文學考究》，胡志明：胡志明市出版社，2011 年。
21. 陳芳蘭越譯：《佛陀歷史》，胡志明：越南佛學研究院印行，1997 年。
22.《印順法師佛學著作全集》，全二十三卷，北京：中華書局，2009 年 8 月。
23. 釋印順著：《原始佛教聖典之集成》，正聞出版社，1988 年。
24. Ukolay 著，玄州越譯：《相應部的介紹》，書網。

25. 行平法師著:《中阿含的核心》,書網。
26. Kimura Taiken 著,廣度法師越釋:《小乘佛教思想論》,書網。
27. Kimura Taiken 著,廣度法師越釋:《原始佛教思想論》,書網。
28. 赤沼智善 Chizen Akanuma, The Comparative Catalogue of Chinese Agamas and Pali Nikayas, 1990。

四、論文、網絡類

1. 陳兵著:《無我觀與自我意識的建立》」,2007 年第 12 期總第 280 期法音。
2. 董西彩著:《「自我」與「無我」》——心理學與佛學的自我觀比較之研究,四川大學道教與宗教文化研究所,2005 年 3 月 30 日。
3. 煒傑 ChoongMun-keat(Wei-keat),(博士)*The Fundamental Teachings of Early Buddhism. A comparative study based on the Sutranga portion of the PaliSarpyutta-Nikaya and the Chinese saṃyuktāgama.* 2000. https://ahandfulofleaves.files.wordpress.com/2011/11/the-fundamental-teachings-of-early-buddhism_choong-mun-keat.pdf
4. 郭良鋆,(博士)《佛陀和原始佛教思想》。
5. 明珠法師博士論文:《中阿含和中部的對比》 http://www.budsas.org/uni/u-sosanh-trung/sosanh00.htm
6. 劉鹿鳴,(碩士)基於《雜阿含經》的原始佛教思想簡論。 http://chan.bailinsi.net/2004/5/2004513.htm
7. 蕭燈堂碩士論文,2005《雜阿含經》無我論研究。臺中:東海大學哲學研究所。
8. 呂澂,雜阿含經刊定記 ftp://ttbc.no-ip.org/
9. 阿含經導讀 https://www.middlepath.ca/images/middle_path/classroom/pdf/ahjdd.pdf
10. 水野弘元:《部派佛教與雜阿含》,佛光電子大藏經阿含藏附錄。 ftp://ttbc.no-ip.org/
11. 明法比丘 2006.9《雜阿含經》與《相應部》對照表。 www.dhammarain.org.tw/canon/4agama-4pitaka/4/Sa-vs-Sn.doc
12. 水野弘元,部派佛教與雜阿含。 http://www.agamarama.com/cityzen/jiangtan/ahanlunwen/bupaiahan.htm

13. 相應部經目錄（SamyuttaNikāya）。
https://rongmotamhon.net/kinh-nam-truyen_dai-tang-tiengviet_none_tuongung.html
14. ftp://ttbc.no-ip.org/
15. https://www.middlepath.ca/
16. https://www.google.com.vn/（search 相應部經）
17. http://buddhaspace.org/臺大獅子吼佛學專站
18. https://zh.wikipedia.org/wiki/相應部
19. http://jingwen.buddh.cn/jing%20wen/xiang-yingbu/xiangying9.html
20. http://www.dhammarain.org.tw/canon/canon1.html
21. 《相應部》(Saṁyuttanikāyo）與《雜阿含經》
22. http://www.dhammarain.org.tw/canon/sutta/Sn-vs-Sa-dhammarain.htm
23. CBETA 2016 http://www.cbeta.org/cd/download.php
24. http://www.wikiwand.com/zh-cn/相應部
25. 《新相應部英譯》導論 菩提比丘（英語：Bhikkhu Bodhi）
26. http://tkwen.sutta.org/Intro_CDB.pdf
27. https://baike.baidu.com/item/相應部
28. http://jingwen.buddh.cn/mulu/xiangyingbu.html
29. http://www.mahabodhi.org/files/yinshun/36/yinshun36-00.html
30. http://www.budsas.org/uni/u-kinh-tuongungbo/tu-00.htm
31. http://agama.buddhason.org
32. https://zh.wikipedia.org/zh/雜阿含經
33. https://baike.baidu.com/item/雜阿含經
34. http://www.mahabodhi.org/files/yinshun/33/yinshun33-00.htm
35. http://tuvientuongvan.com.vn/phap-bao/tieu-thua-phat-giao-tu-tuong-luan-p1251.html
36. https://www.niemphat.vn/downloads/dai-tang-kinh/luan-nam-tong/nguyen-thuy-phat-giao-tu-tuong-luan-ht-quang-do-dich.pdf

附錄：《相應部》與《雜阿含經》對照目錄和標號〔註1〕

一、十個標記〔註2〕

是筆者用來表示對「相應部和雜阿含」的分類意義

1. 原始教理的標準是記號　∞
2. 原始教理但有攙和一點方便是記號　÷
3. 闕疑的經文是記號　？
   闕疑原始攙和方便記號　÷？
   闕疑編輯失誤記號　！！！？
4. 重疊的經文記號　↔
   重疊但不完全記號　↔^
5. 內容相當的經文記號　≈
6. 歷史痕跡的經文記號　！
7. 值得留意的經文記號　！！
8. 編輯有誤或編輯後　！！！
9. 沒有標號的經文是不可接受，因為太荒唐，太方便，太庸俗或者沒什麼該說的。
10. 褒貶用方便的經文記號 0（差）；00（更差）；000（太差）

〔註1〕http://www.dhammarain.org.tw/canon/sutta/Sn-vs-Sa-dhammarain.htm
（＊依據這版本 Dhammavassārāma 法雨道場 明法比丘 2006.9）

〔註2〕這種標號是筆者自己的提出。

二、注釋縮寫經文標記意義

1. iii.1.a.1. 1. Nakulapitā 那拘羅父：——第三篇，第一章，第一（a）根本五十經，第一品，第一經。

具體：Saṁyuttanikāyo（3）Khandha-vaggo 第三 犍度篇，第一章 22. Khandha-saṁyutta 蘊相應，a 第一根本五十經，第一品 Nakulapitu-vaggo 那拘羅父品，第一經 Nakulapitā 那拘羅父。

2. v.ii.i.i Himavantaṁ 雪山：——第五篇，第二章，第一品，第一經

具體：Saṁyuttanikāyo（5）Mahā-vaggo 第五大篇，第二章 46 Bojjhaṅgasaṁyutta 覺支相應，第一品 Pabbata-vaggo 山品，第一經 Himavantaṁ 雪山。

3. 在同一相應不再標注篇與相應

比如：v.ii.i.ii-Thân 身，Saṁyuttanikāyo（5）Mahā-vaggo 第五大篇，46. Bojjhaṅgasaṁyutta 覺支相應，1. Pabbata-vaggo 山品，2. Kāya 身。

但下一首經筆者會備註是：↔^ iii.iii -Ṭhānā 處（Ṭhāniya），意味是 Saṁyuttanikāyo（5）Mahā-vaggo 大篇，46. Bojjhaṅgasaṁyutta 覺支相應，Udāyi-vaggo 第三優陀夷品，第三首經 Ṭhānā 處（Ṭhāniya）。

4. 在同一品，不再標注品，指標經文排序數碼和經文名字，加上「上邊」或「下邊」。

5. 有時只有一首經，但它有兩個地址的位置，因為學者不同的配置，必然參考的不同文本，經文排序也不同。比如第五大篇，第一 道相應，第四 行品的異學廣說，日輪廣說，一法廣說，恒河廣說……，在斯里蘭卡的巴利版本，因為不把它們稱為「品」，所以看起來有點亂。後來，Bodhi Bhikkhu 就把這些附份成為「品」，因此第一道相應的品數被加升，雖然有改變數量，但好幸的是版本，排序數號是相同。在附錄最後一章，兩個筆者都備註，想讓讀者如果參考其他的版本，容易對照出。

6. 有時，整個相應，只有一品或者唯獨一首經有價值，因此在在前面這品或這首經標「0，1！！」號，意味是：「沒價值，一首經該留意」。

7. 羅馬數目和 Latin 數目可以通用。

第一集　有偈篇 Saṁyuttanikāyo（1）Sagāthā-vaggo 〔註 1〕《雜阿含經》及其他相關經典

一、Devatāsaṁyutta 諸天相應　÷！！！

（一）Naḷa-vaggo 蘆葦品　÷！！！

1. Ogha（如何）渡瀑流（Ogha-taraṇa）
《雜阿含 1267 經》，《別譯雜阿含 180 經》
2. Nimokkho（如何）解脫
《雜阿含 1268 經》，《別譯雜阿含 179 經》
3. Upaneyyam 引近了（死）（Upanīya）
↔.i.ii.ii. IX_（19）. Uttaro 憂多羅（天子：生導死壽短）（S.i, 54）
《雜阿含 1001 經》，《別譯雜阿含 138 經》，S.2.19.
4. Accenti 時光流逝
↔v.nt.//i.ii.iii.vi_（27）. Nando 難陀（天子：時光日夜移）
《別譯雜阿含 139 經》
5. Kati chinde 幾何斷
《雜阿含 1002、1312 經》，《別譯雜阿含 140、311 經》
6. Jāgaraṁ 醒（多少，眠多少）
《雜阿含 1003 經》，《別譯雜阿含 141 經》
7. Appaṭividitā 不了知（法，入異教）
《雜阿含 579 經》，《別譯雜阿含 164 經》
8. Susammuṭṭhā 迷（法，入異教）
《雜阿含 580 經》，《別譯雜阿含 165 經》
9. Mānakāma 慢.欲（無調御）
《雜阿含 996 經》，《別譯雜阿含 133 經》

〔註 1〕說明：1. 本表《相應部》以 P.T.S.版為藍本經》，《雜阿含經》採用大正藏經號。2. 比對出 CSCD（緬甸第六次結集 CD）與 P.T.S.版不同經》，則標在經名之後括號內經》，但經文過長則不標出。另外經》，若只有字尾不同（a、ā、e、ena、ṁ、o）經》，文字版不標出經》，電子文件則以顏色表示。～released by Dhammavassārāma 法雨道場　明法比丘 2006.9～

10. Araññe 住森林（一食，如何悅顏）

《雜阿含 995 經》,《別譯雜阿含 132 經》

（二）Nandana-vaggo 歡喜園品　÷！！！

11. Nandana（不見）歡喜園（不知他快樂）

《雜阿含 576 經》,《別譯雜阿含 161 經》,《增壹阿含 31.9 經》

12. Nandati（有子依子）喜

《雜阿含 1004 經》,《別譯雜阿含 142 經》，cf.《經集》Sn.33～34

13. Natthi puttasamaṁ（可愛）莫若子

《雜阿含 1006 經》,《別譯雜阿含 232 經》

14. Khattiya 剎帝力（兩足尊）

《雜阿含 1007 經》,《別譯雜阿含 233 經》

15. Saṇamāna 大林（響，令我恐怖）

↔.i.ix.xii_12. Majjhanhiko 中午（大林聲響生恐怖）

《雜阿含 1335 經》,《別譯雜阿含 355 經》，S.9.12.

16. Niddā-tandī 睡眠，懶惰（打呵欠）

《雜阿含 598 經》,《別譯雜阿含 175 經》

17. Dukkaraṁ 難為（難忍）

《雜阿含 600 經》,《別譯雜阿含 174 經》

18. Hirī 慚（制止、減少（惡））

《雜阿含 578 經》,《別譯雜阿含 163 經》

19. Kuṭikā 茅屋（有否）

《雜阿含 584 經》,《別譯雜阿含 168 經》

20. Samiddhi（具壽）三彌提（行乞不享樂）

↔^.i.iv.iii.i_（21）. Sambahulā 眾多（比丘不放逸& i.iv.iii.ii-（22）. Samiddhi（惡魔作大恐怖聲干擾具壽）三彌提

《雜阿含 1078 經》,《別譯雜阿含 17 經》

（三）Satti-vaggo 劍品　÷！！！

21. Sattiyā（如）矛（刺，如頭燃）

↔.i.ii.ii.vi_Sudatto（Vāsudatta）須達多（天子：如矛刺，頭燃）

《雜阿含 586 經》,《別譯雜阿含 170 經》，S.2.16.

22. Phusati 觸（犯無觸者）

《雜阿含 1275 經》，《別譯雜阿含 273 經》，Dhp.v.125.，Sn.v.662.

23. Jaṭā（內結與外）結

↔.i.vii.i.vi_（6）. Jaṭā 縈髻（誰當解此結？）

《雜阿含 599 經》，《別譯雜阿含 173 經》

24. Manonivāraṇā（從哪裏）制止心（，從那裡心不苦）

《雜阿含 1281 經》，《別譯雜阿含 279 經》

25. Arahaṁ 阿羅漢（依慣例說「我」）（Arahanta）

《雜阿含 581 經》，《別譯雜阿含 166 經》

26. Pajjoto（世有多少）光 ↔ i.ii.i.iv_Magadha

《雜阿含 1310 經》，《別譯雜阿含 309 經》，S.2.4.

27. Sarā 流（何處不流）

《雜阿含 601 經》，《別譯雜阿含 176 經》

28. Mahaddhana 大富（勿貪，欲，不滿）

《雜阿含 589 經》，《別譯雜阿含 183 經》

29. Catucakka 四輪（九門，不淨）

↔.i.ii.iii.viii_（28）. Nandivisālo 難提毘舍羅（天子：四輪，九門不淨）

《雜阿含 588 經》，《別譯雜阿含 172 經》，S.2.28

30. Eṇijaṅgha 羚羊（悠悠不因欲望分心）

《雜阿含 602 經》，《別譯雜阿含 177 經》

（四）Satullapakāyika-vaggo 沙睹羅巴天群品 ÷！！！

31. Sabbhi（唯與）好品德者（結交，相識）

↔.i.ii.iii.i_（21）. Sivo 濕婆（天子：唯與好品德者結交，相識）

《雜阿含 1287 經》，《別譯雜阿含 285 經》

32. Macchari 慳（放逸，不施）

《雜阿含 1288 經》，《別譯雜阿含 286 經》

33. Sādhu 善哉（布施）

34. Na santi（欲）不和平

《雜阿含 1286 經》，《別譯雜阿含 284 經》

35. Ujjhānasaññino 找喳（自己現這樣，實際是別樣）

《雜阿含 1277 經》，《別譯雜阿含 275 經》

36. Saddhā 信（為伴侶）

《雜阿含 1286 經》，《別譯雜阿含 284 經》

37. Samayo（林中大集）會

《雜阿含 1192 經》，《別譯雜阿含 105 經》，D.20. Mahāsamayasuttaṁ 大會經

38. Sakalikaṁ 岩石破片（世尊傷足）

！！，！！！≈.i.iv.ii.i-（11）. Pāsāṇo（惡魔碎大石）岩

《雜阿含 1289 經》，《別譯雜阿含 287 經》

39. Pajjunna-dhītā 雲天公主（謗聖法墮叫喚地獄）（1）　0

《雜阿含 1274 經》，《別譯雜阿含 272 經》

40. Pajjunna-dhītā 雲天公主（不作諸惡）（2）　÷！！！

《雜阿含 1273 經》，《別譯雜阿含 271 經》

（五）Āditta-vaggo 燃燒品　÷！！！

41. Ādittaṁ 正在燃（布施搬出）

42. Kiṁdada 施何物

《雜阿含 998 經》，《別譯雜阿含 135 經》

43. Annaṁ 食（為樂）

↔^.i.ii.iii.iii-（23）. Serī 世理（天子：天，人以食為樂）

《雜阿含 999 經》，《別譯雜阿含 136 經》，S.2.23.

44. Ekamūla 一根（是無明）

45. Anomiya 完人（見到深奧）

46. Accharā 天女（眾圍遶，如服侍毘捨脂眾）

《雜阿含 587 經》，《別譯雜阿含 171 經》

47. Vanaropa 造園林（造橋，掘井）

《雜阿含 997 經》，《別譯雜阿含 134 經》

48. Jetavana 祇園（與聖僧交往）

《雜阿含 593 經》，《別譯雜阿含 187 經》，S.2.20.，M.143 Anāthapiṇḍikovādasuttaṁ 教給孤獨經

49. Macchari 慳（生地獄等）

50. Ghaṭīkāro 陶師（：七比丘生無煩天）　↔.i.ii.iii.iv（同名）

《雜阿含 595 經》，《別譯雜阿含 189 經》，S.2.24.

（六）Jarā-vaggo 老品　÷！！！

51. Jarā 老（來善何物）

《雜阿含 1015 經》，《別譯雜阿含 242 經》

52. Ajarasā（何善）不老

《雜阿含 1291 經》，《別譯雜阿含 289 經》

53. Mittaṁ（何為旅人）友

《雜阿含 1000 經》，《別譯雜阿含 137 經》

54. Vatthu（何者人）宅地

《雜阿含 1005 經》，《別譯雜阿含 231 經》

55. Janaṁ（何物人）生因（1）

《雜阿含 1018 經》，《別譯雜阿含 245 經》

56. Janaṁ（何物人）生因（2）

《雜阿含 1016 經》，《別譯雜阿含 243 經》

57. Janaṁ（何物人）生因（3）

《雜阿含 1017 經》，《別譯雜阿含 244 經》

58. Uppatho（何者為）邪道

《雜阿含 1019 經》，《別譯雜阿含 246 經》

59. Dutiyo（何者老來）伴

《雜阿含 1014 經》，《別譯雜阿含 241 經》

60. Kavi 詩人（浸淫於偈頌）

《雜阿含 1021 經》，《別譯雜阿含 248 經》

（七）Addha-vaggo 勝品　÷！！！

61. Nāmaṁ 名（為勝一切）

《雜阿含 1020 經》，《別譯雜阿含 247 經》

62. Cittaṁ（依）心（導世間）

《雜阿含 1009 經》，《別譯雜阿含 236 經》，《中阿含 172 經》心經（前分），《佛說意經》（大 1.901 下）

63. Taṇhā 渴愛（導世間）

64. Saṁyojana（何物世間）結

《雜阿含 1010 經》，《別譯雜阿含 237 經》

65. Bandhana（何物世間）縛

66. Abbhāhata 使痛苦（Attahata（以何）殺自己）
67. Uḍḍita（以何物世間）繫
68. Pihito（以何物世間）禁閉
《雜阿含 1011 經》，《別譯雜阿含 238 經》
69. Icchā 欲望（捕捉世間）
70. Loka（以何物生）世間
《雜阿含 1008 經》，《別譯雜阿含 234～235 經》，S.1.74.

（八）Chetvā-vaggo **斷品** ÷！！！

71. Chetvā 殺（忿樂寢臥）
↔.i.ii.i.3-3. Māgho 摩佉（天子：殺何樂寢臥）（S.i, 47）
《雜阿含 1285 經》，《別譯雜阿含 283 經》，S.11.21.
72. Ratha（何物）車（標誌）
《雜阿含 1022 經》，《別譯雜阿含 249 經》
73. Vitta（信乃最勝）富（＝滿足）
《雜阿含 1013 經》，《別譯雜阿含 240 經》
74. Vuṭṭhi 雨（乃降最上）
《雜阿含 1008 經》，《別譯雜阿含 234～235 經》，S.1.70.
75. Bhītā（信，柔，辨，慷慨，不）恐怖
《雜阿含 596 經》，《別譯雜阿含 181 經》，S.2.17.
76. Na jīrati（何老何）不老
77. Issariyaṁ（自在為世間）主（＝統治者）
《雜阿含 1292 經》，《別譯雜阿含 290 經》
78. Kāma（何者不與）欲愛　　！，！！
79. Pātheyyaṁ（何者包）糧食
《雜阿含 1292 經》，《別譯雜阿含 290 經》
80. Pajjota（何者世間）光
81. Araṇa（此世誰）無諍

二、Devaputta-saṁyutta **天子相應** ÷！！！

（一）Paṭhama-vaggo 第一（迦葉）品 ÷！！！，0

1. Kassapo 迦葉（天子問比丘法）（1）

《雜阿含 1317～1318 經》，《別譯雜阿含 316～317 經》

2. Kassapo 迦葉（天子：比丘應禪思）（2）

《雜阿含 1317～1318 經》，《別譯雜阿含 316～317 經》，S.2.14.

3. Māgho 摩佉（天子：殺何樂寢臥）

↔.i.i.8.1-（71）. Chetvā 殺（忿樂寢臥）

《雜阿含 1309 經》，《別譯雜阿含 308 經》

4. Māgadho 摩揭陀（天子：世有幾多光）

i.i.3.6（26）. Pajjoto（世有多少）光

《雜阿含 1310 經》，《別譯雜阿含 309 經》，S.1.26.

5. Dāmali 陀摩利（天子：精進勿倦怠）

《雜阿含 1311 經》，《別譯雜阿含 310 經》

6. Kāmado 迦摩陀（天子）（難知足.難靜）

《雜阿含 1313 經》，《別譯雜阿含 312 經》

7. Pañcālacaṇḍo 般闍羅旃陀（天子：緊緬已空）

《雜阿含 1305 經》，《別譯雜阿含 304 經》

8. Tāyano 多耶那（天子：婆羅門斷流）

9. Candima 月天子（被羅睺捕，憶念世尊）　00

《雜阿含 583 經》，《別譯雜阿含 167 經》

10. Suriyo（Sūriya）日天子（被羅睺捕，憶念世尊）　00

（二）Anāthapiṇḍika-vaggo 給孤獨品　÷！！！

11. Candimaso 月自在（天子：善巧入禪定）

《雜阿含 1303 經》，《別譯雜阿含 302 經》

12. Veṇḍu 毘紐（天子：學不放逸）

13. Dīghalaṭṭhi 提伽羅低（天子：知世之生滅，心善不執著）

14. Nandano 難陀那（天子：何等持戒者）

《雜阿含 597 經》，《別譯雜阿含 182 經》

15. Candana 旃檀（天子：何人不深沉）

《雜阿含 1316 經》，《別譯雜阿含 315 經》

16. Sudatto（Vāsudatta）須達多（天子：如矛刺，頭燃）

i.i.iii.i-（21）. Sattiyā（如）矛（刺，如頭燃）

《雜阿含 586 經》，《別譯雜阿含 170 經》，S.1.21.

17. Subrahmā 須梵（天子：此心常怖畏）

《雜阿含 596 經》,《別譯雜阿含 181 經》, S.1.75.

18. Kakudho 覺陀（天子：汝不悲不喜？）

《雜阿含 585 經》,《別譯雜阿含 169 經》

19. Uttaro 憂多羅（天子：生導死壽短）

↔.i.i.i..3. Upaneyyam 引近了（死）(Upanīya)

《雜阿含 1001 經》,《別譯雜阿含 138 經》, S.1.3.

20. Anāthapiṇḍiko 給孤獨（天子：清淨不由姓與財）

《雜阿含 593 經》, S.1.48.,《別譯雜阿含 187 經》, M.143 Anāthapiṇḍikovādasuttaṁ 教給孤獨經（後分）,《增壹阿含 51.8 經》後分

（三）Nānātitthiya-vaggo **種種外道品** ÷！！！

21. Sivo 濕婆（天子：唯與好品德者結交，相識）

↔.i.i.iv.i..（31）. Sabbhi（唯與）好品德者（結交，相識）

《雜阿含 1302 經》,《別譯雜阿含 301 經》

22. Khemo 差摩（天子：愚人行為如自敵）

《雜阿含 1276 經》,《別譯雜阿含 274 經》

23. Serī 世理（天子：天.人以食為樂）

↔.i.i.v.iii.（43）. Annaṁ 食（為樂）

《雜阿含 999 經》,《別譯雜阿含 136 經》, S.1.43.

24. Ghaṭīkāro 陶師（天子：七比丘生無煩天） ↔.i.i.v.x-（同名）

《雜阿含 595 經》,《別譯雜阿含 189 經》, S.1.50.

25. Jantu 姜睹（天子：往昔比丘乞食無求心）

《雜阿含 1343 經》,《別譯雜阿含 363 經》, S.9.13.

26. Rohito (Rohitassa) 赤馬（天子：到世界邊） ！！！, 00

《雜阿含 1307 經》,《別譯雜阿含 306 經》, A.4.45.經》,《增壹阿含 43.1 經》

27. Nando 難陀（天子：時光日夜移）

↔^i.i.i.iv-（4）. Accenti 時光流逝

28. Nandivisālo 難提毘舍羅（天子：四輪，九門不淨）

↔.i.i.iii.ix-（29）. Catucakka 四輪（九門，不淨）

《雜阿含 588 經》,《別譯雜阿含 172 經》, S.1.29.

29. Susimo 須尸摩（天子，讚歎尊者舍利弗）　　！！！，00
《雜阿含 1306 經》，《別譯雜阿含 305 經》
30. Nānātitthiyā（Nānātitthiya-sāvaka）種種之外道師
《雜阿含 1308 經》，《別譯雜阿含 307 經》

三、Kosala-saṁyutta **拘薩羅相應**　！

（一）Paṭhama-vaggo 第一〔**拘薩羅**〕品　∞！

1. Daharo 幼少（四不可輕）　　！，！！！
《雜阿含 1226 經》，《別譯雜阿含 53 經》
2. Puriso 人（中幾何法苦惱）
↔.i.iii.iii.iii-（23）. Loko 世間（幾法生苦惱）
《雜阿含 1065 經》、《別譯雜阿含 4 經》、《如是語經》Iti.3.1.1.
3. Rājā（Jarāmaraṇa）王（有否能免老死）
∞！，↔^iii.ii-（22）. Ayyikā 太后（崩，眾生乃終當必死）
《雜阿含 1240 經》，《別譯雜阿含 67 經》，《增壹阿含 26.6 經》
4. Piya（行惡行非自）愛
∞！÷，↔^8. Mallikā 末利（夫人：無人比我更可愛）
《雜阿含 1228 經》，《別譯雜阿含 55 經》
5. Attarakkhita（行惡行非）自護　　∞！
《雜阿含 1229 經》，《別譯雜阿含 56 經》
6. Appakā 少數（巨富不迷醉，不溺，不耽欲）　　∞！
《雜阿含 1230 經》，《別譯雜阿含 58 經》
7. Aḍḍakaraṇa 裁斷（賢相將顯露）　　∞！，≈（上邊）
《雜阿含 1231 經》，《別譯雜阿含 57 經》
8. Mallikā 末利（夫人：無人比我更可愛）
∞！，↔^4. Piya（行惡行非自）愛
9. Yañña（拘薩羅國王）供犧　　！，！！！
《雜阿含 1234 經》，《別譯雜阿含 61 經》
10. Bandhana（拘薩羅王）繫縛（多人）　　∞！
《雜阿含 1235 經》，《別譯雜阿含 62 經》，《法句經》Dhp. 345～346.，J.201.

（二）Dutiya-vaggo 第二〔拘薩羅〕品　∞！

11. Jaṭilo（Sattajaṭila）結髮行者（是阿羅漢耶？）　∞！
《雜阿含 1148 經》，《別譯雜阿含 71 經》，《自說經》Ud.6.2.
12. Pañca-rājano 五王（波斯匿王問何欲第一）　∞！
《雜阿含 1149 經》，《別譯雜阿含 72 經》，《增壹阿含 33.1 經》
13. Doṇapāka 大食（一桶飯菜）（食知量，少苦，長壽）　∞！
《雜阿含 1150 經》，《別譯雜阿含 73 經》
14. Saṅgāme dve vuttāni（Saṅgāma）於戰之二語（1）　∞！
《雜阿含 1236 經》，《別譯雜阿含 63 經》
15. Saṅgāme dve vuttāni（Saṅgāma）於戰之二語（2）　∞！
《雜阿含 1237 經》，《別譯雜阿含 64 經》，cf.《雜阿含 726 經》
16. Dhītā 公主（Mallikā 末利夫人（生公主））　∞！
17. Appamāda 不放逸（得現在利，未來利）（1）　∞！
《雜阿含 1239 經》，《別譯雜阿含 66 經》，《中阿含 141 經》喻經》，大正 No.765《本事經》，S.45.141～148.
18. Appamāda（2）（Kalyāṇamitta 善友）不放逸（半梵行，全梵行）
∞！÷，≈.5.1.1.2-Upaḍḍhaṁ 半
《雜阿含 1238 經》，《別譯雜阿含 65 經》
19. Aputtaka（八百萬金巨富長者）無子（1）　∞！
《雜阿含 1232 經》，《別譯雜阿含 59 經》，《增壹阿含 23.4 經》
20. Aputtaka（八百萬金巨富長者）無子（2）
0，！！！，≈（上邊）
《雜阿含 1233 經》，《別譯雜阿含 60 經》，《增壹阿含 23.4 經》

（三）Tatiya-vaggo 第三〔拘薩羅〕品　∞！÷

21. Puggala 人（由闇入闇等）　∞！
《雜阿含 1146 經》，《別譯雜阿含 69 經》，《增壹阿含 26.5 經》，A.4.85
22. Ayyikā 太后（崩，眾生乃終當必死）
∞！，↔^i.iii-（3）. Rājā（Jarāmaraṇa）王（有否能免老死）
《雜阿含 1227 經》，《別譯雜阿含 54 經》，《增壹阿含 26.7 經》，大正 No.122《佛說波斯匿王太后崩塵土坌身經》
23. Loko 世間（幾法生苦惱）

↔.i.iii.i.2. Puriso 人（中幾何法苦惱）

24. Issattaṁ 箭術（勇士） ∞！

《雜阿含 1145 經》，《別譯雜阿含 68 經》

25. Pabbatūpamaṁ 山之比喻（老死壓王，唯法行，正行） ∞！÷

《雜阿含 1247 經》，《別譯雜阿含 70 經》

四、Māra-saṁyutta 惡魔相應 0，÷！，！！！

（一）Paṭhama-vaggo 第一（惡魔）品 ！，！！！，0

1. Tapo kammañ ca（脫離無益之）苦行 ！÷

《雜阿含 1094 經》

2. Nāgo（Hatthirājavaṇṇa）（波旬化作）大象王 ！，！！！

《雜阿含 1093 經》，《別譯雜阿含 32 經》

3. Subhaṁ（波旬化作淨不）淨（相） ！，！！！

《雜阿含 1093 經》，《別譯雜阿含 32 經》

4. Pāsa（Mārapāsa）係蹄（1） ！，！！！

《雜阿含 1096 經》

5. Pāsa（Mārapāsa）係蹄（2） ！，！！！

《雜阿含 1096 經》

6. Sappo（波旬化作大）蛇 00

《雜阿含 1089 經》，《別譯雜阿含 28 經》

7. Supati（惡魔：何故）睡眠 00

《雜阿含 1087 經》，《別譯雜阿含 26 經》

8. Nandanaṁ（Nandati）有子依子喜 ÷

9. Āyu（人）壽（實甚短）（1） ，≈.x（下邊）

《雜阿含 1084 經》，《別譯雜阿含 23 經》

10. Āyu（人）壽（實甚短）（2） ∞！÷

《雜阿含 1085 經》，《別譯雜阿含 24 經》

（二）Dutiya-vaggo 第二〔惡魔〕品 ！，！！！

11. Pāsāṇo（惡魔碎大石）岩

！！，≈.i.i.iv.viii_（38）. Sakalikaṁ 岩石破片（世尊傷足）

《雜阿含 1088 經》，《別譯雜阿含 27 經》

12. Sīho（Kinnusīha）（無畏）獅子（吼） 00
《雜阿含 1101 經》
13. Sakalikaṁ 岩石之破片（世尊傷足）
！！，≈.i.i.iv.viii_（38）. Sakalikaṁ 岩石破片（世尊傷足）
《雜阿含 1090 經》,《別譯雜阿含 29 經》
14. Patirūpaṁ（教他於汝）不適當 00
《雜阿含 1097 經》
15. Mānasaṁ 意（念馳騁轉，虛空設陷阱） ÷！
《雜阿含 1086 經》,《別譯雜阿含 25 經》
16. Pattaṁ（惡魔化作牡牛，近）缽 ÷
《雜阿含 1102 經》
17. Āyatana（Chaphassāyatana）（世尊說六觸）處 ！！，≈.ix（下邊）
《雜阿含 1103 經》
18. Piṇḍaṁ 團食（世尊乞食空缽還） ∞！÷
《雜阿含 1095 經》,《法句經》Dhp.v.200.
19. Kassakaṁ（惡魔化作）農夫 ！，！！！
20. Rajjaṁ（惡魔：世尊自為）統治 ！，！！！
《雜阿含 1098 經》

（三）Tatiya-vaggo 第三〔惡魔〕品　0，！！！，！

21. Sambahulā 眾多（比丘不放逸） ↔^.i.i.ii.x_Samiddhi
《雜阿含 1099 經》
22. Samiddhi（惡魔作大恐怖聲干擾具壽）三彌提 ↔^.i.i.ii.x_Samiddhi
《雜阿含 1100 經》
23. Godhika（具壽）瞿低迦（六次退轉時解脫） ！，÷
《雜阿含 1091 經》,《別譯雜阿含 30 經》
24. Sattavassāni（Sattavassānubandha）（惡魔跟蹤世尊）七年 00
《雜阿含 246 經》
25. Dhītaro（Māradhītu）（魔之）女兒 00
《雜阿含 1092 經》,《別譯雜阿含 31 經》,＊偈——《增支部》A.10.26.／V，46.

五、Bhikkhunī-saṁyutta 比丘尼相應 ÷！！！

1. Āḷavikā 阿羅毘迦（比丘尼：世間有出離）

《雜阿含 1198 經》，《別譯雜阿含 214 經》，《長老尼偈》Thig. 57～59

2. Somā 蘇摩（比丘尼：女形復何障）

《雜阿含 1199 經》，《別譯雜阿含 215 經》，《長老尼偈》Thig. 60～62

3. Gotamī（Kisāgotamī）瞿曇彌（比丘尼：喪子日已過）

《雜阿含 1200 經》，《別譯雜阿含 216 經》

4. Vijayā 毘闍耶（比丘尼：五樂非我須）

《雜阿含 1204 經》，《別譯雜阿含 220 經》，《長老尼偈》Thig. 139～140

5. Uppalavaṇṇā 蓮華色（比丘尼：我實不怖汝）

《雜阿含 1201 經》，《別譯雜阿含 217 經》，《長老尼偈》Thig. 230～233

6. Cālā 遮羅（比丘尼：生即見苦惱）

《雜阿含 1205 經》，《別譯雜阿含 221 經》

7. Upacālā 優波遮羅（比丘尼：世間 切燃）

《雜阿含 1206 經》，《別譯雜阿含 222 經》，《長老尼偈》Thig. 197-8，
200-1

8. Sīsupacālā 尸須波遮羅（比丘尼：異見諸纏縛）

《雜阿含 1207 經》，《別譯雜阿含 223 經》

9. Selā 世羅（比丘尼：此身依因生）

《雜阿含 1203 經》，《別譯雜阿含 219 經》

10. Vajirā 金剛（比丘尼：眾生不可得）   ∞！÷

《雜阿含 1202 經》，《別譯雜阿含 218 經》

六、Brahma-saṁyutta 梵天相應 ！，！！！，0

（一）Paṭhama-vaggo 第一（梵天）品 ！，！！！，0

1. Āyācanaṁ 勸請（佛轉法輪）（Brahmāyācana）   ！，÷，！！！

2. Gāravo 恭敬（無恭敬生活是苦惱）   ！，÷，！！！

《雜阿含 1188 經》，《別譯雜阿含 110 經》，A.4.21.

3. Brahmadevo（具壽）梵天   ÷，000

《雜阿含 99 經》，《別譯雜阿含 265 經》

4. Baka brahmā 婆迦梵天（生惡見：此是常）   ÷，000

《雜阿含 1195 經》，《別譯雜阿含 108 經》，J.405

5. Aññatara diṭṭhi 他見（Aññatarabrahma 某梵天） 000

《雜阿含 1196 經》，《別譯雜阿含 109 經》

6. Pamādaṁ 放逸（Brahmaloka 梵世間（化身二千）） ÷，000

《雜阿含 1194 經》，《別譯雜阿含 107 經》

7. Kokālika（具壽）瞿迦利迦（比丘） ！，！！！，0

《雜阿含 1193 經》，《別譯雜阿含 106，一卷本《雜阿含 5 經》

8. Tissako（具壽）低沙迦（Katamodakatissa） ！，！！！，0

《雜阿含 1193 經》，《別譯雜阿含 106，一卷本《雜阿含 5 經》

9. Turū brahma 都頭梵天（勸瞿迦利迦比丘） ！，！！！，0

《雜阿含 1193 經》，《別譯雜阿含 106 經》，一卷本《雜阿含 5 經》

10. Kokāliko 瞿迦利迦（謗舍利弗，目犍連） ！，！！！，0

《雜阿含 1278 經》，《別譯雜阿含 276 經》，《增壹阿含 21.5 經》，《經集》Sn.3.10. A.10.89.

（二）Dutiya-vaggo 第二〔梵天〕品 ÷，00

11. Sanaṅkumāro 常童子（贊師已，請師嘉賞） ÷

《雜阿含 1190 經》，《別譯雜阿含 103 經》

12. Devadatta 提婆達多（惡人名譽殺） ！，！！！

13. Andhakavinda 闇陀迦頻陀（村，梵天：千人入預流）÷，000

《雜阿含 1191 經》，《別譯雜阿含 104 經》

14. Aruṇavatī 盧那越提（王都，住尸棄世尊） ÷，000

《增壹阿含 37.2 經》，《大寶積經》密跡金剛力士會（大正 11.56c），cf.S.56.46. Andhakāra

15. Parinibbāna（世尊於俱尸那羅沙羅雙樹間）般涅槃 ！，！！！

《雜阿含 1197 經》，《別譯雜阿含 110 經》，D.16.／II，156.

七、Brāhmaṇa-saṁyutta 婆羅門相應 ！，！！！

（一）Arahanta-vaggo 阿羅漢品 ！÷！！！

1. Dhanañjānī 陀然闍仁（夫：殺何物樂寢）

！！！↔^I.I.8.1-71. Chetvā 殺（忿樂寢臥）（S.i，41）& i.ii.i.iii_Māgho 摩佉（天子：殺何樂寢臥）& i.xi.iii.i_（21）. Chetvā 殺（忿最樂寢）

《雜阿含 1158 經》，《別譯雜阿含 81 經》，S.11.21.

2. Akkosa 讒謗（婆羅墮婆闍婆羅門讒謗世尊）　　！，！！！，0

《雜阿含 1152～1153 經》，《別譯雜阿含 75 經》

3. Asurindaka 阿修羅王（讒謗世尊，世尊默然）　　！，！！！，0

《雜阿含 1151 經》，《別譯雜阿含 74 經》，一卷本《雜阿含 25 經》

4. Bilaṅgika 毘蘭耆迦（逆風揚塵，還著愚人）　　！，！！！

《雜阿含 1154 經》，《別譯雜阿含 77 經》

5. Ahiṁsaka 不害（身語意不害，名實相符）　　！，！！！

《雜阿含 1156 經》，《別譯雜阿含 79 經》，一卷本《雜阿含 26 經》

6. Jaṭā 縈髻（誰當解此結？）

！，！！！，↔ i.i.iii.iii-（23）. Jaṭā（內結與外）結

《雜阿含 1186-7 經》，《別譯雜阿含 100 經》

7. Suddhika 淨者（念咒內不淨）　　！，！！！

《雜阿含 1160 經》，《別譯雜阿含 83 經》

8. Aggika 拜火（婆羅門，明行足受乳飯）

！，！！！，↔^（上邊）& ii.i-11. Kasi（Kasibhāradvāja）耕田（婆羅門，你我應耕食）（下品）

《雜阿含 1161 經》，《別譯雜阿含 84 經》

9. Sundarika 孫陀利迦（婆羅門，問出生）

！，！！！，↔^（上邊）& ii.i-11. Kasi（Kasibhāradvāja）耕田（婆羅門，你我應耕食）（下品）

《雜阿含 1186-1187 經》，《別譯雜阿含 100 經》

10. Bahudhīti（Bahudhītara）婆富提低（沙門最安樂）　　！，！！！

《雜阿含 1179 經》，《別譯雜阿含 93 經》

（二）Upāsaka-vaggo 優婆塞品　∞！，！！！

11. Kasi（Kasibhāradvāja）耕田（婆羅門，你我應耕食）

！，！！！，↔^i.8 & i.9（上品）

《雜阿含 98 經》，《別譯雜阿含 264 經》，《經集》Sn.1.4.，一卷本《雜阿含 1 經》

12. Udayo 優陀耶（婆羅門，勿屢屢來）　　！

《雜阿含 1157 經》，《別譯雜阿含 80 經》

13. Devahito 提婆比多（婆羅門：何欲何求？） ！，！！！
《雜阿含 1181 經》，《別譯雜阿含 95 經》，《增壹阿含 35.7 經》
14. Mahāsāla（or Lūkhapāpuraṇa）大富者（為四子與媳婦逐出） ∞！
《雜阿含 96 經》，《別譯雜阿含 262 經》
15. Mānatthaddho 憍傲（婆羅門：應向誰謙讓） ∞！
《雜阿含 92 經》，《別譯雜阿含 258 經》
16. Paccanīka 反對（婆羅門，對世尊唱反調） ！，！！！
《雜阿含 1155 經》，《別譯雜阿含 78 經》
17. Navakammika 木匠（婆羅門：瞿曇何為而樂） ∞！
《雜阿含 1182 經》，《別譯雜阿含 96 經》
18. Kaṭṭhahāra 採薪（婆羅門：何故獨於林） ∞！，≈（上邊）
《雜阿含 1183 經》，《別譯雜阿含 97 經》
19. Mātuposako 孝養母者（婆羅門：如法求食，孝養） ∞！
《雜阿含 88 經》，《別譯雜阿含 88 經》
20. Bhikkhako 乞食（婆羅門：你我皆乞食） ∞！
《雜阿含 97 經》，《別譯雜阿含 263 經》
21. Saṅgārava 參伽羅婆（婆羅門：洗滌惡業） ∞！
22. Khomadussa 庫摩都薩邑（婆羅門，無善人處非集會） ∞！
《雜阿含 1180 經》，《別譯雜阿含 94 經》

八、Vaṅgīsa-saṁyutta **婆耆沙長老相應** ！，！！！

1. Nikkhantaṁ 出離（見女人，生不快） ！
《雜阿含 1215 經》，《別譯雜阿含 250 經》，《長老偈》Thag.1209～1213
2. Arati 不快（污染心） ！
《雜阿含 1213 經》，《別譯雜阿含 229 經》，《長老偈》Thag.1214～1218
3. Pesalā-atimāññanā 輕蔑溫和者（昏醉於慢道） ！，！！！
《雜阿含 1216 經》，《別譯雜阿含 251 經》，《長老偈》Thag.1219～1222
4. Ānanda（具壽）阿難（說不淨想，令滅慾火） ！
《雜阿含 1214 經》，《別譯雜阿含 230 經》，《增壹阿含 35.9 經》
5. Subhāsitā 善語（法說，愛說，真說） ！
《雜阿含 1218 經》，《別譯雜阿含 253 經》，《長老偈》Thag.1227～30 經，

《經集》Sn.3.3.

6. Sāriputta（贊具壽）舍利弗 ∞

《雜阿含 1210 經》，《別譯雜阿含 226 經》，《長老偈》Thag.1231～1233

7. Pavāraṇā（贊）自恣 ！，！！！

《雜阿含 1212 經》，《別譯雜阿含 228 經》，《長老偈》Thag.1234-7，《中阿含 121 經》請請經，《增壹阿含 32.5 經》，No.61《佛說受新歲經》、No.62《佛說新歲經》、No.63《佛說解夏經》

8. Parosahassaṁ 千以上（比丘離塵垢） ！，！！！

《雜阿含 1219 經》，《長老偈》Thag.1238～1245

9. Koṇḍañño（贊具壽）憍陳如 ！，！！！

《雜阿含 1209 經》，《別譯雜阿含 225 經》，《長老偈》Thag.1246～1248

10. Moggallāna（贊具壽）目犍連 ！，！！！

《雜阿含 1211 經》，《別譯雜阿含 227 經》，《長老偈》Thag.1249～1251

11. Gaggarā 伽伽羅池（贊世尊） 0，！！！

《雜阿含 1208 經》，《別譯雜阿含 224 經》，《長老偈》Thag.1252

12. Vaṅgīsa（具壽）婆耆沙（解脫後自述） ！，！！！

《雜阿含 1217 經》，《別譯雜阿含 252 經》，《長老偈》Thag.1253～1262

九、Vana-saṁyutta 森林相應 ÷！！！

1. Viveka 遠離（卻遊走貪欲）

《雜阿含 1333 經》，《別譯雜阿含 353 經》

2. Upaṭṭhāna 看護（比丘當醒起）

《雜阿含 1332 經》，《別譯雜阿含 352 經》

3. Kassapagotta（具壽）迦葉種（教誡無智無心獵人）

《雜阿含 1339 經》，《別譯雜阿含 359 經》

4. Sambahulā 多數（比丘遊方去，天神不樂）

《雜阿含 1331 經》，《別譯雜阿含 351 經》

5. Ānando（具壽）阿難（雜談在家事）

6. Anuruddho（具壽）阿那律（故二：不見歡喜園，不知快樂事）

《雜阿含 1336 經》，《別譯雜阿含 356 經》

7. Nāgadatta 那伽達多（具壽）那伽達多（與在家人交，將落魔領域）

《雜阿含 1342 經》，《別譯雜阿含 362 經》

8. Kulagharaṇī 家婦（私議汝與妾）

《雜阿含 1344 經》，《別譯雜阿含 364 經》

9. Vajjiputto 跋耆王子（比丘：獨夜誰比我們受罪）

《雜阿含 1340 經》，《別譯雜阿含 360 經》

10. Sajjhāya（比丘不勤）誦經

《雜阿含 1337 經》，《別譯雜阿含 357 經》

11. Ayoniso（林住比丘）不正思惟（Akusalavitakka 不善尋）

《雜阿含 1334 經》，《別譯雜阿含 354 經》

12. Majjhanhiko 中午（大林聲響生恐怖）

↔.i.i.ii.v-（15）. Saṇamāna 大林（響，令我恐怖）

《雜阿含 1335 經》，《別譯雜阿含 355 經》，S.1.15.

13. Pākatindriya（多比丘）不制御根

《雜阿含 1343 經》，《別譯雜阿含 363 經》，S.2.25.

14. Paduma puppha 紅蓮（Gandhatthena（比丘）盜香）

《雜阿含 1338 經》，《別譯雜阿含 358 經》

十、Yakkha-saṁyutta **夜叉相應**　0，÷，！！！

1. Indako 因陀迦（夜叉：骨與肉何處來）

《雜阿含 1300 經》，《別譯雜阿含 298 經》

2. Sakka（Sakkanāma）釋名（夜叉：你不善教化他人）

《雜阿含 577 經》，《別譯雜阿含 162 經》

3. Sūcilomo 針毛（夜叉：貪瞋何因生）

《雜阿含 1324 經》，《別譯雜阿含 323 經》，《經集》Sn.2.5.

4. Maṇibhaddo 摩尼跋陀（夜叉：正念人幸福）

《雜阿含 1319 經》，《別譯雜阿含 318 經》

5. Sānu 左奴（女，為夜叉所魅惑）

《雜阿含 1325 經》，《別譯雜阿含 324 經》

6. Piyaṅkara 夜叉童子（行善戒脫鬼胎）

《雜阿含 1321 經》，《別譯雜阿含 320 經》

7. Punabbasu 富那婆藪（子夫雖可愛，不能脫苦惱）

《雜阿含 1322 經》，《別譯雜阿含 321 經》

8. Sudatto 須達多（長者拜見世尊）

《雜阿含 592 經》，《別譯雜阿含 186 經》

9. Sukkā（夜叉呼籲親近）叔迦羅（比丘尼）（1）

《雜阿含 1327 經》，《別譯雜阿含 327 經》

10. Sukkā（夜叉呼籲親近）叔迦羅（比丘尼）（2）

《雜阿含 1327 經》，《別譯雜阿含 327 經》

11. Cīrā（夜叉呼籲親近）毘羅（比丘尼）

《雜阿含 1328 經》，《別譯雜阿含 326 經》

12. Āḷavaṁ（Āḷavaka）阿羅毘（夜叉四度呼世尊進出）

↔^i.i.viii.iii-（73）.Vitta（信乃最勝）富（＝滿足）

《雜阿含 1326 經》，《別譯雜阿含 325 經》，《經集》Sn.1.10.

十一、Sakka-saṁyutta 帝釋相應　0，÷！！！

（一）Paṭhama-vaggo 第一〔帝釋〕品　0，÷！！！

1. Suvīra 須毘羅（天子迎討阿修羅）　00

《雜阿含 1114 經》，《別譯雜阿含 43 經》

2. Susīma 須師摩（天子迎討阿修羅）　00

3. Dhajaggaṁ（看）旗尖（除戰慄）

《雜阿含 981 經》，《增壹阿含 24.1 經》

4. Vepacitti 吠波質底（阿修羅王敗）

《雜阿含 1110、1168 經》，《別譯雜阿含 39 經》，《增壹阿含 34.8 經》

5. Subhāsitaṁ-jayaṁ（帝釋）

善語之勝利

《雜阿含 1109 經》，《別譯雜阿含 38 經》

6. Kulāvaka 鳥巢（諸天戰敗）

《雜阿含 1222 經》，《別譯雜阿含 49 經》

7. Na dubbhiyaṁ（帝釋：即使對敵也）無譎詐

《雜阿含 1120 經》，《別譯雜阿含 48 經》

8. Rocana-asurindo（帝釋與）

毘留奢那阿修羅王

《雜阿含 1119 經》，《別譯雜阿含 50 經》

9. Issyo araññakā 森林諸仙（體臭，諸天不厭）（Araññāyatana-isi） 0

《雜阿含 1115 經》，《別譯雜阿含 44 經》

10. Issyo Samuddakā 海邊仙人（：善有善果，惡有惡果） 0

《雜阿含 1115 經》，《別譯雜阿含 44 經》

（二）Dutiya-vaggo 第二〔帝釋〕品 ÷

11. Devā 諸天（1）（Vatapada（執持七）禁戒足） ÷

《雜阿含 1104 經》，《別譯雜阿含 33 經》

12. Devā 諸天（2）（Sakkanāma（帝釋之名）） ↔^（上邊）

《雜阿含 1106 經》，《別譯雜阿含 35 經》

13. Devā 諸天（3）（Mahāli 摩訶梨（：世尊曾否帝釋）） ↔^（上邊）

《雜阿含 1105 經》，《別譯雜阿含 34 經》，一卷本《雜阿含 21 經》

14. Daliddo 窮人（信法律等，死後生忉利天容光煥發） ÷

《雜阿含 1223 經》，《別譯雜阿含 51 經》，S.11.14.，S.55.26.

15. Rāmaṇeyyakaṁ 樂（帝釋：何處有樂土）

16. Yajamānaṁ 供犧者（積來生功德，施僧有大果）

《雜阿含 1224-5 經》，《別譯雜阿含 52 經》，《增壹阿含 13.6 經》

17. Vandanā 敬禮（帝釋與梵天立於世尊門側）（Buddhavandanā） ÷！！！

18. Gahaṭṭhavandana 帝釋之禮敬（具戒出家者，梵行在家人）（1）÷

《雜阿含 1112 經》，《別譯雜阿含 41 經》

19. Satthāravandana 帝釋之禮敬（漏盡阿羅漢）（2） ↔^（上邊）

《雜阿含 1111 經》，《別譯雜阿含 40 經》

20. Saṅghavandana 帝釋之禮敬（比丘眾）（3） ↔^（上邊）

《雜阿含 1113 經》，《別譯雜阿含 42 經》

（三）Tatiya-vaggo 第三（帝釋）品 ！！！，0，÷

21. Chetvā 殺（忿最樂寢）

↔^i.i.viii.i-71. Chetvā 殺（忿樂寢臥）// i.ii.i.iii-3. Māgho 摩佉（天子：殺何樂寢臥）// i.vii.i.i-1. Dhanañjānī 陀然闍仁（夫：殺何物樂寢）

《雜阿含 1116 經》，《別譯雜阿含 45 經》，S.1.71.

22. Dubbaṇṇiya 醜陋（小夜叉，坐帝釋之座） ！，！！！

《雜阿含 1107 經》，《別譯雜阿含 36 經》，《增壹阿含 45.5 經》

23. Māyā（參婆羅）幻術（墮地獄）（Sambarimāyā） 0

《雜阿含 1118 經》，《別譯雜阿含 47 經》

24. Accaya 罪過（謝罪當接受）

《雜阿含 1108 經》，《別譯雜阿含 37 經》

25. Akkodho 無忿（勿勝於忿恨，勿以忿還忿）

《雜阿含 1108 經》，《別譯雜阿含 37 經》

第二集　因緣篇 Saṁyuttanikāyo（2）Nidāna-vaggo

十二、Nidāna-saṁyutta 因緣相應

（一）Buddha-vaggo 佛陀品　！！！

1. Desanā 法說（Paṭiccasamuppāda（緣起）） ！！！

《雜阿含 298 經》，《增壹阿含 49.5 經》，No.124《緣起經》

2. Vibhaṅgaṁ 分別（說緣起） ！！！

《雜阿含 298 經》，《增壹阿含 49.5 經》，No.124《緣起經》

3. Paṭipadā（邪道跡與正）道跡 ！！！

4. Vipassī 毘婆尸（菩薩，思維） ！！！

《雜阿含 366 經》

5. Sikhī 尸棄（菩薩，思維） ！！！

《雜阿含 366 經》

6. Vessabhu 毘捨浮（菩薩，思維） ！！！

《雜阿含 366 經》

7. Kakusandho 拘留孫（菩薩，思維） ！！！

《雜阿含 366 經》

8. Koṇāgamano 拘那含（菩薩，思維） ！！！

《雜阿含 366 經》

9. Kassapo 迦葉（菩薩，思維） ！！！

《雜阿含 366 經》

10. Mahā-Sakyamuni-Gotamo 大釋迦牟尼瞿曇（菩薩，思維）！！！

《雜阿含 285 經》，S.12.53～54.

（二）Āhāra-vaggo 食品　！！！，！！

11. Āhārā 食（摶食，觸食，意思食，識食）　！！！
《雜阿含 371 經》，《增壹阿含 29.4 經》

12. Phagguno（具壽）破群那（何故有識食）（Moḷiyaphagguna）！！！，！
《雜阿含 372 經》

13. Samaṇabrāhmaṇā（不知老死等法，非正）沙門婆羅門（1）
！！！，！，≈ 諸經同名
《雜阿含 352、353 經》

14. Samaṇabrāhmaṇā（不知老死等法，非正）沙門婆羅門（2）
！！！↔^（上邊）
《雜阿含 352、353 經》

15. Kaccānagotto（具壽）迦旃延（此世間非斷非常）　！！！
《雜阿含 301 經》

16. Dhammakathiko 說法者（為厭離老死，離貪，滅）
！！！，！，≈ 諸經同名
《雜阿含 363～365 經》，《雜阿含 26～27 經》

17. Acela 阿支羅（迦葉，苦是自作他作？）（Acelakassapa）！！！
《雜阿含 302 經》，No.499《佛為阿支羅迦葉自化作苦經》

18. Timbaruka（遊方者）玷牟留　0！！！↔^（上邊）
《雜阿含 303 經》

19. Bālena paṇḍito 愚與賢（之差別）（Bālapaṇḍita）　！！！
《雜阿含 294 經》

20. Paccayo 緣（起及緣生法）　！！！，！！
《雜阿含 296 經》

（三）Dasabala-vaggo 十力品　！，！！！

21. Dasabalā（如來）十力（1）　！！！，！！
《增壹阿含 46.3 經》

22. Dasabalā（如來）十力（2）　！！！，！！，0，≈（上邊）
《雜阿含 348 經》

23. Upanisā 緣（滅智之緣等）　！！！，！！

24. Aññatitthiyā 異學（苦是自作他作）

！，∞，！！！，≈2.7（17）Acela 阿支羅（迦葉，苦是自作他作？）（Acelakassapa）（上品）

《雜阿含 343 經》

25. Bhūmija 浮彌（苦是自作他作）

∞，！！！，！！，≈（上邊）

《雜阿含 343 經》

26. Upavāṇo 憂波摩那（苦是自作他作）

0，↔^ 2.7（17）Acela 阿支羅（迦葉，苦是自作他作？）（Acelakassapa）（上品）

27. Paccayo 緣（知緣起緣滅，入法流）

！！！，≈ 1.2 Vibhaṅgaṁ 分別（說緣起）（上品）

28. Bhikkhū 比丘（知老死，集，滅，滅之道跡，入法流）

！！！，≈（上邊）

《雜阿含 355 經》

29. Samaṇabrāhmaṇā 沙門婆羅門（知老死，集，滅，滅之道跡）（1）

00，↔.ii.iii-（同名）

《雜阿含 353、354 經》，S.12.71～81.

30. Samaṇabrāhmaṇā 沙門婆羅門（知老死，集，滅，滅之道跡）（2）

00，↔.^（上邊）

《雜阿含 353、354 經》，S.12.71～81.

（四）Kaḷārakhattiya-vaggo 伽拉羅剎利品　！！，！！！

31. Bhūtaṁ 生者（釋波羅延那（經）阿逸多之所問）　！，！！！，0

《雜阿含 345 經》，《經集》Sn. v.1038

32. Kaḷāra 伽立羅（比丘，具壽舍利弗：可與世尊乃至七日問答）

÷，！！！

《雜阿含 345 經》，《中阿含 23 經》智經，《經集》Sn. v.1038

33. Ñāṇassa vatthūni（四十四）智事（1）（Ñāṇavatthu）

！！！，！！，≈.i.ii-Vibhaṅgaṁ 分別（說緣起）& iii.iii-Upanisā 緣（滅智之緣等）

《雜阿含 356 經》

34. Ñāṇassa vatthūni（七十七）智事（2）（Ñāṇavatthu）　↔^（上邊）

《雜阿含 357 經》

35. Avijjāpaccayā 無明緣（老死者誰？老死屬誰？）(1)

！！！，≈.i.ii-Vibhaṅgaṁ 分別（說緣起）& ii.ii-Moliya Phagguna [Phagguno（具壽）破群那（何故有識食）(Moḷiyaphagguna)]

《雜阿含 358、359 經》

36. Avijjāpaccayā 無明緣（老死者誰？老死屬誰？）(2)

↔^（上邊），≈.ii.v-15. Kaccānagotto（具壽）迦旃延（此世間非斷非常）

《雜阿含 358、359 經》

37. Natumhā（此身）非汝之物　　　　！！！

《雜阿含 295 經》

38. Cetanā 思（苦蘊之集）(1)　　　　！，！，！，！！，！！！

《雜阿含 359 經》

39. Cetanā 思（苦蘊之集）(2)　　　　↔^（上邊）

《雜阿含 360 經》

40. Cetanā 思（苦蘊之集）(3)　　　　↔^（上邊）

《雜阿含 361 經》

（五）Gahapati-vaggo 家主品　！，！！，！！！

41. Pañcaverabhayā 五罪畏（1）　　　　÷，！！！

42. Pañcaverabhayā 五罪畏（2）　　　　0，↔^（上邊）

43. Dukkha 苦（依眼與色生眼識，觸，受，愛乃苦之集）

！，∞，！！！

44. Loko 世間（之集）　　　　！！！，↔^（上邊）

45. Ñātika 那提迦（村）(依眼與色生眼識，觸，受，愛乃苦之集)

！！！，↔^（上邊）

46. Aññataraṁ 異婆羅門（極端：彼作彼經驗）(Aññatarabrāhmaṇa)

！！，！！！

《雜阿含 300 經》

47. Jāṇussoṇi 生聞（婆羅門：一切為有或無？）　　↔^（上邊）

48. Lokāyatika 順世派（婆羅門：一切為有或無？）

！，！！↔^（上邊）

49. Ariyasāvaka 聖弟子（不作念：如何無何故無？）(1)　　！！！

《雜阿含 350 經》

50. Ariyasāvaka 聖弟子（不作念：如何無何故無？）(2)

00，↔^（上邊）

《雜阿含 350 經》

（六）Dukkha-vaggo 樹品　！！，！！！，0

51. Parivīmaṁsana（應以何）思量　！，！！！

《雜阿含 292 經》

52. Upādāna 取（住味隨觀，增長愛）　！！，÷

《雜阿含 286 經》

53. Saṁyojana 結（住味隨觀）(1)　↔^（上邊）

《雜阿含 285 經》

54. Saṁyojana 結（住味隨觀）(2)　0，↔^（上邊）

《雜阿含 285 經》

55. Mahārukkho 大樹（住味隨觀）(1)　↔^（上邊）

《雜阿含 284 經》

56. Mahārukkho 大樹（住味隨觀）(2)　0，↔^（上邊）

《雜阿含 284 經》

57. Taruṇa 幼樹（Taruṇarukkha）　↔^（上邊）

《雜阿含 283 經》

58. Nāmarūpaṁ 名色　0，！！！

cf.《雜阿含 284 經》

59.（9）Viññāṇaṁ 識（住味隨觀）　0，！！！

cf.《雜阿含 284 經》

60. Nidāna 因（緣起甚深）　0，！！！

大正 No.52《佛說大生義經》,《長部》D.15. Mahānidānasuttaṁ 大緣經（初分）

（七）Maha-vaggo 大品　∞，！，！！！

61. Assutavato 無聞（凡夫應厭，離欲，解脫）(1)（Assutavā）

！，！！，！！！

《雜阿含 289、290 經》,《增壹阿含 9.3 經》

62. Assutavā 無聞（凡夫應厭，離欲，解脫）（2）（Assutavā）
∞！，！！，∞！
《雜阿含 290 經》，《增壹阿含 9.4 經》
63. Puttamaṁsa 子肉（四食譬喻）（Puttamaṁsūpama）∞！，！！！
《雜阿含 373 經》
64. Atthi rāgo 有貪（於識住，增長，有未來之生，老死）
！！，！！！，≈.ii-1-11. Āhārā 食（摶食，觸食，意思食，識食）& vi.9
～59.（9）Viññāṇaṁ 識（住味隨觀）
《雜阿含 374～379 經》
65. Nagaraṁ（古道通往古）城邑
！！！，↔^07 經（4～10），第一佛陀品
《雜阿含 287 經》，《增壹阿含 38.4 經》，No.713《貝多樹下思惟十二因緣經》、No.714《緣起聖道經》、No.715《佛說舊城喻經》
66. Sammasaṁ 觸（此苦以億波提為因，集，生，轉） ！！！，÷
《雜阿含 291 經》
67. Naḷakalāpiyaṁ 蘆束（互依則立）（Naḷakalāpī）
！！，！！！，≈.ii.6-Dhammakathiko 說法者
《雜阿含 288 經》
68. Kosambi 憍賞彌（有滅即涅槃） ！！！，！！
《雜阿含 351 經》
69. Upayanti（無明等）膨脹 ！！，！！！
70. Susimo 須尸摩（（須深）慧解脫） ！，！！！，！！
《雜阿含 347 經》

（八）Samaṇabrāhmaṇa-vaggo 沙門婆羅門品 0，！！！，↔.ii.iii-Samaṇabrāhmaṇā（不知老死等法，非正）沙門婆羅門（1）

71. Aṭṭhamo（沙門婆羅門）義
《雜阿含 354 經》，S.12.29～30.
72～81.（2～11）
《雜阿含 354 經》，S.12.29～30.
81.（11）
《雜阿含 354 經》，S.12.29～30.

（九）Antarapeyyālaṁ 中略品　0，！！！

82. Satthā（不如實知老死，則不能不求）師
83. Sikkhā 學
    《雜阿含 367 經》
84. Yogo 瑜伽
    《雜阿含 368 經》
85. Chando 欲
86. Ussoḷhī 努力
87. Appativāni 不退轉
88. Ātappaṁ 熱誠
89. Viriyaṁ 精進
90. Sātaccaṁ 不拔
91. Sati 正念
92. Sampajaññaṁ 正心
93. Appamādo 不放逸

十三、Abhisamaya-saṁyutta 現觀相應

！！！（完全相同於「6. Abhisamaya-vaggo 現觀品，屬於 56. Sacca-saṁyutta 諦相應」，加上一經：13，跟外道相比）

1. Nakhasikhā 爪尖（之垢少，大地土多）
   《雜阿含 891 經》
2. Pokkharaṇī 蓮池（水與草端掬之水）
   《雜阿含 109、891 經》
3. Sambhejja-udaka 合流水（與掬二三滴水）（1）
   《雜阿含 891 經》
4. Sambhejja-udaka 合流水（與掬二三滴水）（2）
   《雜阿含 891 經》
5. Pathavī（七粒棗較少於）地（1）
   《雜阿含 891 經》
6. Pathavī（七粒棗較少於）地（2）
   《雜阿含 891 經》

7. Samudda 海（水與掬二三滴水）（1）
《雜阿含 891 經》
8. Samudda 海（水與掬二三滴水）（2）
《雜阿含 891 經》
9. Pabbatupama 山喻（1）
《雜阿含 891 經》
10. Pabbatupama 山喻（2）
《雜阿含 891 經》
11. Pabbatupama 山喻（3）
《雜阿含 891 經》

十四、Dhātu-saṁyutta 界相應

（一）Nānatta-vaggo 種種品　∞，！！！？

1. Dhātu（十八）界（Dhātunānatta）　∞
《雜阿含 451 經》
2. Saṁphassaṁ（緣種種觸，生種種）觸（Phassanānatta）∞
《雜阿含 452、453 經》
3. No c'etaṁ 非此（緣種種觸，非生種種界）（Nophassanānatta）∞
《雜阿含 452、453 經》
4. Vedanā（緣種種觸，生種種）受（1）（Vedanānānatta）∞
《雜阿含 452、453 經》
5. Vedanā（緣種種觸，生種種）受（2）（Vedanānānatta）　∞，≈3（上邊）
《雜阿含 452、453 經》
6. Dhātu（色界等，種種）界（Bāhiradhātunānatta）　∞
《雜阿含 452、453 經》
7. Saññā 想（Saññānānatta）　∞
《雜阿含 454 經》
8. No c'etaṁ 非此（Nopariyesanānānatta）　∞，≈3（上邊）
《雜阿含 456 經》
9. Phassa 觸（1）（Bāhiraphassanānatta）　∞
10. Phassa 觸（2）（Bāhiraphassanānatta）　∞，≈3（上邊）

（二）Dutiya-vaggo 無慚愧品　0！！！（-2，4，7）

11. Sattimā 此等之七（Sattadhātu）　÷！！！

《雜阿含 456 經》

12. Sanidānaṁ 有因　÷！！！

《雜阿含 458 經》，cf. 一卷本《雜阿含 20 經》，cf. 大正 No.111《佛說相應相可經》

13. Giñjakāvasatha 磚瓦之家　÷！！！0

《雜阿含 457 經》

14. Hīnādhimutti 劣意志（Hīnādhimuttika）　∞

《雜阿含 445 經》

15. Kamma 業（Caṅkama 經行）　000！！！

《雜阿含 447 經》，《增壹阿含 4.1～10 經》，《增壹阿含 49.3 經》

16. Sagāthā 有偈　000！！！

cf.《雜阿含 445 經》

17. Assaddha 不信（Assaddhasaṁsandana）

∞，↔^iv（14）-劣意志（上邊）／

18. Assaddhamūlakā pañca 不信之根本　0！！！↔^（上邊）

19. Ahirikamūlakā cattāro 無慚之根本　0！！！↔^（上邊）

20. Anottappamūlakā tīni 無愧之根本　0！！！↔^（上邊）

21. Appassutena dve 依少聞（Appassutamūlaka）　0！！！↔^（上邊）

《雜阿含 450 經》

22. Kusītaṁ 懈怠（Kusītamūlaka）　0！！！↔^（上邊）

（三）Kammapatha-vaggo 業道品　∞，！！！

23. Asamāhita 不寂靜　0！！！↔^（上邊）

24. Dussīlya 惡戒（Dussīla）　0！！！↔^（上邊）

《雜阿含 450 經》

25. Pañcasikkhāpadāni 五學處

∞，↔^ iv（14）劣意志（上邊）

《雜阿含 449 經》

26. Sattakammapathā 七業道　∞，↔^（上邊）

27. Dasakammapathā 十業道　∞，↔^（上邊）

28. Aṭṭhaṅgiko 八支　∞，↔^（上邊）
29. Dasaṅga 十支　∞，↔^（上邊）

（四）Catuttha-vaggo 第四 隨喜品　∞，！！！

30. Catasso 四（Catudhātu）　∞
31. Pubbe 前（Pubbesambodha）　÷！！！
32. Acariṁ〔我〕所行　÷！！！，≈↔^（上邊）
33. Yo no cedaṁ 若無此（Nocedaṁ）　÷！！！，≈↔^（上邊）
34. Dukkha 苦（Ekantadukkha）　∞
35. Abhinandaṁ 隨喜　∞
36. Uppādo 生起　∞
37. Samaṇabrāhmaṇa 沙門婆羅門（1）　∞
38. Samaṇabrāhmaṇa 沙門婆羅門（2）　0，↔（下邊）
39. Samaṇabrāhmaṇa 沙門婆羅門（3）　∞

十五、Anamatagga-saṁyutta 無始相應 ÷，！！！（沒有一經該讀，全是方便，說及輪迴）

（一）Paṭhama-vaggo 薪草品

1. Tiṇakaṭṭhaṁ 薪草
《雜阿含 940 經》，《別譯雜阿含 333 經》
2. Pathavī 地
《雜阿含 941 經》，《別譯雜阿含 334 經》
3. Assu 淚
《雜阿含 938 經》，《別譯雜阿含 331 經》，《增壹阿含 52.1 經》
4. Khīraṁ 乳
《雜阿含 939 經》，《別譯雜阿含 332 經》
5. Pabbata 山
《雜阿含 949 經》，《別譯雜阿含 342 經》，《增壹阿含 52.4 經》
6. Sāsapā 芥子
《雜阿含 948 經》，《別譯雜阿含 341 經》，《增壹阿含 52.3 經》
7. Sāvakā 聲聞
《雜阿含 950 經》，《別譯雜阿含 343 經》

8. Gaṅgā 恒河

《雜阿含 946 經》，《別譯雜阿含 339 經》

9. Daṇḍo 杖

《雜阿含 431、950 經》，《別譯雜阿含 349 經》

10. Puggala 人

《雜阿含 947 經》，《別譯雜阿含 340 經》，一卷本《雜阿含 11 經》，大正 No.150A（30）《佛說七處三觀經》

（二）Dutiya-vaggo 苦惱等品

11. Duggataṁ 苦惱

《雜阿含 943 經》，《別譯雜阿含 336 經》

12. Sukhitaṁ 安樂

《雜阿含 942 經》，《別譯雜阿含 335 經》

13. Tiṁsamattā 約三十

《雜阿含 937-8 經》，《別譯雜阿含 330-1 經》，《增壹阿含 51.1-2 經》

14. Mātā 母

《雜阿含 945 經》，《別譯雜阿含 338 經》

15. Pitā 父

《雜阿含 945 經》，《別譯雜阿含 338 經》

16. Bhātā 兄弟

《雜阿含 945 經》，《別譯雜阿含 338 經》

17. Bhaginī 姊妹

《雜阿含 945 經》，《別譯雜阿含 338 經》

18. Putto 子

《雜阿含 945 經》，《別譯雜阿含 338 經》

19. Dhītā 女兒

《雜阿含 945 經》，《別譯雜阿含 338 經》

20. Vepullapabbataṁ 毘富羅山

《雜阿含 956 經》，《別譯雜阿含 350 經》，《增壹阿含 50.10 經》

十六、Kassapa-saṁyutta 迦葉相應　∞！，！！！

1. Santuṭṭhaṁ 滿足　∞！

2. Anottappi 無愧　∞！

3. Candupamaṁ 月喻（Candūpama）　∞！

《雜阿含 1136 經》，《別譯雜阿含 111 經》，大正 No.121《佛說月喻經》

4. Kulupagaṁ 入在家（Kulūpaka）　∞！，≈（上邊）

《雜阿含 1137 經》，《別譯雜阿含 112 經》

5. Jiṇṇaṁ 老　∞！

《雜阿含 1141 經》，《別譯雜阿含 116 經》，《增壹阿含 12.5～6 經》、《增壹阿含 41.5 經》

6. Ovādo 教誡（1）　∞！

《雜阿含 1138 經》，《別譯雜阿含 113 經》，《增壹阿含 31.11 經》

7. Ovādo 教誡（2）　∞！

《雜阿含 1139 經》，《別譯雜阿含 114 經》

8. Ovādo 教誡（3）　∞！

《雜阿含 1140 經》，《別譯雜阿含 115 經》

9. Jhānābhiññā 定與勝智　0

《雜阿含 1142 經》，《別譯雜阿含 117 經》

10. Upassayaṁ 止住處　！，！！！？

《雜阿含 1143 經》，《別譯雜阿含 118 經》

11. Cīvaraṁ 衣　÷，！！！

《雜阿含 1144 經》，《別譯雜阿含 119 經》

12. Paraṁmaraṇaṁ 死後　∞！

《雜阿含 905 經》，《別譯雜阿含 120 經》

13. Saddhammappatirūpakaṁ 像法　！！！0

《雜阿含 906 經》，《別譯雜阿含 121 經》

十七、Lābhasakkāra-saṁyutta 利得與供養相應　∞！！！

（一）Paṭhama-vaggo 誡品　∞

1. Dāruṇo 可怖　∞
2. Baḷisaṁ 鉤針　∞
3. Kumma 龜　∞
4. Dīghalomi 長毛（Dīghalomika）　∞

5. Piḷhika 糞蟲（Mīḷhaka）　　∞
《雜阿含 1263 經》
6. Asani 雷電　　∞
7. Diddhaṁ 含毒　　∞
8. Siṅgālo 豺　　∞
《雜阿含 1264 經》，S.20.11～12.
9. Verambhā 毘嵐風　　∞
《增壹阿含 25.8 經》
10. Sagāthakaṁ 偈頌經　　÷

（二）Dutiya-vaggo 第二 誠鉢品　∞

11. Pāti 鉢（1）（Suvaṇṇapāti）　　∞
12. Pāti 鉢（2）（Rūpiyapāti）　　∞，↔（上邊）
13～20.（3～10）Suvaṇṇanikkha-Janapadakalyāṇī 金環～地方之美人
∞，↔（上邊）

（三）Tatiya-vaggo 第三 度量品　∞！！！

21. Mātugāmo 女　　∞
22. Kalyāṇī 美人　　↔^（上邊）
23. Putto 一子（Ekaputtaka）　　∞
cf.《增壹阿含 9.1 經》
24. Ekadhītu 一女兒　　↔^（上邊）
cf.《增壹阿含 9.2 經》
25. Samaṇabrāhmaṇā 沙門婆羅門（1）　　∞，≈ 諸經「沙門婆羅門」
26. Samaṇabrāhmaṇā 沙門婆羅門（2）　　0，↔（上邊）
27. Samaṇabrāhmaṇā 沙門婆羅門（3）　　∞，
28. Chavi 皮　　0，↔（下邊）
29. Rajju 紐　　！
30. Bhikkhu 比丘　　！，！！！

（四）Catuttha-vaggo 第四 妄語品　！！！

31. Chindi 割截（Bhindi）　　！！！
32. Mūla 善根（Kusalamūla）　　！！！

33. Dhammo 善法（Kusaladhamma）　！！！

34. Sukko 白法（Sukkadhamma）　！！！

35. Pakkanta 離去（Acirapakkanta）　！！！

36. Ratha 五車（Pañcarathasata）　！！！

《雜阿含 1064 經》，A.4.68.經》，《別譯雜阿含 3 經》，《增壹阿含 12.7 經》

37. Mātari 母（Mātu）　∞，≈ 第二品（上邊）

38～43. ∞，≈ 第二品（上邊）（8～13）Pitusuttā-dichakkaṁ 父、兄弟、姊妹、子、女兒、妻

十八、Rāhula-saṁyutta 羅睺羅相應　！！！

（一）Paṭhama-vaggo 第一 界品

！！！↔ 4.1.c.2.viii（121）-Rahula//

1. Cakkhu 眼

《雜阿含 897 經》

2. Rūpaṁ 色

《雜阿含 897 經》

3. Viññāṇaṁ 識

《雜阿含 897 經》

4. Samphasso 觸

《雜阿含 897 經》

5. Vedanā 受

《雜阿含 897 經》

6. Saññā 想

《雜阿含 897 經》

7. Sañcetanā 思

《雜阿含 897 經》

8. Taṇhā 愛

《雜阿含 897 經》

9. Dhātu 界

《雜阿含 897 經》

10. Khandha 蘊

《雜阿含 897 經》

（二）Dutiya-vaggo 第二品

！！！，↔上品& ↔3.1.b.4.ix，x-Rahula

《雜阿含 897 經》

11. Cakkhu 眼

《雜阿含 897 經》

12～20.（2～10）Rūpaṁ etc.（標題如 S.18.2～10）

《雜阿含 897 經》

21. Anusaya 使 ↔ 3.1.b.4.ix-Rahula

《雜阿含 23-4、198、465、897 經》，S.22.91.，A.4.177.

22. Apagataṁ 遠離 ↔ 3.1.b.4.x-Rahula//

《雜阿含 199 經》，S.22.92.

十九、Lakkhaṇa-saṁyutta 勒叉那相應 00，÷，！！！（完全說到目犍連神通，初期大乘諸經，目犍連神通前提）

（一）Paṭhama-vaggo 惡業品

1. Aṭṭhīpesi 骨鎖

《雜阿含 508 經》

2. Gāvaghāṭaka 屠牛者（Pesi）

《雜阿含 509 經》

3. Piṇḍasakuṇiyaṁ 一塊與捕鳥者

4. Nicchavorabbhi 無皮膚之屠羊者

《雜阿含 510、511 經》

5. Asi-sūkariko 刀之屠豬者（Asiloma）

《雜阿含 516 經》

6. Satti-māgavi 刃之獵師

《雜阿含 515 經》

7. Usu-kāraṇiyo 矢之裁（Usuloma）

8. Sūci-sārathi 針之調師（Sūciloma）

《雜阿含 513 經》

9. Sūcako 間諜（Sūciloma）
《雜阿含 514 經》
10. Aṇḍabharī-gāmakūṭako 腐敗之判官（Kumbhaṇḍa）
《雜阿含 518 經》

（二）Dutiya-vaggo 惡業品

11. Kāpe-nimuggo-paradāriko 陷於坑之不義者
《雜阿含 522 經》
12. Gūthakhādi-Duṭṭhabrāhmaṇo 噉糞之邪心婆羅門
《雜阿含 525 經》
13. Nicchavitthi-aticārinī 剝皮膚女——姦婦
《雜阿含 523 經》
14. Maṅgulitthi ikkhanitthi 醜女卜占女
《雜阿含 520 經》
15. Okilinī-sapatthaṅgārakokiri 炙女
《雜阿含 524 經》
16. Sīsachinno-coraghātako 斷頭、司獄
《雜阿含 517 經》
17. Bhikkhu 惡比丘（Pāpbhikkhu）
《雜阿含 530 經》
18. Bhikkhunī 惡比丘尼（Pāpabhikkhunī）
《雜阿含 530 經》
19. Sikkhamānā 惡式叉摩那（Pāpasikkhamāna）
《雜阿含 530 經》
20. Sāmaṇera 惡沙彌（Pāpasāmaṇera）
《雜阿含 530 經》
21. Sāmaṇeriyo 惡沙彌尼（Pāpasāmaṇerī）
《雜阿含 530 經》

二十、Opamma-saṁyutta **譬喻相應**　∞！！！

1. Kūṭaṁ 棟　　∞，≈ 諸經「屋頂」
2. Nakhasikhaṁ 指端　　0

《雜阿含 1256 經》，一卷本《雜阿含 22 經》

3. Kulaṁ 家 ÷

《雜阿含 1254 經》

4. Ukkhā 釜（Okkhā） ∞

《雜阿含 1253 經》

5. Satti 刃 ÷，↔^3 家（上邊）

《雜阿含 1255 經》

6. Dhanuggaho 弓術師 ÷

《雜阿含 612、1257 經》

7. Āṇi 鼓輻 ∞！

《雜阿含 1258 經》

8. Kaliṅgaro 槁 ∞！

《雜阿含 1252 經》

9. Nāgo 象 ∞！

《雜阿含 1083 經》，《別譯雜阿含 22 經》

10. Biḷāro 貓 ∞！

《雜阿含 1260 經》

11. Siṅgālaka 豺（1） ∞！

《雜阿含 1262、1264 經》

12. Siṅgālaka 豺（2） ∞！

《雜阿含 1264 經》

二十一、Bhikkhu-saṁyutta 比丘相應 ∞！！！

1. Kolito 拘離多 0

《雜阿含 501 經》，cf. S.40.1-6.

2. Upatisso 優波低沙 ！？÷

3. Ghaṭo 甕 0. ≈ 1（上邊）

《雜阿含 503 經》

4. Navo 年少 ！，！！！

《雜阿含 1070 經》，《別譯雜阿含 9 經》

5. Sujāto 善生 ！

《雜阿含 1062 經》，《別譯雜阿含 1 經》

6. Lakuṇḍakabhaddiyo 拔提　0. ≈1（上邊）

《雜阿含 1063 經》，《別譯雜阿含 2 經》

7. Visākho 毘舍佉　？！

《雜阿含 1069 經》，《別譯雜阿含 8 經》

8. Nando 難陀　∞！

《雜阿含 1067 經》，《別譯雜阿含 6 經》

9. Tisso 低沙　∞！

《雜阿含 1068 經》，《別譯雜阿含 7 經》

10. Theranāmako 名為長老　∞！

《雜阿含 1071 經》，《別譯雜阿含 10 經》

11. Mahākappino 劫賓那　0. ≈ 1（上邊）

12. Sahāya 僚友（Sahāyaka）　0. ≈ 1（上邊）

第三集　犍度篇 Saṁyuttanikāyo（3）Khandha-vaggo

二十二、Khandha-saṁyutta 蘊相應　∞，÷，！！！

第一根本五十經　∞

（一）Nakulapitu-vaggo 那拘羅父品　0，÷，！！！

1. Nakulapitā 那拘羅父　∞

《雜阿含 107 經》，《增壹阿含 13.4 經》

2. Devadaha 天現　∞！，！！！，÷

《雜阿含 108 經》，《增壹阿含 41.4 經》

3. Hāliddikāni 訶梨（1）　∞！！！

《雜阿含 551 經》

4. Hāliddikāni 訶梨（2）　0，÷

《雜阿含 552 經》

5. Samādhi 三昧　∞，≈ 諸經「三妹」

《雜阿含 59-60、65 經》

6. Paṭisallāṇā 宴默　≈（上邊）

cf.《雜阿含 65 經》

7. Upādāparitassanā ∞
取著恐懼（1）
《雜阿含 43、66 經》

8. Upādāparitassanā ↔（上邊）
取著恐懼（2）
《雜阿含 44 經》

9. Atītānāgatapaccuppanna 過去，未來，現在（1） ∞
《雜阿含 8、79 經》，大正 No.103《佛說聖法印經》、大正 No.104《佛說法印經》

10. Atītānāgatapaccuppanna 過去，未來，現在（2） ∞，≈（上邊）
《雜阿含 8、79 經》，大正 No.103《佛說聖法印經》、大正 No.104《佛說法印經》

11. Atītānāgatapaccuppanna 過去，未來，現在（3） ∞，≈（上邊）
《雜阿含 8、79 經》，大正 No.103《佛說聖法印經》、大正 No.104《佛說法印經》

（二）Anicca-vaggo 無常品 ∞！

12. Aniccaṁ 無常 ∞！
《雜阿含 1 經》

13. Dukkhaṁ 苦 ≈（上邊）
《雜阿含 1 經》

14. Anattā 無我 ≈（上邊）
《雜阿含 1 經》

15. Yad anicca 無常者（1）（Yadanicca） ∞
《雜阿含 2、9 經》

16. Yad anicca 無常者（2）（Yaṁdukkha） ≈（上邊）
《雜阿含 2、10 經》

17. Yad anicca 無常者（3）（Yadanattā） ≈（上邊）
《雜阿含 2、10 經》

18. Hetu 因（1）（Sahetu-anicca） ∞！
《雜阿含 11 經》

19. Hetu 因（2）（Sahetudukkha） ≈（上邊）

《雜阿含 12 經》

20. Hetu 因（3）（Sahetu-anatta） ≈（上邊）

《雜阿含 12 經》

21. Ānanda 阿難 ∞

（三）Bhāra-vaggo 重擔品 ∞！！！

22. Bhāraṁ 重擔 ÷！！！

《雜阿含 73 經》，《增壹阿含 25.4 經》

23. Pariñña 徧智 ∞

《雜阿含 72 經》，S.22.106.

24. Abhijānaṁ 徧知（證知） ∞

《雜阿含 3、5 經》

25. Chandarāga 欲貪 ∞

《雜阿含 77 經》

26. Assādo 味（1） ÷

《雜阿含 14 經》

27. Assādo 味（2） ÷

《雜阿含 3～4、6、14 經》

28. Assādo 味（3） ÷

《雜阿含 13 經》

29. Abhinandanaṁ 歡喜 ∞

《雜阿含 5、7 經》

30. Uppādaṁ 生 ∞！

《雜阿含 78 經》

31. Aghamūlaṁ 痛根 ∞

32. Pabhaṅgu 壞法 ∞

《雜阿含 51 經》

（四）Natumhākaṁ-vaggo 非汝所應法品 ∞！！

33. Natumhāka 非汝所應法（1） ∞

《雜阿含 269 經》

34. Natumhākaṁ 非汝所應法（2） ↔^（上邊）

《雜阿含 269 經》

35. Bhikkhu 比丘（1）（Aññatarabhikkhu） ∞

《雜阿含 16 經》

36. Bhikkhu 比丘（2）（Aññatarabhikkhu） ↔^（上邊）

《雜阿含 15 經》

37. Ānanda 阿難（1） ∞

《雜阿含 49～50 經》

38. Ānanda 阿難（2） ↔^（上邊）

《雜阿含 49～50 經》

39. Anudhamma 隨法（1） ∞

《雜阿含 27 經》

40. Anudhamma 隨法（2） ↔^（上邊）

《雜阿含 27 經》

41. Anudhamma 隨法（3） ↔^（上邊）

《雜阿含 27 經》

42. Catuttha-anudhamma 隨法（4） ↔^（上邊）

《雜阿含 27 經》

（五）Attadīpa-vaggo 自洲品 ∞！！

43. Attadīpa 自洲 ∞！！

《雜阿含 36 經》

44. Paṭipadā 道 ∞！！，≈（上邊）

《雜阿含 69 經》

45. Aniccatā 無常（1）（Anicca） ∞！！

《雜阿含 84～85 經》

46. Aniccatā 無常（2）（Anicca） ∞！！，≈（上邊）

47. Samanupassanā 觀見 ！！！

《雜阿含 45、63 經》

48. Khandhā 蘊 ∞！！

《雜阿含 55 經》

49. Soṇo 輸屢那（1） ∞！！

《雜阿含 30 經》

50. Soṇo 輸屢那（2）　∞！！

《雜阿含 31 經》

51. Nandikkhaya 喜盡（1）　∞！！

《雜阿含 1 經》

52. Nandikkhaya 喜盡（2）　∞！！

第二 中五十經　∞！！！

（六）Upaya-vaggo 封滯品　∞！，！！！

53. Upayo 封滯　∞！

《雜阿含 40 經》

54. Bījaṁ 種子　∞！

《雜阿含 39 經》

55. Udānaṁ 優陀那　！！！

《雜阿含 64 經》

56. 取轉　÷！！！

57. Sattaṭṭhāna 七處　÷！！！

《雜阿含 42 經》，《增壹阿含 41.3 經》，No.150A《佛說七處三觀 1 經》

58. Sammāsambuddho 等覺者　∞！！

《雜阿含 75、684 經》，M.12. Mahāsīhanādasuttaṁ 師子吼大經，A.10.21. 經》，《增壹阿含 46.4 經》，大正 No.780《佛說十力經》，大正 No.781《佛說佛十力經》，大正 No.802《佛說信解智力經》

59. Pañca 五群比丘（Anattalakkhaṇasuttaṁ 無我相經）

！！，÷，∞∞（非常重要）

《雜阿含 33～34 經》，《律藏》〈大品〉Mv.1.6.13.，大正 No.102《佛說五蘊皆空經》，大正 No.109《佛說轉法輪經》，大正 No.110《佛說三轉法輪經》，大正 No.1421《五分律》卷 15，大正 No.1428《四分律》卷 32，大正 No.1537《法蘊足論》卷六．〈聖諦品第十〉（大正 26.479～482）

60. Mahāli 摩訶利　∞！

《雜阿含 81 經》

61. Āditta 熾然　∞！

《律藏》〈大品〉Vin. Mv.p.34

62. Niruttipatha 言路　∞！

（七）Arahanta-vaggo 阿羅漢品　∞！

63. Upādiyamāno 取　∞？
《雜阿含 15 經》

64. Maññamāno 思　∞？，≈（上邊）
《雜阿含 15、21 經》

65. Abhinandamāno 歡喜　∞？，≈（上邊）
《雜阿含 15、74 經》

66. Aniccaṁ 無常　∞

67. Dukkhaṁ 苦　≈（上邊）

68. Anattā 無我　≈（上邊）
《雜阿含 17 經》

69. Anattaniya 非自所應　≈（上邊）
《雜阿含 18 經》

70. Rajanīyasaṇṭhitaṁ 所染止住 ≈（上邊）
《雜阿含 19 經》

71. Rādha 羅陀　∞，≈ i（6）.vii（59）-無我相經
《雜阿含 111 經》

72. Surādha 修羅陀　≈（上邊）

（八）Khajjanīya-vaggo 所食品　！！！

73. Assādo 味　↔ i.v（57）-Sattaṭṭhāna 七處（上品）

74. Samudayo 集（1）　↔ i.v（56）-取轉（上品）

75. Samudayo 集（2）　≈（上邊）

76. Arahanta 阿羅漢（1）　÷！！！

77. Arahanta 阿羅漢（2）　≈（上邊）

78. Sīha 師子（1）　0
A.4.33.

79. Khajjani 所食（Khajjanīya）0
《雜阿含 46 經》

80. Piṇḍolyaṁ 乞食　0
《雜阿含 272 經》，《中阿含 140 經》至邊經》

81. Pālileyya 波陀聚落　！！！

《雜阿含 57 經》

82. Puṇṇamā 滿月　　∞！！

《雜阿含 58 經》，M.109. Mahāpuṇṇamasuttaṁ 滿月大經，M.110. Cūḷa puṇṇamasuttaṁ 滿月小經

（九）Thera-vaggo 長老品　！！

83. Ānando 阿難　　∞！

《雜阿含 261 經》

84. Tisso 低舍　　∞！

《雜阿含 271 經》

85. Yamako 焰摩迦　　∞！

《雜阿含 104 經》

86. Anurādho 阿㝹羅度　　∞！

《雜阿含 106 經》

87. Vakkali 跋迦梨　　÷！！

《雜阿含 1265 經》，M.28. Mahāhatthipadopamasuttaṁ 象跡喻大經，《中阿含 30 經》象跡喻經》，《如是語經》It.92.，《增壹阿含 26.10 經》

88. Assaji 阿濕波誓　　∞！

《雜阿含 1024 經》

89. Khemako 差摩　　！！！

《雜阿含 103 經》

90. Channo 闡陀　　∞！！

《雜阿含 262 經》

91. Rāhulo 羅睺羅（1）　　↔^ii（7）.ix（71）-Radha 羅陀（第二品）

《雜阿含 23-4、198、465 經》，S.18.21.經》，A.4.177.

92. Rāhulo 羅睺羅（2）　　↔^（上邊）

《雜阿含 199 經》，S.18.22.

（十）Puppha-vaggo 華品　∞！！！

93. Nadī 河流　　∞

《雜阿含 268 經》

94. Pupphaṁ 華（or Vaddha 增長）　　∞！

《雜阿含 37～38 經》

95. Pheṇaṁ 泡沫（Pheṇapiṇḍūpama） ∞！

《雜阿含 265、953 經》，S.48.50.，《別譯雜阿含 346 經》，大正 No.105《五陰譬喻經》，大正 No.106《佛說水沫所漂經》

96. Gomayaṁ 牛糞（Gomayapiṇḍa） ∞！！！，↔（下邊）

《雜阿含 264 經》，《中阿含 61 經》牛糞喻經》，《中阿含 138 經》，《增壹阿含 24.4 經》、A.7.58.，It.22

97. Nakhasikhaṁ 指尖 ∞！，↔^（上邊）

《增壹阿含 24.4 經》

98. Suddhikaṁ 清淨（or samuddaka 海） ∞，≈ 諸經「清淨」

99. Gaddula 繫繩（1）（Gaddulabaddha） 0，！！！

《雜阿含 266 經》

100. Gaddula 繫繩（2）Gaddulabaddha 0，≈（上邊）

《雜阿含 267 經》

101. Vāsijaṭaṁ 手斧之柄（or navā 船舶） ！！！

《雜阿含 263 經》，A.7.67.

102. Aniccatā 無常性（Aniccasaññā 無常想） ！！！

《雜阿含 270 經》

第三 後五十經 ∞，！！！，0

（十一）Anta-vaggo 邊品 ∞

103. Ante 邊 ∞？

《雜阿含 70 經》

104. Dukkhaṁ 苦 ∞？

105. Sakkāyo 有身 ∞？

《雜阿含 71 經》

106. Pariññeyya 所徧知 ∞，↔ 2.1.4.（下相應）

《雜阿含 72 經》，S.22.23

107. Samaṇā 沙門（1） ∞，↔ 2.1.5.（下相應）

108. Samaṇā 沙門（2） ∞，↔ 2.1.6.（下相應）

《雜阿含 149～151 經》

109. Sotāpanno 預流 ∞，↔ 2.1.7.（下相應）

110. Arahaṁ 阿羅漢（Arahanta）　∞，↔ 2.1.8.（下相應）
111. Chandarāgī 欲貪（1）（Chandappahāna）　∞，↔ 2.1.9.（下相應）
112. Chandarāgī 欲貪（2）（Chandappahāna）　∞，↔ 2.1.10.（下相應）

（十二）Dhammakathika-vaggo 說法品　∞！！！

113. Avijjā 無明（比丘）　∞
114. Vijjā 明　∞，↔^（上邊）
115. Kathika 說法者（1）（Dhammakathika）
∞！，≈ 4.1.3.v.x（154）（六處相應）
《雜阿含 26、28～29、288、363 經》
116. Kathika 說法者（2）（Dhammakathika）　↔^（上邊）
《雜阿含 26、28～29、288、363 經》
117. Bandhanā 縛　÷
《雜阿含 74 經》
118. Paripucchita 解脫（1）　∞！
cf.《雜阿含 76 經》
119. Paripucchita 解脫（2）　∞！，↔^（上邊）
cf.《雜阿含 76 經》
120. Saññojanaṁ 結（Saṁyojaniya）　∞！
121. Upādānaṁ 取（Upādāniya）　∞！，↔^（上邊）
122. Sīlaṁ 戒（Sīlavanta）　÷
《雜阿含 259 經》
123. Sutavā 有聞（Sutavanta）　0，↔^（上邊）
124. Kappo 劫波（1）
↔^2.2（7）.ix（71）-Rādha 羅陀（≈ 無我相經）
《雜阿含 22 經》
125. Kappo 劫波（2）　↔^（上邊）
《雜阿含 22 經》

（十三）Avijjā-vaggo 無明品　0，！！！

126. Samudayadhamma 集法（1）
↔.ii.i（113.無明）& ii.ii（114 明）

《雜阿含 256 經》

127. Samudayadhammasutta 集法（2） ↔^（上邊）

《雜阿含 256 經》

128. Samudayadhamma 集法（3） ↔^（上邊）

《雜阿含 256 經》

129. Assāda 味（1） ↔^（上邊）

《雜阿含 256 經》

130. Assāda 味（2） ↔^（上邊）

《雜阿含 256 經》

131. Samudaya 集（1） ↔^（上邊）

《雜阿含 258 經》

132. Samudaya 集（2） ↔^（上邊）

《雜阿含 258 經》

133. Koṭṭhita 拘絺羅（1）（Koṭṭhika） ！！！

《雜阿含 258 經》

134. Koṭṭhita 拘絺羅（2）（Koṭṭhika） ！！！，↔（上邊）

《雜阿含 258 經》

135. Koṭṭhita 拘絺羅（3）（Koṭṭhika） ！！！，↔（上邊）

《雜阿含 257 經》

（十四）Kukkuḷa-vaggo 煻煨品 ∞！！！

136. Kukkuḷa 煻煨

∞，≈.b.i（6）.ix（61）-Āditta 熾然

137. Aniccena 無常（1）（Anicca）

∞，！，≈.a.ii-無常品& a.iv.i，ii-非汝所應法& a.v.ix，x-喜盡

138. Aniccena 無常（2）（Anicca） ↔^（上邊）

139. Aniccena 無常（3）（Anicca） ↔^（上邊）

140. Dukkhena 苦（1）（Dukkha） ↔^（上邊）

141. Dukkhena 苦（2）（Dukkha） ↔^（上邊）

142. Dukkhena 苦（3）（Dukkha） ↔^（上邊）

143. Anattena 無我（1）（Anatta） ↔^（上邊）

144. Anattena 無我（2）（Anatta） ↔^（上邊）

145. Anattena 無我（3）(Anatta)　↔^（上邊）
146. Kulaputtena dukkhā 善男子、苦（1）　!
《雜阿含 47 經》
147. Kulaputtena dukkhā 善男子、苦（2）　↔^（上邊）
《雜阿含 48 經》
148. Kulaputtena dukkhā 善男子、苦（3）　↔^（上邊）
《雜阿含 146 經》，S.35.105.

（十五）Diṭṭhi-vaggo 見品　∞，0

149. Ajjhattaṁ 內　∞
《雜阿含 142 經》，S.24.2.
150. Etaṁ mama 我所　∞
《雜阿含 152 經》
151. Eso-attā 我　∞
152. No ca me siyā 無我所　∞
153. Micchā 邪見（Micchādiṭṭhi）　∞
154. Sakkāya 有身　∞
155. Attānu 我　∞
156. Abhinivesa 現貪（1）　∞
157. Abhinivesa 現貪（2）　∞
158. Ānandena 阿難（Ānanda）
∞，↔^2.2（7）.ix（71）-Rādha 羅陀（≈ 無我相經）

二十三、Rādha-saṁyutta 羅陀相應　！！！

（一）Paṭhama-vaggo 初品　！！！

1. Māro 魔　∞ !
《雜阿含 120 經》
2. Satto 眾生　∞ !
《雜阿含 122 經》
3. Bhavanetti 有網　！？，÷
《雜阿含 111 經》
4. Pariññeyya 所徧知　↔ 1.c.i.iv（106）(上相應)

《雜阿含 112 經》

5. Samaṇā 沙門（1） ↔ 1.c.i.v（107）（上相應）

6. Samaṇā 沙門（2） ↔ 1.c.i.vi（108）（上相應）

7. Sotāpanno 預流 ↔ 1.c.i.vii（109）（上相應）

8. Arahaṁ 阿羅漢（Arahanta） ↔ 1.c.i.viii（110）（上相應）

9. Chandarāga 欲貪（1） ↔ 1.c.i.ix（111）（上相應）

《雜阿含 123 經》

10. Chandarāga 欲貪（2） ↔ 1.c.i.x（112）（上相應）

《雜阿含 123 經》

（二）Dutiya-vaggo 第二品（沒什麼值得留意）

11. Māro 魔 ≈ i.i（上品）

《雜阿含 124 經》

12. Māradhamma 魔法 ≈（上邊）

cf.《雜阿含 120 經》

13. Anicca 無常（1）

14. Anicca 無常（2）（Aniccadhamma）

15. Dukkha 苦（1）

16. Dukkha 苦（2）（Dukkhadhamma）

17. Anatta 無我（1）

18. Anatta 無我（2）（Anattadhamma）

19. Khaya 盡法（Khayadhamma）

《雜阿含 127 經》

20. Vaya 壞法（Vayadhamma）

《雜阿含 128 經》

21. Samudaya 集（Samudayadhamma）

22. Nirodhadhamma 滅法

（三）Āyācana-vaggo 所問品（沒什麼值得留意）

23～33.（1～11）Māro etc.（標題同 S.23.11～21）

↔ 第二品（上品），≈ 4.1.2.iii.iii（76）-R①dha（1）（六處相應）

《雜阿含 125～130 經》

34. Nirodhadhammo 滅法　　　　　　　　≈（上邊）

（四）Upanisinna-vaggo 侍坐品　↔（上品）

35～45.（1～11）Māro etc.（標題同 S.23.11～21）

《雜阿含 131 經》

46. Nirodhadhamma 滅法

二十四、Diṭṭhi-saṁyutta 見相應　∞！！！

（一）Sotāpatti-vaggo 預流品　∞

1. Vātā 風　　　　　　　　∞

《雜阿含 164 經》

2. Etaṁmamaṁ 我所　　　　　　　　↔^（上邊）

《雜阿含 142 經》，cf.《雜阿含 133 經》，S.22.150.

3. So-attā 我　　　　　　　　↔^（上邊）

《雜阿含 152 經》，S.22.151.

4. No ca me siyā 無我所（Nocamesiyā）　　↔^（上邊）

S.22.152.

5. Natthi 無（Natthidinna）　　　　↔^（上邊）

《雜阿含 154～156 經》

6. Karoto 作　　　　　　　　↔^（上邊）

《雜阿含 162 經》，cf. D.2. Sāmaññaphalasuttaṁ 沙門果經，M.76. Sandaka suttaṁ 刪陀迦經，S.42.13.，《中阿含 20 經》波羅牢經》

7. Hetu 因　　　　　　　　↔^（上邊）

《雜阿含 155～160 經》

8.（Mahā）Diṭṭhena（大）見（Mahādiṭṭhi）　↔^（上邊）

《雜阿含 161、163 經》，cf. M.76. Sandakasuttaṁ 刪陀迦經，D.2. Sāmañña phalasuttaṁ 沙門果經

9. Sassato loko 世間常（Sassatadiṭṭhi）　↔^（上邊）

《雜阿含 168～169 經》

10. Asassato loko 世間無常（Asassatadiṭṭhi）　↔^（上邊）

《雜阿含 168 經》

11. Antavā 有邊　　　　　　　　↔^（上邊）

《雜阿含 168 經》
12. Anantavā 無邊 ↔^（上邊）
《雜阿含 168 經》
13. Taṁ jīvaṁ taṁ sarīraṁ 命即身 ↔^（上邊）
《雜阿含 168 經》
14. Aññaṁ jīvaṁ aññaṁ sarīraṁ 命身異 ↔^（上邊）
《雜阿含 168 經》
15. Hoti tathāgato 如來有 ↔^（上邊）
《雜阿含 168 經》
16. Na hoti tathāgato 如來無 ↔^（上邊）
《雜阿含 168 經》
17. Hoti ca na ca hoti tathāgato 如來有無 ↔^（上邊）
《雜阿含 168 經》
18. Neva hoti na na hoti tathāgato 如來非有非無 ↔^（上邊）
《雜阿含 168 經》

（二）Gamana-vaggo 重說品 ↔^nt.／！！！↔，↔^（上品）

19. Vātā 風
《雜阿含 164 經》
20～35.
36. Neva hoti na na hoti 非有非無
37. Rūpī-attā 有色我
《雜阿含 166～167 經》
38.（20）Arūpī-attā 無色我
《雜阿含 166～167 經》
39. Rūpīca-arūpīca-attā 有色無色
《雜阿含 166～167 經》
40. Nevarūpīnārūpī-attā 非有色非無色
《雜阿含 166～167 經》
41. Ekanta-sukhī 一向樂
《雜阿含 166～167 經》
42. Ekanta-dukkhī 一向苦

《雜阿含 166～167 經》

43. Sukhadukkhī 樂苦

《雜阿含 166～167 經》

44. Adukkhamasukhī 非苦非樂

《雜阿含 166～167 經》

（三）Gamana-vaggo 第三說品　！！！↔（上品）

45. Navāta〔風〕1

《雜阿含 164 經》

46～69. Navāta〔風〕2～25〔應如上廣說〕

70. Adukkhamasukhī〔非苦非樂〕

（四）Catutthagamana-vaggo 第四說品　！！！↔（上品）

71. Navāta〔風〕1

72～95. Navāta〔風〕2～25〔應如上廣說〕

96. Adukkhamasukhī〔非苦非樂〕

二十五、Okkanta-saṁyutta 入相應　0，！！！，≈（下相應）

1. Cakkhu 眼　0

《雜阿含 892 經》

2. Rūpa 色　≈（上邊）

《雜阿含 892 經》

3. Viññāṇaṁ 識　≈（上邊）

《雜阿含 892 經》

4. Phasso 觸（Samphassa）　≈（上邊）

《雜阿含 892 經》

5. Vedanāya 受（Samphassajā）　≈（上邊）

《雜阿含 892 經》

6. Saññā 想（Rūpasaññā）　≈（上邊）

《雜阿含 892 經》

7. Cetanā 思（Rūpasañcetanā）　≈（上邊）

《雜阿含 892 經》

8. Taṇhā 愛（Rūpataṇhā） ≈（上邊）
《雜阿含 892 經》
9. Dhātu 界（Pathavīdhātu） ≈（上邊）
《雜阿含 892 經》
10. Khandhena 蘊 ≈（上邊）
《雜阿含 892 經》

二十六、Uppāda-saṁyutta 生相應 ∞！！！，≈（下相應）

1. Cakkhu 眼 ∞
《雜阿含 901 經》，cf.《雜阿含 315 經》
2. Rūpaṁ 色 ≈（上邊）
《雜阿含 901 經》，cf.《雜阿含 315 經》
3. Viññāṇaṁ 識 ≈（上邊）
《雜阿含 901 經》，cf.《雜阿含 315 經》
4. Phassa 觸（Samphassa） ≈（上邊）
《雜阿含 901 經》，cf.《雜阿含 315 經》
5. Vedanāya 受（Samphassajā） ≈（上邊）
《雜阿含 901 經》，cf.《雜阿含 315 經》
6. Saññā 想（Rūpasaññā） ≈（上邊）
《雜阿含 901 經》，cf.《雜阿含 315 經》
7. Cetanā 思（Rūpasañcetanā） ≈（上邊）
《雜阿含 901 經》，cf.《雜阿含 315 經》
8. Taṇhā 愛（Rūpataṇhā） ≈（上邊）
《雜阿含 901 經》，cf.《雜阿含 315 經》
9. Dhātu 界（Pathavīdhātu） ≈（上邊）
《雜阿含 901 經》，cf.《雜阿含 315 經》
10. Khandhena 蘊 ≈（上邊）
《雜阿含 901 經》，cf.《雜阿含 315 經》

二十七、Kilesa-saṁyutta 煩惱相應 ∞！！！，≈（上相應）

1. Cakkhu 眼 ∞
《雜阿含 900 經》，cf.《雜阿含 314 經》

2. Rūpaṁ 色 ≈（上邊）
《雜阿含 900 經》，cf.《雜阿含 314 經》
3. Viññāṇaṁ 識 ≈（上邊）
《雜阿含 900 經》，cf.《雜阿含 314 經》
4. Phassa 觸（Samphassa） ≈（上邊）
《雜阿含 900 經》，cf.《雜阿含 314 經》
5. Vedanāya 受（Samphassajā） ≈（上邊）
《雜阿含 900 經》，cf.《雜阿含 314 經》
6. Saññā 想（Rūpasaññā） ≈（上邊）
《雜阿含 900 經》，cf.《雜阿含 314 經》
7. Cetanā 思（Rūpasañcetanā） ≈（上邊）
《雜阿含 900 經》，cf.《雜阿含 314 經》
8. Taṇhā 愛（Rūpataṇhā） ！！！
《雜阿含 900 經》，cf.《雜阿含 314 經》
9. Dhātu 界（Pathavīdhātu） ≈（上邊）
《雜阿含 900 經》，cf.《雜阿含 314 經》
10. Khandhena 蘊 ≈（上邊）
《雜阿含 900 經》，cf.《雜阿含 314 經》

二十八、Sāriputta-saṁyutta 舍利弗相應 0，！！！

1. Vivekajaṁ 離 0，！！！
2. Avitakkaṁ 無尋 0，！！！
3. Pīti 喜 0，！！！
4. Upekkhā 捨 0，！！！
5. Ākāsa 虛空（Ākāsānañcāyatanasutta） 0，！！！
6. Viññāṇa 識（Viññāṇañcāyatana） 0，！！！
7. Ākiñcañña 無所有處（Ākiñcaññāyatana） 0，！！！
8. Saññī 有想（Nevasaññānāsaññāyatana） 0，！！！
9. Nirodha 滅（Nirodhasamāpatti） 0，！！！
10. Sūcimukhī 淨口 ！
《雜阿含 500 經》

二十九、Nāga-saṁyutta **龍相應** 0

1. Suddhikaṁ 品類
2. Paṇītatara 妙勝
3. Uposatha 布薩（1）
4. Uposatha 布薩（2）
5. Uposatha 布薩（3）
6. Uposatha 布薩（4）
7. Tassa Sutaṁ 聞（1）(Suta)
8. Tassa Sutaṁ 聞（2）(Suta)
9. Tassa Sutaṁ 聞（3）(Suta)
10. Tassa Sutaṁ 聞（4）(Suta)

11～20. Dānupakāra 布施利益（1）

21～50. Dānupakāra 布施利益（2～4）

三十、Supaṇṇa-saṁyutta **金翅鳥相應** 0

1. Suddhikaṁ 品類
   cf.《增壹阿含 27.8 經》,《長阿含 30 經》世記經（龍鳥品）
2. Haranti 取
   cf.《增壹阿含 27.8 經》,《長阿含 30 經》世記經（龍鳥品）
3. Dvayakārī 善惡業（1）

4～6. Dvayakārī 善惡業（2～4）

7～16. Dānupakārā 布施利益（1）

17～46. Dānupakārā 布施利益（2～4）

三十一、Gandhabbakāya-saṁyutta **乾達婆相應** 0

1. Suddhikaṁ 品類
2. Sucaritaṁ 善行
3. Dātā 施者（1）

4～12. Dātā 施者（2～10）

13～22. Dānupakāra 布施利益（1）

23～112. Dānupakāra 布施利益（2～10）

三十二、Valāhaka-saṁyutta 雲相應　0

1. Suddhikaṁ 說示
《雜阿含 871 經》
2. Sucaritaṁ 善行
《雜阿含 871 經》
3～12. Dānupakārā 布施利益（1）
《雜阿含 871 經》
13～52. Dānupakārā 布施利益（2～5）
《雜阿含 871 經》
53. Sītaṁ 寒（Sītavalāhaka）
《雜阿含 871 經》
54. Uṇhaṁ 熱（Uṇhavalāhaka）
《雜阿含 871 經》
55. Abbhaṁ 闇（Abbhavalāhaka）
《雜阿含 871 經》
56. Vāta 風（Vātavalāhaka）
《雜阿含 871 經》
57. Vassa 雨（Vassavalāhaka）
《雜阿含 871 經》

三十三、Vacchagotta-saṁyutta 婆磋種相應　∞！！！

1. Aññāṇā 無知（1）（Rūpa-aññāṇa）　∞！
《雜阿含 963 經》，《別譯雜阿含 197 經》
2. Aññāṇā 無知（2）（Vedanā-aññāṇa）　≈（上邊）
《雜阿含 963 經》，《別譯雜阿含 197 經》
3. Aññāṇā 無知（3）（Saññā-aññāṇa）　≈（上邊）
《雜阿含 963 經》，《別譯雜阿含 197 經》
4. Aññāṇā 無知（4）（Saṅkhāra-aññāṇa）　≈（上邊）
《雜阿含 963 經》，《別譯雜阿含 197 經》
5. Aññāṇā 無知（5）（Viññāṇa-aññāṇa）　≈（上邊）
《雜阿含 963 經》，《別譯雜阿含 197 經》

6～10. Adassanā 無見 ≈（上邊）
11～15. Anabhisamayā 不現觀（1～5） ≈（上邊）
16～20. Ananubodhā 不了悟（1～5） ≈（上邊）
21～25. Appaṭivedhā 不通達（1～5） ≈（上邊）
26～30. Asallakkhaṇā 不等觀（1～5） ≈（上邊）
31～35. Anupalakkhaṇā 不隨觀（1～5） ≈（上邊）
36～40. Appaccupalakkhaṇā 不近觀（1～5） ≈（上邊）
41～45. Asamapekkhaṇā 不等察（1～5） ≈（上邊）
46～50. Appaccupekkhaṇā 不近察（1～5） ≈（上邊）
51～54. Appaccakkhakammā 不現見（1～4） ≈（上邊）
55. Appaccakkhakamma 不現見（5） ≈（上邊）

三十四、Jhāna-saṁyutta 禪定相應　0

1. Samādhi-samāpatti 三昧～等至
《雜阿含 883 經》
2. Ṭhiti 止住
《雜阿含 883 經》
3. Vuṭṭhāna 出起（出觀）
《雜阿含 883 經》
4. Kallivā 安樂（Kallita）
《雜阿含 883 經》
5. Ārammaṇa 所緣
《雜阿含 883 經》
6. Gocaro 行境
《雜阿含 883 經》
7. Abhinīhāro 引發
《雜阿含 883 經》
8. Sakkacca 恭敬（作）（Sakkaccakārī）
《雜阿含 883 經》
9. Sātaccakārī 常作
《雜阿含 883 經》

10. Sappāyaṁ 隨應（Sappāyakārī）
《雜阿含 883 經》
11. Samāpatti-ṭhiti 等至～止住
《雜阿含 883 經》
12. Samāpatti-vuṭṭhāna 等至～出起
《雜阿含 883 經》
13. Samāpatti-kallita 等至～安樂
《雜阿含 883 經》
14. Samāpatti-ārammaṇa 等至～所緣
《雜阿含 883 經》
15. Samāpatti-gocara 等至～行境
《雜阿含 883 經》
16. Samāpatti-abhinīhāra 等至～引發
《雜阿含 883 經》
17. Samāpatti-sakkacca 等至～恭敬
《雜阿含 883 經》
18. Samāpatti-sātacca 等至～常作
《雜阿含 883 經》
19. Samāpatti-sappāyakārī 等至～隨應
《雜阿含 883 經》
20～27. Ṭhiti-vuṭṭha 止住～安樂
《雜阿含 883 經》
28～34. Vuṭṭhāna-kallita-出起～安樂
《雜阿含 883 經》
35～40. Kallita-ārammaṇa 安樂～所緣
《雜阿含 883 經》
41～45. Ārammaṇa-gocara 所緣～行境
《雜阿含 883 經》
46～49. Gocara-abhinīhāra 行境～引發
《雜阿含 883 經》
50～52. Abhinīhāra 引發～（恭敬）

《雜阿含 883 經》

53～54. Sakkacca-sātaccakārī 恭敬作～常作～隨應作

《雜阿含 883 經》

55. Sātaccakārī-sappāyakārī 常作～隨應作

《雜阿含 883 經》

第四集　六處篇 Saṁyuttanikāyo（4）Saḷāyatana-vaggo

三十五、Saḷāyatana-saṁyutta 六處相應

第一 根本五十（經）品　∞

（一）Anicca-vaggo 無常品　∞！！！

1. Aniccaṁ 無常（1）（Ajjhattānicca 內無常）　∞

《雜阿含 195～196 經》

2. Dukkhaṁ 苦（1）（Ajjhattadukkha 內苦）　↔^（上邊）

《雜阿含 195～196 經》

3. Anattā 無我（1）（Ajjhattānatta 內無我）　↔^（上邊）

《雜阿含 195～196 經》

4. Aniccaṁ 無常（2）（Bāhirānicca 外無常）　∞

《雜阿含 195～196 經》

5. Dukkhaṁ 苦（2）（Bāhiradukkha 外苦）　↔^（上邊）

《雜阿含 195～196 經》

6. Anattā 無我（2）（Bāhirānatta 外無我）　↔^（上邊）

《雜阿含 195～196 經》

7. Aniccaṁ 無常（3）ajjhattaṁ 內　∞

《雜阿含 195、333 經》

8. Dukkhaṁ 苦（3）ajjhattaṁ 內　↔^（上邊）

《雜阿含 195、333 經》

9. Anattā 無我（3）ajjhattaṁ 內　↔^（上邊）

《雜阿含 195、333 經》

10. Aniccaṁ 無常（4）bāhiraṁ 外　∞

《雜阿含 195、208、333 經》

11. Dukkhaṁ 苦（4）bāhiraṁ 外 ↔^（上邊）

《雜阿含 195、208、333 經》

12. Anattā 無我（4）bāhiraṁ 外 ↔^（上邊）

《雜阿含 195、208、333 經》

（二）Yamaka-vaggo 雙雙品 ∞

13. Sambodhena 由於正覺（1） ÷

14. Sambodhena 由於正覺（2） ÷（上邊）

15. Assādena 由於甘味（1） ∞

《雜阿含 243～244 經》

16. Assādena 由於甘味（2） ∞≈（上邊）

《雜阿含 243 經》

17. No Cetena 若無者（1） ÷

《雜阿含 243 經》

18. No Cetena 若無者（2） ↔^（上邊）

《雜阿含 243 經》

19. Abhinandena 因歡悅（1） ∞

《雜阿含 194 經》

20. Abhinandena 因歡悅（2） ↔^（上邊）

《雜阿含 194 經》

21.Uppādena 因生起（1） ∞

《雜阿含 192～193 經》

22. Uppādena 因生起（2） ∞

《雜阿含 192～193 經》

（三）Sabba-vaggo 一切品 ∞！，！！！

23. Sabba 一切 ∞！！

《雜阿含 319 經》，cf. Mv.1.6.13.

24. Pahāna 捨棄（1） ∞！！

《雜阿含 5、224～225、246 經》

25. Pahāna 捨棄（2） ∞！！

《雜阿含 224～225 經》

26. Parijānanā 曉了（1） ∞！！

《雜阿含 190～191、222～223 經》

27. Parijānanā 曉了（2） ↔^（上邊）

《雜阿含 3～4、6、190～191、222 經》，S.22.24.

28. Ādittaṁ 燃燒 ∞！

《雜阿含 197 經》，Vin. Mv. p.35

29. Andhabhūtaṁ 盲闇 ∞

30. Sāruppa 適宜 ∞

31. Sappāya 有驗（1） ↔^（上邊）

32. Sappāya 有驗（2） ∞

（四）Jātidhamma-vaggo 生法品 ∞

33～42.（1～10）Jāti etc. 生，等

《雜阿含 196 經》

（五）Sabba-anicca-vaggo 無常品 ∞

43～51.（1～9）Aniccaṁ etc.無常，等

《雜阿含 196 經》

52. Upassaṭṭhaṁ 所壓

《雜阿含 196 經》

第二 五十（經）品 ∞！！！

（六）Avijjā-vaggo 無明品 ！！！，↔^（上品-無常品）

53. Avijjā 無明 ∞

《雜阿含 201 經》

54. Saṁyojanā 繫縛（1） ∞

《雜阿含 201 經》

55. Saṁyojanā 繫縛（2） ↔（上邊）

《雜阿含 201 經》

56. Āsavā 諸漏（1） ↔（上邊）

《雜阿含 201 經》

57. Āsavā 諸漏（2） ↔（上邊）

《雜阿含 201 經》

58. Anusayā 隨眠（1） ↔（上邊）

《雜阿含 201 經》

59. Anusayā 隨眠（2） ↔（上邊）

《雜阿含 201 經》

60. Pariññā 曉了 ↔（上邊）

61. Pariyādānnaṁ 了悟（1） ↔（上邊）

62. Pariyādānnaṁ 了悟（2） ∞

（七）Migajāla-vaggo 鹿網品　∞！！

63. Migajālena 鹿網（1） ∞

《雜阿含 309～310 經》

64. Migajāla 鹿網（2） ∞

《雜阿含 310 經》

65. Samiddhi 三彌離提（1） ∞

《雜阿含 231 經》

66. Samiddhi 三彌離提（2） ≈（上邊）

《雜阿含 231 經》

67. Samiddhi 三彌離提（3） ≈（上邊）

《雜阿含 231 經》

68. Samiddhi 三彌離提（4） ≈（上邊）

《雜阿含 231 經》

69. Upasena 優波先那 ∞

《雜阿含 252 經》,《中阿含 123 經》沙門二十億經》, 梵 Upasena（Stein, Hoernle），《律藏》小品 Cv.5.6.／II，109～110.，J.203.，大正 No.505. 佛說隨勇尊者經

70. Upavāṇa 優波婆那（Upavāna） ∞！！

《雜阿含 252 經》,《中阿含 123 經》沙門二十億經》, 梵 Upasena（Stein，Hoernle）經》,《律藏》〈小品〉Cv.5.6.／II，109～110.，J.203.，大正 No.505.佛說隨勇尊者經

71. Chaphassāyatanikā 六觸處（1） ∞！！

《雜阿含 209 經》

72. Chaphassāyatanikā 六觸處（2）　！！，÷，↔^（上邊）
《雜阿含 209 經》
73. Chaphassāyatanikā 六觸處（3）　∞！！
《雜阿含 209 經》

（八）Gilāna-vaggo 病品　∞！！

74. Gilāna 病（1）　∞！
《雜阿含 1025 經》
75. Gilāna 病（2）　∞！，↔^（上邊）
《雜阿含 1026 經》
76. Rādha 羅陀（1）
∞，≈ 3.2.iii.i-M①ro & 4.1.4.1.vii（161）-Kotthika & 4.1.4.ii.i（167）～167. Chandena 欲念（1～3），↔ 4.1.4.i.（諸經無常、苦、無我）
cf.《雜阿含 128 經》
77. Rādha 羅陀（2）　↔^（上邊）
78. Rādha 羅陀（3）　↔^（上邊）
79. Avijjā 無明（1）　∞！！
80. Avijjā 無明（2）　∞！！，↔^（上邊）
81. Bhikkhu 比丘　∞
《雜阿含 113 經》
82. Loko 世間　∞，↔84.Paloka 壞敗（下品）
《雜阿含 231 經》，cf. S.35.84.
83. Phagguno 頗勒具那　∞！！

（九）Channa-vaggo 闡陀品　∞÷

84. Paloka 壞敗
↔ iii.ix（82）.Loko 世間（上品），↔^ii.iii（65）～vi（68）Samiddhi（上品）
cf.《雜阿含 231 經》
85. Suñña 空
∞，↔^ii.iii（65）～vi（68）Samiddhi（上品）
《雜阿含 232 經》

86. Saṁkhitta 簡約

∞，≈3.1.b.1（6）.7（59）-五群比丘

87. Channa 闡陀 ∞！，÷！！！

《雜阿含 1266 經》，cf. M.144. Channovādasuttaṁ 教闡陀經

88. Puṇṇa 富樓那 ∞！，÷！！！

《雜阿含 215、311 經》，S.35.70，M.145. Puṇṇovādasuttaṁ 教富樓那經，大正 No.108《佛說滿願子經》

89. Bāhiyo 婆醯迦 ↔ Saṁkhitta 簡約（上邊）

《雜阿含 625 經》，S.47.15.

90. Eja 動著（1） ∞！！

《雜阿含 226～227 經》

91. Eja 動著（2） ↔^（上邊）

《雜阿含 226～227 經》

92. Dvayaṁ 二〔法〕（1）

∞，≈i.iii.（23）i-Sabba 一切

《雜阿含 213、273 經》

93. Dvayaṁ 二〔法〕（2）

∞，≈3.1.b.1.1-53. Upayo 封滯《雜阿含 40 經》&……2-54. Bījaṁ 種子《雜阿含 39 經》

《雜阿含 214、273 經》

（十）Saḷa-vaggo 棄捨品 ∞！！！

94. Saṅgayha 執者（1）（Adanta-agutta） ∞

《雜阿含 279 經》

95. Saṅgayha 執者（2）（Mālukyaputta） ∞！！

《雜阿含 312 經》

96. Parihānaṁ 退 ∞

《雜阿含 278 經》

97. Pamādavihārī 不放逸住者 ∞

《雜阿含 277 經》，大正 No.107《佛說不自守意經》

98. Saṁvara 攝護 ↔^ iii-96. Parihānaṁ 退（上邊）

《雜阿含 277 經》，大正 No.107《佛說不自守意經》

99. Samādhi 三昧　　　　　　　　∞，≈（每一相應都有相同一經「三妹」）

《雜阿含 207 經》，S.35.159.

100. Paṭisallāna 獨想

∞，≈（每一相應都有相同一經「獨想』）

《雜阿含 206 經》，S.35.160.

101. Natumhākaṁ 非汝等有（1）

∞，≈（每一相應都有相同一經「非汝等有』）

《雜阿含 269、274 經》，S.22.33～34.，S.35.137～138.

102. Natumhākaṁ 非汝等有（2）　　　　↔（上邊）

《雜阿含 269、274 經》，S.22.33～34.，S.35.137～138.

103. Udako 優陀羅　　　　　　　　！！！

《中阿含 114 經》優陀羅經》

第三 五十（經）品　！！！

（十一）Yogakkhemi-vaggo 安穩者品　！！！

104. Yogakkhemi 安穩者　　　　　∞

105. Upādāya 執取　　　　　　　∞

《雜阿含 146 經》，S.22.149.

106. Dukkha 苦（Dukkhasamudaya）　　　！？

《雜阿含 218 經》

107. Loko 世間（Lokasamudaya）

！！，≈i.iii.i（23）Sabba 一切，& ii.ii（7）.vi（68）-Samiddhi 三彌離提（4），&ii.iv（9）.i（84）Paloka 壞敗，——ii（85）-Suñña 空

《雜阿含 233 經》

108. Seyyo 勝（Seyyohamasmi）　　　∞

《雜阿含 149～151 經》

109. Saṁyojana 繫縛（Saṁyojaniya）

≈4.7（41）.i-Saṁyojana 繫縛，4.1.4.iii.v（191）-Kotthika

《雜阿含 239 經》

110. Upādānaṁ 執取（Upādāniya）

∞，↔2（105）.Up①d①ya（上邊）

《雜阿含 240 經》

111. Parijānaṁ 了知（1）

≈ .i.iii.iv（26）～v（27）Parijānanā 曉了（1）～（2）

《雜阿含 242 經》

112. Parijānaṁ 了知（2） ↔（上邊）

《雜阿含 242 經》

113. Upassuti 侍聞 ↔ iii（106）Dukkha（上邊）

（十二）Lokakāmaguṇa-vaggo 世間欲類品 ！！！

114. Mārapāsa 魔索（1） ÷！！！

《雜阿含 244 經》

115. Mārapāsa 魔索（2） ↔（上邊）

《雜阿含 244 經》

116. Lokakāmanaguṇa 世間欲類（1） ！！！

《雜阿含 234 經》

117. Lokakāmanaguṇa 世間欲類（2） ！！！

《雜阿含 211 經》

118. Sakka 帝釋（Sakkapañha） ！÷，≈ iii.i（124）-Vesali（下品）

119. Pañcasikha 五結乾闥婆子 ↔（上邊）

120. Sāriputta 舍利弗 ！！！

121. Rāhula 羅睺羅（Rāhulovāda）

∞！！！，≈ .5.12（56），ii.i-11. Tathāgatena vatta 如來所說（1）（Dhammacakkappavattana 轉法輪經）

《雜阿含 200 經》，M.147. Cūḷarāhulovādasuttaṁ 教羅睺羅小經

122. Saṁyojanaṁ 繫縛

↔ i.vi（109）-Saṁyojana 繫縛（Saṁyojaniya）（上邊）

《雜阿含 239 經》

123. Upādānaṁ 取執

↔ i.vii（110）-Upādānaṁ 執取（Upādāniya）（上邊）

《雜阿含 240 經》

（十三）Gahapati-vaggo 居士品 ∞！！，！！！

124. Vesālī 毘捨離

↔ ii（12）.v（118）-Sakka（上邊）

《雜阿含 237 經》

125. Vajjī 跋耆（郁伽居士） ↔（上邊）

126. Nāḷanda 那爛陀（優波離居士） ↔（上邊）

127. Bhāradvāja（具壽）賓頭盧 ∞！

128. Soṇo 須那（居士子） ↔ i（124），ii（125）（上邊）

129. Ghosita 瞿史羅（居士） ∞！

《雜阿含 460 經》

130. Haliddakko 訶梨提迦尼（長者）（Hāliddikāni） ∞

《雜阿含 553 經》

131. Nakulapitā 那拘羅父（居士）（Nakulapitu）

↔^2（125），3（126），5（128）（上邊）

132. Lohicco 魯醯遮（婆羅門） ∞！

《雜阿含 255 經》

133. Verahaccāni 毘紐迦旃延（婆羅門尼） ∞！，！！！

《雜阿含 253 經》

（十四）Devadaha-vaggo 提婆陀訶品 ！！！000

134. Devadahakhaṇo 提婆陀訶 ∞

《雜阿含 212 經》

135. Saṅgayha 執者 ÷！！！

《雜阿含 210 經》

136. Agayha 不執者 ÷！！！

《雜阿含 210、308 經》

137. Palāsinā 惡意者（1）

！！！，↔^ii.v（10）.viii（101）～ix（102）-非汝等有 1，2（上邊）

《雜阿含 274 經》，S.22.33.，S.35.101～102.

138. Palāsinā 惡意者（2）

！！！，↔^ii.v（10）.viii（101）～ix（102）-非汝等有 1，2（上邊）

《雜阿含 274 經》，S.22.33.，S.35.101～102.

139. Hetunā ajjhatta 內因（1） ！！！，↔^i.i-1. Anicca-vaggo 無常品

《雜阿含 11～12、248 經》

140. Hetunā ajjhatta 內因（2） ↔（上邊）
141. Hetunā ajjhatta 內因（3） ↔（上邊）
142. Hetunā bāhira 外因（1） ↔（上邊）
143. Hetunā bāhira 外因（2） ↔（上邊）
144. Hetunā bāhira 外因（3） ↔（上邊）

（十五）Navapurāṇa-vaggo 新舊品　！！！

145. Kammaṁ 業 ！！？
146. Sappāya 有驗（1）
　！！！，↔ i.iii.x（32）32. Sappāya 有驗（2）（上邊）
　《雜阿含 219～220 經》
147. Sappāya 有驗（2） ↔（上邊）
　《雜阿含 219～220 經》
148. Sappāya 有驗（3） ↔（上邊）
　《雜阿含 219～220 經》
149. Sappāya 有驗（4） ↔（上邊）
　《雜阿含 219～220 經》
150. Antevāsi 內住 000000
　《雜阿含 235 經》
151. Kimatthiya 何功德
　∞！，≈ 5.1.i.5（v）-5. Kimattha 何義（Kimatthiya）
152. Atthi nu kho pariyāyo 有因由耶 ∞！！
153. Indriya 諸根 ∞！！
154. Kathika 說法者 ∞！！
　《雜阿含 28、288、363 經》，cf. S.22.116.

第四　五十（經）品　∞！！！

（十六）Nandikkhaya-vaggo 喜悅消盡品　∞

155. Nandikkhaya 喜悅消盡（1） ∞
　《雜阿含 188～189 經》
156. Nandikkhaya 喜悅消盡（2） ≈（上邊）
　《雜阿含 188 經》，cf. S.35.179～181.、185.

157. Nandikkhaya 喜悅消盡（3） ∞，≈（上邊）
《雜阿含 190 經》
158. Nandikkhaya 喜悅消盡（4） ≈（上邊）
《雜阿含 190 經》
159. Jīvakambavane 耆婆庵羅林（1） ∞，≈（諸經勸修「定，三昧」）
《雜阿含 207 經》，S.35.99.
160. Jīvakambavane 耆婆庵羅林（2） ∞，≈（諸經勸修「獨想」）
《雜阿含 206 經》
161. Koṭṭhiko 拘瑟他迦（1） ↔^ii.iii.iii（76）-R①dha（上邊）
162. Koṭṭhiko 拘瑟他迦（2） ↔（上邊）
163. Koṭṭhiko 拘瑟他迦（3） ↔（上邊）
164. Micchādiṭṭhi 邪見 ∞
165. Sakkāya 己身見 ↔（上邊）
《雜阿含 202 經》
166. Attāno 我 ↔（上邊）
《雜阿含 202 經》

（十七）Saṭṭhipeyyāla-vaggo 乃至廣說（品） ！！！，↔（這品裏面，每一經都重疊上面的經）

167. Chandena 欲念（1～3）
168. Chandena 欲念（4～6）
169. Chandena 欲念（7～9）
170. Chandena 欲念（10～12）
171. Chandena 欲念（13～15）
172. Chandena 欲念（16～18）
173. Atītena 過去（1～3）
《雜阿含 8 經》
174. Atītena 過去（4～6）
《雜阿含 8 經》，cf.《雜阿含 79 經》
175. Atītena 過去（7～9）
176. Atītena 過去（10～12）
177. Atītena 過去（13～15）

178. Atītena 過去（16～18）
179. Yadanicca 凡無常者（1～3）
《雜阿含 188～189 經》
180. Yadanicca 凡無常者（4～6）
181. Yadanicca 凡無常者（7～9）
182. Yadanicca 凡無常者（10～12）
《雜阿含 9、79 經》
183. Yadanicca 凡無常者（13～15）
184. Yadanicca 凡無常者（16～18）
185. Ajjhatta 內（1～3）（tayo）
《雜阿含 188～189 經》
186. Bāhira 外（1～3）
《雜阿含 9 經》

（十八）Samudda-vaggo 海品 ∞！！！

187. Samudda 海（1） 000
《雜阿含 217 經》，cf.《雜阿含 469 經》
188. Samudda 海（2） 000
《雜阿含 216 經》
189. Bāḷisikopama 漁夫 000
《雜阿含 245、250 經》
190. Khīrarukkhopama 乳樹 ∞
191. Koṭṭhika 拘絺羅 ∞，≈ 7.i-1. Saṁyojana 繫縛
《雜阿含 250 經》
192. Kāmabhū 迦摩浮 ↔^（上邊）
《雜阿含 559 經》
193. Udāyī 優陀夷 ∞！！
《雜阿含 247 經》
194. Ādittapariyāya 燃燒 ∞，！！！，000
《雜阿含 241 經》
195. Hatthapādopama 手足喻（1） ∞！！
《雜阿含 1166 經》

196. Hatthapādopama 手足喻（2） ↔（上邊）
《雜阿含 1166 經》

（十九）Āsīvisa-vaggo **毒蛇品** ∞！！

197. Āsīvisa 毒蛇 ∞！！
《雜阿含 1172 經》，《增壹阿含 31.6 經》

198. Ratho 喜樂 ！！！

199. Kummo 龜 ∞！

200. Dārukkhandho 木塊（1） ∞？
《雜阿含 1174 經》，《增壹阿含 43.3 經》

201. Dārukkhandho 木塊（2） ↔（上邊）

202. Avassuto 漏泄 ∞！
《雜阿含 1176 經》

203. Dukkhadhammā 苦法 ∞！，！！！
《雜阿含 1173 經》

204. Kiṁsukā 緊叔迦 ∞！
《雜阿含 1175 經》

205. Vīṇā 琵琶 ∞！
《雜阿含 1169 經》

206. Chappāṇa 六生物（Chappāṇaka） ∞！
《雜阿含 1170、1171 經》，《增壹阿含 38.8 經》

207. Yavakalāpi 麥把 ∞！，！！！，÷
《雜阿含 1168 經》

三十六、Vedanā-saṁyutta 受相應 ！！！

（一）Sagāthā-vaggo **有偈品** ∞！！

1. Samādhi 三昧 ∞！！
《雜阿含 473 經》

2. Sukhaya 樂 ∞！！
《雜阿含 473 經》

3. Pahānena 捨棄 ∞！！
《雜阿含 468 經》

4. Pātāla 嶮崖　∞！！
《雜阿含 469 經》
5. Daṭṭhabbena 當見（應被見）　∞！！
《雜阿含 467 經》
6. Sallena 箭　∞！
《雜阿含 470 經》，cf. A.1.1.
7. Gelañña 疾病（1）　∞！
D.16.Mahāparinibbānasuttaṁ 大般涅槃經，S.2.12～13.，S.47.2.
8. Gelañña 疾病（2）　↔ v-Daṭṭhabbena（上邊）
9. Anicca 無常
10. Phassamūlaka 以觸為根本者　∞
《雜阿含 466 經》

（二）Rahogata-vaggo 獨坐品　0，！！！

11. Rahogataka 獨坐　∞！！！
《雜阿含 477 經》，cf.《雜阿含 473～474 經》
12. Ākāsaṁ 虛空（1）　∞！
《雜阿含 471 經》
13. Ākāsaṁ 虛空（2）　↔（上邊）
《雜阿含 471 經》
14. Agāraṁ 客舍　≈ ii（12）（上邊）
《雜阿含 472 經》
15. Santakaṁ 止息（1）（Ānanda）　∞！！！
《雜阿含 474 經》
16. Santakaṁ 止息（2）（Ānanda）　0，↔（上邊）
《雜阿含 474 經》
17. Aṭṭhaka 八支（1）（Sambahula）　↔（上邊）
《雜阿含 477 經》
18. Aṭṭhaka 八支（2）（Sambahula）　↔（上邊）
《雜阿含 474 經》
19. Pañcakaṅgo 般奢康伽（木匠）　！！！
《雜阿含 487 經》，M.59. Bahuvedanīyasuttaṁ 多受經

20. Bhikkhunā 比丘　↔（上邊）

《雜阿含 487 經》，M.59. Bahuvedanīyasuttaṁ 多受經

（三）百八理品　！！！

21. Sīvako 尸婆　∞！！！

《雜阿含 977 經》，《別譯雜阿含 211 經》

22. Aṭṭhasata 百八　！！！

23. Bhikkhu 一比丘（Aññatarabhikkhu）

↔ ii.（15）v-Santakaṁ 止息（1）（Ānanda）（上品）

《雜阿含 477 經》

24. Pubba Ñāṇa 宿智　！！！，≈（上邊）

《雜阿含 475、479 經》

25. Bhikkhunā 眾多比丘　↔ iii（23）（上邊）

《雜阿含 479 經》

26. Samaṇabrāhmaṇā 沙門婆羅門（1）　≈（上邊）

《雜阿含 481 經》

27. Samaṇabrāhmaṇā 沙門婆羅門（2）　↔（上邊）

《雜阿含 481 經》

28. Samaṇabrāhmaṇā 沙門婆羅門（3）　↔（上邊）

《雜阿含 481 經》

29. Suddhikaṁ Nirāmisaṁ 清淨無食樂　！！！

《雜阿含 485 經》

三十七、Mātugāma-saṁyutta 女人相應　！，÷，0

（一）Peyyāla-vaggo 中略品　∞，÷

1. Manapā-amanapā 可意不可意　∞
2. Manapā-amanapā 可意不可意　∞，≈（上邊）
3. Āveṇikā 特殊（Āveṇikadukkha）
4. Tīhi 三法（Tīhidhammehi）　÷
5. Kodhano 有忿　÷

   A.3.127.
6. Upanāhī 有恨　≈（上邊）

7. Issukī 有嫉　≈（上邊）
8. Maccharena 有慳（Maccharī）　≈（上邊）
9. Aticārī 犯行　≈（上邊）
10. Dussīlaṁ 劣戒　≈（上邊）
11. Appassutaṁ 寡聞　≈（上邊）
12. Kusīto 懈怠　≈（上邊）
13. Muṭṭhassati 忘念　≈（上邊）
14. Pañcaveraṁ 五禁　≈（上邊）

（二）peyyāla-vaggo 中略品　≈（上品）

15. Akkodhano 無忿　÷
16. Anupanāhī 無恨
17. Anissukī 無嫉
18. Amaccharī 無慳
19. Anaticārī 無犯行
20. Sīlavā 持戒（Susīla）
21. Bahussuto 多聞
22. Vīriya 精進（Āraddhavīriya）
23. Sati 有念（Upaṭṭhitassati）
24. Pañcasīla 五戒

（三）Bala-vaggo 第三品

25. Visāradā 無所畏
26. Pasayhā 抑制
27. Abhibhuyya 克服
28. Eka 單一
29. Aṅga 部分
30. Nāsenti 放逐
31. Hetu 因　÷
32. Ṭhānaṁ 位處　！
33. Visārado 無所畏（Pañcasīlavisārada）　！
34. Vaḍḍhi 增長（Vaḍḍhī）　！

三十八、Jambukhādaka-saṁyutta **閻浮車相應** ∞∞

1. Nibbānaṁ 涅槃（Nibbānapañhā） ∞
   《雜阿含 490 經》
2. Arahattaṁ 阿羅漢果（Arahattapañhā） ∞
   《雜阿含 490 經》
3. Dhammavādī 法語者（Dhammavādīpañhā） ∞
   《雜阿含 490 經》
4. Kimatthi 何在（Kimatthiya） ∞
   《雜阿含 490 經》
5. Assāso 安息（Assāsappatta） ∞
   《雜阿含 490 經》
6. Paramassāso 最上安息（Paramassāsappatta） ∞
   《雜阿含 490 經》
7. Vedanā 受（Vedanāpañhā） ∞
   《雜阿含 490 經》
8. Āsavā 漏（Āsavapañhā） ∞
   《雜阿含 490 經》
9. Avijjā 無明（Avijjāpañhā） ∞
   《雜阿含 490 經》
10. Taṇhā 愛（Taṇhāpañhā） ∞
    《雜阿含 490 經》
11. Oghapañhā 瀑流 ∞
    《雜阿含 490 經》
12. Upādānaṁ 取（Upādānapañhā） ∞
    《雜阿含 490 經》
13. Bhavo 有（Bhavapañhā） ∞
    《雜阿含 490 經》
14. Dukkhaṁ 苦（Dukkhapañhā） ∞
    《雜阿含 490 經》
15. Sakkāyo 己身（Sakkāyapañhā） ∞
    《雜阿含 490 經》

16. Dukkaraṁ 難為（Dukkarapañhā） ∞

《雜阿含 490 經》

三十九、Sāmaṇḍaka-saṁyutta 沙門出家相應 ！！！，↔（上相應）

1. Nibbānaṁ 涅槃（Sāmaṇḍaka）

《雜阿含 491 經》

2～15.（標題同 38. 2～15.）

《雜阿含 491 經》

16. Dukkaraṁ 難為

《雜阿含 491 經》

四十、Moggallāna-saṁyutta 目犍連相應 0！！！

1. Savitakka 有尋

《雜阿含 501 經》

2. Avitakka 無尋

《雜阿含 501 經》

3. Sukhena 樂

《雜阿含 501 經》

4. Upekkhako 捨

《雜阿含 501 經》

5. Ākāsāṁ 虛空

《雜阿含 501 經》

6. Viññāṇam 識

《雜阿含 501 經》

7. Ākiñcaññā 無所有

8. Nevasaññānī 非非想

9. Animitto 無相

《雜阿含 502 經》

10. Sakko 帝釋

cf.S.40.10.Sakko 帝釋，《雜阿含 506、988～989 經》，Vin. Cv.5.8.，.梵 Divy. p.375.，p.401.，DhpA.3. pp.224ff.，SnA.p.570.

11. Candano 栴檀天子

12～15. 同 Sakko

四十一、Citta-saṁyutta 質多相應　！！，！！！

1. Saṁyojana 繫縛　∞，≈ 1.4.iii.（191）v-Kotthika（上邊）
　《雜阿含 572 經》
2. Isidatta 隸犀達多（1）　∞
　《雜阿含 569 經》
3. Isidatta 隸犀達多（2）　！！！
　《雜阿含 570 經》
4. Mahako 摩訶迦（Mahakapāṭihāriya）　0，÷，！！！
　《雜阿含 571 經》
5. Kāmabhū 迦摩浮（1）　∞
　《雜阿含 566 經》
6. Kāmabhū 迦摩浮（2）　！！！
　《雜阿含 568 經》
7. Godatto 牛達多　！？
　《雜阿含 567 經》
8. Nigaṇṭho 尼乾陀（Nigaṇṭhanāṭaputta）　0，！
　《雜阿含 574 經》
9. Acela 裸形（Acelakassapa）　0
　《雜阿含 573 經》
10. Gilānadassanaṁ 見病　0
　《雜阿含 575 經》

四十二、Gāmaṇi-saṁyutta 聚落主相應　∞！！！

1. Caṇḍo 暴惡　∞
　《雜阿含 910 經》，《別譯雜阿含 125 經》
2. Puṭo 布（Tālapuṭa）　0
　《雜阿含 907 經》，《別譯雜阿含 122 經》
3. Yodhājīvo 戰士　0，≈（上邊）
　《雜阿含 908 經》，《別譯雜阿含 123 經》

4. Hatthī 象（Hatthāroha） 0，≈（上邊）
5. Assa 馬（Assāroha） 0，≈（上邊）
6. Pacchābhūmako 西方人（Asibandhakaputta） ∞！
7. Desanā 說教（Khettūpama） ∞！
《雜阿含 915 經》，《別譯雜阿含 130 經》
8. Saṅkha 螺貝（Saṅkhadhama） ∞！
《雜阿含 916 經》，《別譯雜阿含 131 經》
9. Kulaṁ 家 ！，000
《雜阿含 914 經》，《別譯雜阿含 129 經》
10. Maṇicūḷaṁ 頂髻（Maṇicūḷaka） ∞
《雜阿含 911 經》，《別譯雜阿含 126 經》
11. Bhadra 驢姓（Bhadraka） ∞
《雜阿含 913 經》，《別譯雜阿含 128 經》
12. Rāsiyo 王發 ∞，！！！
《雜阿含 912 經》，《別譯雜阿含 127 經》
13. Pāṭali 可意（波羅牢）（Pāṭaliya） 0，≈ viii-Sankha（上邊）
《中阿含 20 經》波羅牢經》

四十三、Asaṅkhata-saṁyutta 無為相應　∞！！！

（一）Paṭhama-vaggo 第一品　∞，！！！

1. Kāyo 身（Kāyagatāsati） ∞！
2. Samatho 止觀（Samathavipassanā） ∞！
3. Vitakko 有尋（Savitakkasavicāra） ！！！？
4. Suññatā 空（Suññatasamādhi） ∞！
5. Satipaṭṭhānā 念處 ∞！
6. Sammappadhānā 正勤 ∞！
7. Iddhipādā 如意足 ！！！？
8. Indriya 根 ∞！
9. Bala 力 ∞！
10. Bojjhaṅgā 覺支 ∞！
11. Maggaṅgena 道 ∞！

《雜阿含 890 經》

（二）Dutiya-vaggo 第二品　！！！，0

1. Asaṅkhataṁ 無為

《雜阿含 890 經》

2. Anataṁ 止

3～43. Anāsavaṁ etc. 無漏，等

《雜阿含 890 經》

44. Parāyanaṁ 到彼岸

《雜阿含 890 經》

四十四、Abyākata-saṁyutta 無記說相應　∞！！！

1. Khemātherī 讖摩長老尼（Khemā）　∞！

2. Anurādho 阿羅陀

！！！↔ 3.1.b.iv（9）.iv（86）-Anur①dho

3. Sāriputta-Koṭṭhika 舍利弗-拘絺羅（1）　∞！

4. Sāriputta-Koṭṭhiko 舍利弗-拘絺羅（2）　∞！≈（上邊）

5. Sāriputta-Koṭṭhiko 舍利弗-拘絺羅（3）　∞！≈（上邊）

6. Sāriputta-Koṭṭhiko 舍利弗-拘絺羅（4）　∞！≈（上邊）

7. Moggallāno 目犍連

∞！，↔ viii-Vaccha & ≈ xi-Sabhiya（下邊），

《雜阿含 958 經》,《別譯雜阿含 191 經》

8. Vaccho 婆蹉（Vacchagotta）　↔（上邊）

《雜阿含 960 經》,《別譯雜阿含 194 經》

9. Kutūhalasālā 論議堂　÷00

《雜阿含 105、957 經》,《別譯雜阿含 190 經》

10. Ānando 阿難　∞！

《雜阿含 961 經》,《別譯雜阿含 195 經》

11. Sabhiyako 詵陀（Sabhiyakaccāna）　≈ vii（上邊）

《雜阿含 959 經》,《別譯雜阿含 192～193 經》

第五集　大篇 Saṁyuttanikāyo（5）Mahā-vaggo

四十五、Magga-saṁyutta 道相應　∞

（一）Avijjā-vaggo 無明品　∞

1. Avijjā 無明　∞
《雜阿含 749 經》

2. Upaḍḍhaṁ 半
∞，≈.1.3.2.8（18）.Appamāda（2）（Kalyāṇamitta 善友）不放逸（半梵行，全梵行）
《雜阿含 726、768、1238 經》，《增壹阿含 44.10 經》

3. Sāriputto 舍利弗　↔^.2.II.半（正在上邊）
cf.《雜阿含 768 經》

4. Brāhmaṇo 婆羅門（Jāṇussoṇibrāhmaṇa）　∞
《雜阿含 718、769 經》

5. Kimattha 何義（Kimatthiya）　∞
《雜阿含 783 經》

6. Aññataro bhikkhu 一比丘（1）　∞

7. Aññataro bhikkhu 一比丘（2）　∞！！÷？
《雜阿含 753 經》

8. Vibhaṅgo 分別　！！
《雜阿含 784 經》，大正 No.112《佛說八正道經》；cf. S.45.21.

9. Suka 芒（Sūka）　∞

10. Nandiya 難提
∞［↔^.5.v，7.vii（上邊，同品）］！！！

（二）Vihāra-vaggo 住品　∞

11. Vihāra 住（1）　∞

12. Vihāra 住（2）　↔^.11.I.（上邊）

13. Sekkho 有學　∞
《雜阿含 761 經》

14. Uppāde 生起（1）　∞

15. Uppāde 生起（2）　∞^.14.IV.（上邊）

16. Parisuddha 清淨（1） ∞
《雜阿含 766 經》
17. Parisuddha 清淨（2） ∞ ↔^.16.VI.（上邊）
《雜阿含 766 經》
18. Kukkuṭārāma 雞林精舍（1） ∞
cf.《雜阿含 632 經》
19. Kukkuṭārāma 雞林精舍（2）
∞≈ 第一品，第六經——Aññataro bhikkhu 一比丘（1）
cf.《雜阿含 632 經》
20. Kukkuṭārāma 雞林精舍（3） ↔.19.IX.（上邊）
cf.《雜阿含 632 經》

（三）Micchatta-vaggo 邪性品 ∞

21. Micchattaṁ 邪性 ∞
《雜阿含 770、784 經》，大正 No.112《佛說八正道經》
22. Akusalam dhamma 不善法 ∞
23. Paṭipadā 道（1） ∞
《雜阿含 790～791 經》
24. Paṭipadā 道（2） ∞
《雜阿含 751 經》
25. Asappurisa 不善士（1） ∞
26. Asappurisa 不善士（2） ∞
27. Kumbha 瓶 ∞
28. Samādhi 定 ∞！！
《雜阿含 754 經》
29. Vedanā 受 ∞
《雜阿含 759 經》
30. Uttiya 鬱低迦（or Utikka） ∞
《雜阿含 752 經》

（四）Paṭipatti-vaggo 行品 ∞

31. Paṭipatti 行

↔^.（第三品，第一經）21.I. Micchattaṁ 邪性

32. Paṭipanno 行者 ≈.31.I.（上邊）

33. Viraddho 失 ∞

34. Pāraṅgama 到彼岸 ∞！！！

《雜阿含 771 經》,《法句經》Dhp.85～89

35. sāmaññaṁ 沙門法（1） ！！！

《雜阿含 796～797 經》、《雜阿含 799 經》

36. sāmaññaṁ 沙門法（2） ∞

《雜阿含 794～795 經》、《雜阿含 798 經》

37. Brahmaññaṁ 婆羅門法（1） ≈.35.V.

《雜阿含 799～800 經》

38. Brahmaññaṁ 婆羅門法（2） ≈.36.VI.

《雜阿含 799～800 經》

39. Brahmacariyaṁ 梵行（1） ≈.35.V.

《雜阿含 799～800 經》

40. Brahmacariyaṁ 梵行（2） ≈.36.VI.

《雜阿含 799～800 經》

（五）異學廣說品 ∞

41. Virāga 離染（Rāgavirāga） ∞

cf.《雜阿含 783 經》

42. Saṁyojanaṁ 結 ∞

43. Anusayaṁ 隨眠 ∞

44. Addhānaṁ 行路 ∞

45. Āsavakhayaṁ 漏盡 ∞

46. Vijjāvimutti 明解脫 ∞

47. Ñāṇaṁ 智 ∞

48. Anupādāya 無取（Anupādāparinibbāna） ∞

（六）Sūriyapeyyāla-vaggo 日輪廣說品 ∞

一 遠離依止

49. Kalyāṇamitta 善友（1） ∞

cf.《雜阿含 717、748 經》，cf. S.45.84.

50. Sīlaṁ 戒（1） ∞
51. Chanda 志欲（1） ∞
52. Atta 我（1） ∞
53. Diṭṭhi 見（1） ∞
54. Appamāda 不放逸（1） ∞
55. Yoniso 從根源（1） ∞

二　貪欲調伏　↔ 一（上邊）

56. Kalyāṇamitta 善友（2） ↔ 49.I.（上邊）
 cf.《雜阿含 717、748 經》，cf. S.45.84.
57. Sīla 戒（2） ↔ 50.II.（上邊）
58. Chanda 志欲（2） ↔ 51.III.（上邊）
59. Atta 我（2） ↔ 52.IV.（上邊）
60. Diṭṭhi 見（2） ↔ 53.V.（上邊）
61. Appamāda 不放逸（2） ↔ 54.VI.（上邊）
62. Yoniso 從根源（2） ↔ 55.VII.（上邊）

（七）Ekadhamma-peyyāla-vaggo 一法廣說（1）
！！！，↔ Sūriyapeyyāla-vaggo 日輪廣說品

一　遠離依止

63. Kalyāṇamitta 善友（1）
64. Sīlaṁ 戒（1）
65. Chanda 志欲（1）
66. Atta 我（1）
67. Diṭṭhi 見（1）
68. Appamāda 不放逸（1）
69. Yoniso 從根源（1）

二　貪欲調伏　↔ 一（上邊）

70. Kalyāṇamitta 善友（2）
71. Sīla 戒（2）
72. Chanda 志欲（2）
73. Atta 我（2）

74. Diṭṭhi 見（2）

75. Appamāda 不放逸（2）

76. Yoniso 從根源（2）

cf. S.45.83.，cf. S.45.90.

（八）Ekadhammapeyyāla-vaggo 一法廣說（2）
！！！，↔ Sūriyapeyyāla-vaggo 日輪廣說品

一　遠離依止

77. Kalyāṇamittaṁ 善友（1）

S.45.84.

78. Sīla 戒（1）

79. Chanda 志欲（1）

80. Atta 我（1）

81. Diṭṭhi 見（1）

82. Appamāda 不放逸（1）

83. Yoniso 從根源（1）

《雜阿含 716 經》，cf. S.45.76.，cf. S.45.90.

二　貪欲調伏　↔　一（上邊）

84. Kalyāṇamittā 善友（2）

《雜阿含 717 經》，S.46.49.

85. Sīla 戒（2）

86. Chanda 志欲（2）

87. Atta 我（2）

88. Diṭṭhi 見（2）

89. Appamāda 不放逸（2）

90. Yoniso 從根源（2）

cf. S.45.76.，cf. S.45.83.

（九）Gaṅgā-peyyāla-vaggo 恒河廣說品　一　遠離依止
！！！，↔^一（上邊）

91. Pācīna 東（1）

92. Pācīna 東（2）

93. Pācīna 東（3）
94. Pācīna 東（4）
95. Pācīna 東（5）
96. Pācīna 東（6）
97. Samudda 海（1）
98. Samudda 海（2）
99. Samudda 海（3）
100. Samudda 海（4）
101. Samudda 海（5）
102. Samudda 海（6）

（十）Gaṅgā-peyyāla-vaggo 恒河廣說品　二　貪欲調伏
！！！，↔^一（上邊）

103～108.（1～6）Pācīna 東
109～114. Samudda 海

（十一）Gaṅgā-peyyāla-vaggo 恒河廣說品三　不死究竟
↔^一（上邊）

［iii］115～120.（2～6）Pācīna 東
121～126. Samudda 海

（十二）Gaṅgā-peyyāla-vaggo 恒河廣說品　四　趣向涅槃
↔^一（上邊）

［iv］127～132.（1～6）Pācīna 東
133～138.（1～6）Samudda 海

（十三）Appamādapeyyāla-vaggo 不放逸品　∞

139. Tathāgata 如來（1～4）　∞
140. Pada 足跡（1～4）　∞
141. Kūṭā 屋頂（1～4）　∞
142. Mūla 根（1～4）　∞
143. Sāro 核（1～4）　∞
144. Vassika 夏生花（1～4）　∞
145. Rājā 王（1～4）　÷？

146. Canda 月（1～4） ∞
147. Suriya 日（1～4） ∞
148. Vattha 衣（1～4） ∞

（十四）Balakaraṇīya-vaggo 力所作品 ∞

149. Balaṁ 力 ∞
150. Bījā 種子 ∞
151. Nāgo 龍 ∞，↔^v.ii.i.i-1. Himavantaṁ 雪山
152. Rukkho 樹 ∞
153. Kumbho 瓶 ∞
154. Sūkiya 芒（Sūka） ∞
155. Ākāsa 虛空 ∞
156. Megha 雲（1） ∞
157. Megha 雲（2） ∞
158. Nāvā 船舶 ∞
cf. S.22.101.
159. Āgantukā 客 ∞
160. Nadī 河 ∞

（十五）Esanā-vaggo 尋覓品 ∞

161. Esanā 尋覓（1～4） ∞
162. Vidhā 次第（1～4） ∞
163. Āsavo 漏（1～4） ∞
164. Bhavo 有（1～4） ！！！？
165. Dukkhatā 苦（1～4） ！！！？
166. Khilā 礙（1～4） ∞
167. Malaṁ 垢（1～4） ∞
168. Nīghā 搖（1～4） ∞
169. Vedanā 受（1～4） ∞
170. Taṇhā 渴愛（1～4） ∞
（緬甸版多一經（171. Tasinā）） ∞

（十六）Ogha-vaggo 瀑流品 ∞

171. Ogho 瀑流 ∞
172. Yogo 軛 ∞
173. Upādānaṁ 取 ∞
174. Ganthā 係 ∞
175. Anusayā 隨眠 ！！！？
176. Kāmaguṇa 妙欲 ∞
177. Nīvaraṇāni 蓋 ∞
178. Khandā 蘊 ∞
179. Orambhāgiya 下分［結］ ∞
180. Uddhambhāgiya 上分［結］ ∞

四十六、Bojjhaṅgasaṁyutta 覺支相應 ∞，÷，！！！

（一）Pabbata-vaggo 山品 ∞

1. Himavantaṁ 雪山

∞，↔^ v.i.xiv.iii-151. Nāgo 龍 // hoặc ↔^ v.i.vi.iii-蛇（naga）

2. Kāya 身

∞！！，↔^.iii.23.iii-Ṭhānā 處（Ṭhāniya）

《雜阿含 715 經》，S.46.51.

3. Sīla 戒 ∞！！！

《雜阿含 723、724、736、740 經》

4. Vatta 轉（Vattha） ∞！！

《雜阿含 718 經》

5. Bhikkhu 比丘 ∞！！，↔.iii.21.i- Bodhanā 覺（Bodhāya）

《雜阿含 733 經》

6. Kuṇḍali 毘達利耶（遊行僧）（Kuṇḍaliya） ∞！！

《雜阿含 281 經》

7. Kūṭā 屋頂（Kūṭāgāra）

∞，↔^ v.i.v.i，iv- Tathāgata 如來（1～4 涅槃）. & v.i.v.iii-141. Kūṭā 屋頂（1～4）

8. Upavāṇā（具壽）優波婆那 ∞

《雜阿含 719 經》

9. Uppannā 生（1）　≈ i.ii.iv-14. Uppāde 生起（1）

10. Uppannā 生（2）　≈ i.ii.v-15. Uppāde 生起（2）

《雜阿含 732 經》

（二）Gilāna-vaggo 病品

∞！！！≈ 第一章的第六日輪廣說品&第十三不放逸品

11. Pāṇā 生類　∞↔^i.vi.i（// i.xiv.i）-Sức Lực Balaṁ 力

12. Suriyassa upamā 日輪喻（1）（Sūriyūpama）

∞↔^.i.vi.i（49.）Kalyāṇamitta 善友（1）

13. Suriyassa upamā 日輪喻（2）（Sūriyūpama）

∞↔^.i.vi.vii（55.）Yoniso 從根源（1）

14. Gilānā 病（1）　！！！

15. Gilānā 病（2）　！！！，（上邊）

16. Gilānā 病（3）　！，！！！，（上邊）

《雜阿含 727、768、1238 經》，D.16. Mahāparinibbānasuttaṁ 大般涅槃經（5.1），《增壹阿含 39.6 經》、《增壹阿含 44.10 經》

17. Pāraṅgāmi 到彼岸（Pāraṅgama）　∞

18. Viraddho 失　∞

19. Ariyo 聖　∞，≈ i.vii- Kūṭā 屋頂（Kūṭāgāra）

20. Nibbidā 厭患

↔^i.i（5）-Himavantaṁ 雪山& i.vii- Kūṭā 屋頂（Kūṭāgāra）

（三）Udāyi-vaggo 優陀夷品　！！！

21. Bodhanā 覺（Bodhāya）　↔ i.v-5. Bhikkhu 比丘

22. Desanā 說（Bojjhaṅgadesanā）

《雜阿含 728 經》

23. Ṭhānā 處（Ṭhāniya）　↔^.i.ii-Kāya 身

《雜阿含 709 經》

24. Ayoniso 非從根源（Ayonisomanasikāra）　↔^.i.ii-Kāya 身

《雜阿含 704、725 經》

25. Aparihāni 不損（Aparihāniya）

26. Khaya 盡（Taṇhakkhaya）　∞！！
27. Nirodha 滅（Taṇhānirodha）　↔^（上邊）
《雜阿含 729 經》
28. Nibbedho 決擇（Nibbedhabhāgiya）　↔^（上邊）
29. Ekadhamma 一法　↔^（上邊）
30. Udāyi（具壽）優陀夷　∞！

（四）Nīvaraṇa-vaggo 蓋品　∞，！！！

31. Kusalā 善（1）
！！！，≈ i.13.139（1）-139. Tathāgata 如來（1）
32. Kusalā 善（2）
！！！，↔^36.vi- Yoniso 從根源（2），↔^ 02 經 v.49（ix）49. Aṅga 內分（1）& v.50（x）50. Aṅga 外分（2）
33. Kilesa 煩惱（1）（Upakkilesa）　∞
34. Kilesa 煩惱（2）（Anupakkilesa）　∞
《雜阿含 705 經》
35. Yoniso 從根源（1）（Ayonisomanasikāra）　∞
36. Yoniso 從根源（2）（Ayonisomanasikāra）
！！！，↔^32（ii）-Kusalā 善（2），↔^ 02 經 v.49（ix）49. Aṅga 內分（1）& v.50（x）50. Aṅga 外分（2）
37. Vuddhi 增長（Buddhi）
！！！，↔iii.25（5）-Aparihāni 不損（Aparihāniya）
《雜阿含 705 經》
38. Āvaraṇa-nīvaraṇa 障蓋　∞！！
《雜阿含 707 經》
39. Rukkhaṁ 樹　∞
《雜阿含 708 經》
40. Nīvaraṇaṁ 蓋　∞
《雜阿含 706 經》

（五）Cakkavatti-vaggo 轉輪品　！！！，0

41. Vidhā 類

《雜阿含 730 經》

42. Cakkavatti 轉輪 ÷

《雜阿含 721～722 經》,《中阿含 58 經》七寶經》,《增壹阿含 39.7 經》,大正 No.38《佛說輪王七寶經》，cf. D.17. Mahāsudassana- suttaṁ 大善見王經（8～17）

43. Māro 魔 ÷

44. Duppañño 愚癡

45. Paññavā 有慧（Paññavanta）

46. Daliddo 貧窮

47. Adaliddo 不貧

48. Ādicco 日輪

！！！，↔ ii.12（ii）-Suriyassa upamā 日輪喻（1）（Sūriyūpama）

49. Aṅga 內分（1）（Ajjhattikaṅga）

↔^.iv.32（ii）-Kusalā 善（2）& iv.36（vi）-從根源（2）

《雜阿含 731 經》

50. Aṅga 外分（2）（Bāhiraṅga） ≈（上邊）

（六）Sākaccha-vaggo 覺支總攝品 ∞！！！

51. Āhāra 食 ∞！！！

《雜阿含 715 經》，S.46.2.

52. Pariyāya 理趣 ∞！！！

《雜阿含 713～714 經》

53. Aggi 火 ∞！！，！！！

54. Mettāṁ 慈（Mettāsahagata） ÷，↔（上邊），！！！

《雜阿含 743 經》

55. Saṅgārava 傷歌邏（婆羅門） ∞！！

56. Abhayo 無畏 ↔^（上邊）

《雜阿含 711～712 經》

（七）Ānāpāna-vaggo 入出息品 ∞！！！

57. Aṭṭhika 骨

i. Mahapphala-Mahānisaṁsā 大果大功德

《雜阿含 747 經》

ii. Aññataraphala 二果之一

《雜阿含 734、747 經》

iii. Mahattha 大義利

《雜阿含 747 經》

iv. Yogakkhema 大安穩

《雜阿含 747 經》

v. Saṁvega 厭背

《雜阿含 747 經》

vi. Phāsuvihāra 樂住

《雜阿含 747 經》

58. Puḷavaka 噉

《雜阿含 747 經》

59. Vinīlaka 青瘀

《雜阿含 747 經》

60. Vicchiddaka 壞

《雜阿含 747 經》

61. Uddhumātaka 膨脹

《雜阿含 747 經》

62. Mettā 慈

《雜阿含 744 經》

63. Karuṇā 悲

64. Muditā 喜

65. Upekhā 捨

66. Ānāpāna 入出息

（八）Nirodha-vaggo 滅品　≈（上邊）

67. Asubha 不淨

《雜阿含 741～742 經》

68. Maraṇa 死

69. Āhārepaṭikūla 食厭

《雜阿含 747 經》

70. Anabhirati 不可樂
《雜阿含 747 經》
71. Anicca 無常
《雜阿含 747 經》
72. Dukkha 苦
《雜阿含 747 經》
73. Anatta 無我
《雜阿含 747 經》
74. Pahāna 斷
《雜阿含 747 經》
75. Virāga 離染
《雜阿含 745、747 經》
76. Nirodha 滅
《雜阿含 747 經》

（九）Gaṅgāpeyyālo Navamo 恒河廣說品（Viveka 遠離）

77～88.（1～12）
《雜阿含 716～717 經》

（十）Appamāda-vaggo 不放逸品（Viveka 遠離）

89～98.（1～10）

（十一）Balakaraṇīya-vaggo 力所作品（遠離）

99～100.（1～2）

（十二）Esanā-vaggo 尋覓品（遠離）

101～111.（1～12）

（十三）Ogha-vaggo 瀑流品（遠離）

111～119.（1～9）
120. Uddhambhāgiyāni 上分結

（十四）Gaṅgā-peyyāla-vaggo 恒河廣說品（Rāgaviniya 欲貪調伏）

121.，122～132.（2～12）

（十五）Appamāda-vaggo 不放逸品（Rāgaviniya）

132～142.（1～10）

（十六）Balakaraṇīya-vaggo 力所作品（Rāgaviniya）

143～154.（1～12）

（十七）Esanā-vaggo 尋覓品（Rāgaviniya）

155～164.（1～10）

（十八）Ogha-vaggo 瀑流品（Rāgaviniya）

165～174.（1～10）

175. Uddhambhāgiyāni 上分結

四十七、Satipaṭṭhāna-saṁyutta 念處相應　∞！≈

（一）Ambapāli-vaggo 庵羅品　∞，≈，÷

1. Ambapāli 庵羅　∞！

《雜阿含 607、622 經》，S.47.18.

2. Sato 正念　∞，↔ iv.v 正念-，≈ v.iv-正念

《雜阿含 610、622 經》，一卷本《雜阿含 14 經》

3. Bhikkhu 比丘　∞！！，≈ v.vii- Duccaritaṁ 惡行

《雜阿含 624 經》，S.47.15～16.

4. Sālaṁ 薩羅（婆羅門村）　！

《雜阿含 621 經》

5. Akusalarāsi 善聚　！，↔ v.v- Kusalarāsi 善聚

《雜阿含 611 經》

6. Sakuṇagghi 鷹　÷

《雜阿含 617 經》，cf. J.168.

7. Makkaṭo 猿猴　÷，≈（上邊）

《雜阿含 620 經》

8. Sūdo 廚士　！

《雜阿含 616 經》

9. Gilāno 病　÷，！！，！！！

D.16. Mahāparinibbānasuttaṁ 大般涅槃經，《長阿含 2 經》遊行經》，S.2.22.

10. Bhikkhunivāsako 比丘尼（Bhikkhunupassaya 比丘尼住所）
!!，!!!
《雜阿含 615 經》

（二）Nālanda-vaggo 那羅犍陀品　∞，≈，÷

11. Mahāpuriso 大丈夫　∞
《雜阿含 614 經》

12. Nālandaṁ 那羅犍陀（村）　÷，!!!
《雜阿含 498 經》，D.28. Sampasādanīyasuttaṁ 自歡喜經，《長阿含 18 經》自歡喜經》

13. Cundo 純陀　!!，!
《雜阿含 638 經》

14. Ukkacela 郁迦支羅（Celaṁ）　÷，!!!
《雜阿含 639 經》

15. Bāhiyo（具壽）婆醯迦　↔ i.iii-比丘
《雜阿含 624～625 經》，cf. S.35.89.

16. Uttiyo（具壽）鬱低迦　↔^（上邊）
《雜阿含 624 經》

17. Ariyo 聖（導於出離）　↔.i.i-Ambapāli 庵羅
《雜阿含 634 經》，S.47.32～34.

18. Brahmā 梵天王　÷，↔ v.iii-Maggo 道
《雜阿含 607、1189 經》，《別譯雜阿含 104 經》，一卷本《雜阿含 4 經》，S.47.1.

19. Sedakaṁ（孫巴國）私伽陀（孫巴村）　!!
《雜阿含 619 經》，有部律，藥事七（大正 24.32 中）

20. Janapadaka 國土（第一美女）（Janapadakalyāṇī）　!!
《雜阿含 623 經》，《修行地道經》卷第三（大正 15 冊）

（三）Sīlaṭṭhiti-vaggo 戒住品　∞，≈

21. Sīlaṁ（具壽跋陀羅問善）戒　!!!÷
《雜阿含 625 經》

22. Ṭhiti（正法久）住（Ciraṭṭhiti）　∞!!

23. Parihānaṁ（正法損不）損滅　　∞！！，≈（上邊）
《雜阿含 629～630 經》
24. Suddhakaṁ（四念處）清淨（Suddha）
《雜阿含 606～607 經》
25. Brāhmaṇa（某）婆羅門（Aññatarabrāhmaṇa）
！！！，↔^ii-Ṭhiti（正法久）住（Ciraṭṭhiti）
26. Padesaṁ（有學：修四念處之）範圍
∞，↔ viii.i.iv-Kantak✸（1）
《雜阿含 627 經》
27.Samattaṁ（無學：修四念處之）全分
∞，↔ viii.i.v-Kantak✸（2）
28. Loko（具壽阿那律盡知千）世界
÷，！！！，↔ viii.i.vi-Kantak✸（3）
《雜阿含 537 經》，S.52.3. Sutanu 手成浴池
29. Sirivaḍḍho 尸利阿荼（居士）　　！！！，0
《雜阿含 1035 經》
30. Mānadinna 摩那提那（居士）　　！！！，≈（上邊）
《雜阿含 1038 經》

（四）Ananussuta-vaggo 未聞品　∞

31. Ananussutaṁ 未聞　　∞
32. Virāgo 離貪　　∞
《雜阿含 634 經》
33. Viraddho 失　　∞
《雜阿含 634 經》
34. Bhāvanā 修習（Bhāvita）　　∞
《雜阿含 634、635 經》
35. Sato 正念（Sati）　　↔ i.ii-正念，≈ v，iv-正念
36. Aññaṁ 開悟　　÷
37. Chandaṁ 欲　　∞
38. Pariññāya 徧知（Pariññāta）
39. Bhāvanā 修習　　↔.iii.iv-清淨，↔^iv-修習

40. Vibhaṅga 分別　！！！

（五）Amata-vaggo 不死品　∞！！

41. Amataṁ 不死　！
《雜阿含 608 經》
42. Samudayo 集起　∞
《雜阿含 609 經》
43. Maggo 道　÷，↔ ii.viii-18. Brahmā 梵天王
44. Sato 正念　≈.iv.v-正念，↔.i.ii-正念
cf. S.47.35.
45. Kusalarāsi 善聚　↔ i.v-Akusalarāsi 善聚
《雜阿含 612 經》
46. Pātimokkha 波羅提木叉（Pātimokkhasaṁvara）
↔^i.iii-3. Bhikkhu 比丘
《雜阿含 615 經》
47. Duccaritaṁ 惡行　↔（上邊）
48. Mittā 友　∞
49. Vedanā 受　∞
50. Āsava 漏　∞

（六）Gaṅgāpeyyāla-vaggo 恒河廣說

51～62.（1～12）

（七）Appamāda-vaggo 不放逸品

63～72.（1～10）

（八）Balakaraṇīya-vaggo 力所作品

73～82.（1～10）

（九）Esanā-vaggo 尋覓品

83～93.（1～11）

（十）Ogha-vaggo 瀑流品

94～103.（1～10）

四十八、Indriya-saṁyutta 根相應　！！！

（一）Suddhika-vaggo 清淨品　∞！！！

1. Suddhikaṁ 清淨
《雜阿含 643 經》
2. Sota 預流（1）(Sotāpanna)　∞
《雜阿含 644 經》
3. Sota 預流（2）(Sotāpanna)　↔（上邊）
《雜阿含 644 經》
4. Arahaṁ 阿羅漢（1）(Arahanta)　∞
《雜阿含 645 經》
5. Arahaṁ 阿羅漢（2）(Arahanta)　↔（上邊）
《雜阿含 645 經》
6. Samaṇabrāhmaṇā 沙門婆羅門（1）∞
《雜阿含 650～651 經》，S.48.21.
7. Samaṇabrāhmaṇā 沙門婆羅門（2）↔（上邊）
《雜阿含 650～651 經》，S.48.21.
8. Daṭṭhabbaṁ 應觀　∞！！！
《雜阿含 646、675 經》，A.5.14.，A.5.15.
9. vibhaṅga 分別（1）　∞！！
《雜阿含 647 經》
10. vibhaṅga 分別（2）　↔^（上邊），÷
《雜阿含 647、655 經》

（二）Mudutara-vaggo 軟弱品　0，1！！

11. Paṭilābho 獲得　↔ i.9 vibhaṅga 分別（1）
12. Saṁkhitta 略說（1）　÷
《雜阿含 648、652、735 經》
13. Saṁkhitta 略說（2）　↔^（上邊）
《雜阿含 653 經》
14. Saṁkhitta 略說（3）　↔^（上邊）
《雜阿含 652 經》

15. Vitthāro 廣說（1）　　　　　　↔^（上邊）
16. Vitthāro 廣說（2）　　　　　　↔^（上邊）
17. Vitthāro 廣說（3）　　　　　　↔^（上邊）
18. Paṭipanno 向
≈ ii- 12. Saṁkhitta 略說（1），↔^ 15. Vitthāro 廣說（1）（上邊）
《雜阿含 652 經》
19. Sampanno 寂靜　　　　　　∞
20. Āsavanaṁ kkhayo 漏盡（Āsavakkhaya）
↔ vii.iv-64. Āsavakkhaya 漏盡
《雜阿含 649 經》

（三）Chaḷindriya-vaggo 六根品　0，1！！

21. Nabbhavo 後有（Punabbhava）　　　　÷
《雜阿含 650～651 經》，cf. S.48.6-7.
22. Jīvita 命（Jīvitindriya）
23. Ñāya 知（Aññindriya）
《雜阿含 642 經》，A.3.84.
24. Ekābhiññaṁ 一種（Ekabījī）　！！！，≈ i.v-廣說& i.viii 向（上品）
《雜阿含 653 經》
25. Suddhakaṁ 清淨　　　　　　∞，≈ iv.i（下品）
26. Soto 預流（Sotāpanna）　　　≈ iv.ii（下品）
27.Arahatā 阿羅漢（1）（Arahanta）　≈ iv.iii（下品）
28. Arahatā 阿羅漢（2）（Sambuddha）　÷
29. Samaṇabrāhmaṇā 沙門婆羅門（1）　≈ iv.iv（下品）
30. Samaṇabrāhmaṇā 沙門婆羅門（2）　≈ iv.v（下品）

（四）Sukhindriya-vaggo 樂根品　∞

31. Suddhikaṁ 清淨
32. Soto 預流（Sotāpanna）
33. Arahā 阿羅漢（Arahanta）
34. Samaṇabrāhmaṇa 沙門婆羅門（1）
35. Samaṇabrāhmaṇa 沙門婆羅門（2）

36. Vibhaṅga 廣說（1）∞
37. Vibhaṅga 廣說（2）
38. Vibhaṅga 廣說（3）
39. Araṇi 鑽木（Kaṭṭhopama） ∞
40. Uppatika 生（Uppaṭipāṭika） ！！！

（五）Jarā-vaggo 老品 ！

41. Jarā 老（Jarādhamma） ∞！
42. Uṇṇābho brāhmaṇo 溫那巴婆羅門 ÷
43. Sāketo 沙祇城 ∞
44. Pubbakoṭṭhako 東河 ！！！
45. Pubbārāma 東園（1）
∞，≈ vi.i-S①lam，vi.iv-Pade 足跡& vi.ii-Mallikam 末羅
46. Pubbārāma 東園（2） ∞
47. Pubbārāma 東園（3） ∞
48. Catutthapubbārāma 東園（4） ∞
49. Piṇḍolo 賓頭盧（Piṇḍolabhāradvāja） ！！
50. Saddha 信（Āpaṇa 阿巴那村） ！！
《雜阿含 657、659 經》

（六）Sūkarakhata-vaggo（第六品） ∞！！！

51. Sālam 薩羅 ∞，↔^iv-Pade 足跡
52. Mallikam 末羅 ∞，≈ v.v-45. Pubbārāma 東園（1）
《雜阿含 654～656 經》
53. Sekho 有學 ∞！
54. Pade 足跡 ∞，↔^i-Sālam 薩羅
55. Sāre 核 ↔^（上邊）
56. Patiṭṭhito 依止 ∞
57. Brahmā 梵天（Sahampatibrahma） ÷
58. Sūkarakhatā 須迦羅迦陀 ∞！
59. Uppāde 生（1）
60. Uppāde 生（2）

（七）Bodhipakkhiya-vaggo 覺分品　∞！！！0

61. Saṁyojana 結

62. Anusaya 隨眠

63. Pariññā 徧知

64. Āsavakkhaya 漏盡

↔ ii.x-20.Āsavanaṁ kkhayo 漏盡（Āsavakkhaya）

65. Dve Phalā 果（1）

66. Sattānisamsā 果（2）

67. Rukkha 樹（1）

68. Rukkha 樹（2）　÷

69. Rukkha 樹（3）

70. Rukkha 樹（4）

（八）Gaṅgāpeyyāla-vaggo 恒河廣說（viveka）

71～82.（1～12）Viveka 遠離

（九到十一）Appamāda-vaggo etc. 不放逸品，理所作品，尋覓品等

（十二）Ogha-vaggo 瀑流品

118. Uddhambhāgiya 上分結

（十三到十六）Gaṅgāpeyyāla-vaggo etc. 恒河廣說，不放逸品，理所作品，尋覓品

129.～175.

（十七）Ogha-vaggo 瀑流品

176～184.（1～9）

185.（10）Uddhambhāgiyāni 上分結

四十九、Sammappadhāna-saṁyutta 正勤相應　0，1！！

（一）Gaṅgā-peyyāla-vaggo 恒河廣說品

1～12.（1～12）（Pācīnādisuttadvādasakaṁ）

（二）Appamāda-vaggo 不放逸品

13～22（1～10）

（三）Balakaraṇīya-vaggo 力所作品

23～34（1～12）（Balakaraṇīyādisuttadvādasakaṁ）

（四）Esanā-vaggo 尋覓品

35～44.（1～10）（Esanādisuttadasakaṁ）

（五）Ogha-vaggo 瀑流品

45～54.（1～10）（Oghādisuttadasakaṁ）

五十、Bala saṁyutta 力相應　0

（一）恒河廣說（遠離依止）、S.50.1. 第一

1.（1）

2～12.

（二）不放逸品（遠離依止）

13～22.（1～10）

（三）力〔所作〕品（遠離依止）

23～34.（1～12）

（四）尋覓品（遠離依止）

35～46.（1～12）

（五）瀑流品（遠離依止）

47～55.（1～9）

56.（10）上分結

（六）恒河廣說（貪欲調伏）

57.（1）

58～68.（2～12）

（七）不放逸品（貪欲調伏）

69～78.（1～10）

（八）Bala-vaggo 力品

79～90.（1～12）

（九）尋覓品（貪欲調伏）

91～100.（1～10）

（十）Ogha-vaggo 瀑流品

101～109.（1～9）

110. 第十 上分（結）

五十一、Iddhipāda-saṁyutta 神足相應　∞，÷，！！！

（一）Cāpāla-vaggo 遮婆羅品　∞，0

1. Apārā 此岸　∞
2. Viraddho 失　∞
3. Ariyā 聖　∞
4. Nibbidā 厭患　∞
5. Padesam 一分（Iddhipadesa）　∞
6. Samatta 全分　∞
7. Bhikkhū 比丘　∞
8. Buddha 佛　∞
9. Ñāṇa 智　∞
10. Cetiya 塔　000

（二）Pāsādakampana-vaggo（鹿母）殿震動品　∞！！，！！！

11. Pubbe 前　！！！
《增壹阿含 29.7 經》
12. Mahapphala 大果　00，↔^（上邊）
13. Chando 欲（Chandasamādhi）　∞
14. Moggallāno 目犍連　00
15. Brāhmaṇa 婆羅門（Uṇṇābhabrāhmaṇa）∞
《雜阿含 561 經》
16. Samaṇabrāhmaṇā 沙門，婆羅門（1）　↔^ii-Mahapphala 大果（上邊）
17. Samaṇabrāhmaṇā 沙門，婆羅門（2）　↔^i-Pubbe 前（上邊）
18. Bhikkhu 比丘　∞，↔^i-Pubbe 前（上邊）
19. Desanā 說示（Iddhādidesanā）　！，！！！

20. Vibhaṅga 分別 ∞！！，÷

（三）Ayoguḷa-vaggo 鐵丸品 0

21. Maggo 道 ÷！！！
22. Ayoguḷo 鐵丸 000
23. Bhikkhu 比丘 ↔ ii.viii（上邊）
24.（4）Suddhikaṁ 清淨
25. Phalā 果（1） ∞
26. Phalā 果（2） ！！！
27. Ānando 阿難（1） ↔ ii.ix Desanā 說示（Iddhādidesanā）（上邊）
28. Ānando 阿難（2） ↔（上邊）
29. bhikkhū 比丘（1） 0
30. bhikkhū 比丘（2） 0
31. Moggallāno 目犍連 0，↔ ii. 14. Moggallāno 目犍連
32. Tathāgato 如來

（四）Gaṅgāpeyyāla-vaggo 恒河廣說

33～44.（1～12）

（五）Appamāda-vaggo 不放逸品

45～54.（1～10）

（六）Balakaraṇīya-vaggo 力所作品

55～66.（1～12）

（七）Esanā-vaggo 尋覓品

67～76.（1～10）

（八）Ogha-vaggo 瀑流品（77～86）

77～86.（1～10）

五十二、Anuruddha-saṁyutta 阿那律相應 ！！！

（一）Rahogata-vaggo 獨一品 ∞！！！

1. Rahogata 獨一（1） ÷
《雜阿含 535 經》

2. Rahogata 獨一（2） ↔（上邊）
《雜阿含 536 經》
3. Sutanu 手成浴池 ∞
《雜阿含 537 經》，S.47.28.Loka（千）世界
4. Kaṇḍakī 坎它契（1） ↔ iii.iii.vi-Padesaṁ（有學：修四念處之）範圍
《雜阿含 542 經》
5. Kaṇḍakī 坎它契（2） ↔ iii.iii.vii-Samattaṁ（無學：修四念處之）全分
《雜阿含 543 經》
6. Kaṇḍakī 坎它契（3）
÷，↔ iii.iii.viii-28. Loko（具壽阿那律盡知千）世界，↔^iii Sutanu 手成浴池
《雜阿含 538 經》
7. Taṇhakkhaya 愛盡 ∞
8. Salaḷāgārasuttaṁ 松林精舍 ！，↔^恒河廣說
S.45.160.／V，53.；cf.《雜阿含 545 經》
9. Ambapālivana 庵婆婆梨園 ∞
10. Bāḷhagilāna 重患 ∞
《雜阿含 540、541 經》

（二）Dutiya-vaggo 第二品 00

11. Sahassa 千（Sahassabhikkhunisaṅgha）
12. Iddhi（1）神變（Iddhividha）
13. Iddhi（2）天耳界（Dibbasota）
14. Cetoparicca 心（Cetopariya）
15. Ṭhāna 處 ∞
16. Ṭhāna（2）處（Kammasamādāna） 0
17. Paṭipadā 道（Sabbatthagāmini） ！！！
18. Loka 世間（Nānādhātu 種種界） 0
19. Nānādhimutti 種種勝解 0
20. Indriyapaṁ 根（Indriyaparopariyatta） 0
21. Jhānam 靜慮（Jhānādi） ！！！
22. Vijjā 明（1）（Pubbenivāsa） 0

23. Vijjā 明（2）（Dibbacakkhu）　0

24. Vijjā 明（3）（Āsavakkhaya）　∞

五十三、Jhāna-saṁyutta 靜慮相應　！！！

（一）Gaṅgāpeyyāla-vaggo 恒河廣說（1～12）

1～12.（1～12）Paṭhamasuddhiyaṁ 初清淨

（二）Appamāda-vaggo 不放逸品

13～22.（1～10）

（三）Balakaraṇīya-vaggo 力所作品

23～34.（1～12）

（四）Esanā-vaggo 尋覓品

35～44.（1～10）

（五）Ogha-vaggo 瀑流品（45～54）

45～54.（1～10）

五十四、Ānāpāna-saṁyutta 入出息相應　∞，÷，！！！

（一）Ekadhamma-vaggo 一法品　∞！！！

1. Ekadhammo 一法　∞

《雜阿含 803 經》，一卷本《雜阿含 15 經》

2. Bojjhaṅgo 覺支　∞

《雜阿含 804 經》

3. Suddhikaṁ 清淨　↔ i. Ekadhammo 一法（上邊）

《雜阿含 804 經》

4. Phalā 果（1）　÷？

《雜阿含 804 經》

5. Phala 果（2）　÷！！！

《雜阿含 804 經》

6. Ariṭṭho 阿梨瑟吒

∞，≈ i-Ekadhammo 一法，ix-Vesālī 毘捨離，x-Kimbila 金毘羅（Kimila）

《雜阿含 805 經》

7. Kappino 罽賓那（Mahākappina） ∞
《雜阿含 806 經》
8. Dīpo 燈（Padīpopama） ÷！！！
《雜阿含 814 經》
9. Vesālī 毘捨離 ∞！，≈ i-Ekadhammo 一法
《雜阿含 809 經》
10. Kimbila 金毘羅（Kimila） ∞
《雜阿含 813 經》

（二）Dutiya-vaggo 第二品 ∞！！！

11. Icchānaṅgalaṁ 一奢能伽羅 ∞
《雜阿含 807～808 經》
12. Kaṅkheyyaṁ 盧夷強耆 ∞
《雜阿含 808 經》
13. Ānanda 阿難（1） ∞！！
《雜阿含 810 經》
14. Ānanda 阿難（2）
《雜阿含 810 經》
15. Bhikkhū 比丘（1）
《雜阿含 811～812 經》
16. Bhikkhū 比丘（2）
《雜阿含 811～812 經》
17. Saṁyojanaṁ 結（Saṁyojanappahāna）
18. Anusayaṁ 隨眠（Anusayasamugghāta）
19. Addhānaṁ 行路（Addhānapariññā）
20. Āsavakkhaya 漏盡 ∞，≈ i.iv-Phalā 果（1）

五十五、Sotāpatti-saṁyutta 預流相應 ∞！÷

（一）Veḷudvāra-vaggo 鞞紐多羅品 ∞，÷，！！！

1. Rāja 王（Cakkavattirāja） ÷
《雜阿含 835 經》
2. Ogadha 預流（Brahmacariyogadha） ∞

《雜阿含 1127 經》

3. Dīghāvu 長壽（Dīghāvu-upāsaka）　！÷

《雜阿含 1034 經》

4. Sāriputta 舍利弗（1）　！，≈ ii-Ogadha 預流（Brahmacariyogadha）

《雜阿含 844 經》

5. Sāriputta 舍利弗（2）　！，↔^（上邊）

《雜阿含 843 經》

6. Thapatayo 工匠（Thapati）　！

《雜阿含 860 經》

7. Veḷudvāreyyā 鞞紐多羅　！∞

《雜阿含 1044 經》

8. Giñjakāvasatha 繁耆迦精舍（1）　÷

《雜阿含 852 經》

9. Giñjakāvasatha 繁耆迦精舍（2）　÷，↔^（上邊）

《雜阿含 852 經》

10. Giñjakāvasatha 繁耆迦精舍（3）　÷，↔^（上邊）

《雜阿含 853 經》

（二）Rājakārāma-vaggo 千品（王園品）　！！！，÷

11. Sahassa 千（Sahassabhikkhunisaṅgha）

÷？，↔^i.ii-Ogadha 預流（Brahmacariyogadha）

12. Brāhmaṇā 婆羅門　！

《雜阿含 842 經》

13. Ānanda 阿難（Ānandatthera）

÷↔^i.ii-Ogadha 預流（Brahmacariyogadha）

14. Duggati 惡趣（1）（Duggatibhaya）　÷

15. Duggati 惡趣（2）（Duggatibhaya）　÷（上邊）

16. Mittāmaccā 朋友（1）

《雜阿含 836 經》，cf. S.56.26.

17. Mittāmaccā 朋友（2）　↔^（上邊），÷

《雜阿含 836 經》，cf. S.56.26.

18. Devacārika 天上遊行（1）　0

《雜阿含 1135 經》

19. Devacārika 天上遊行（2）　0，（上邊）

《雜阿含 1135 經》

20. Devacārika 天上遊行（3）　0，↔^（上邊）

《雜阿含 1135 經》

（三）Saraṇāni-vaggo 百手品　！！！

21. Mahānāma 摩訶男（1）　0÷

《雜阿含 930 經》，《別譯雜阿含 155 經》

22. Mahānāma 摩訶男（2）　0÷

《雜阿含 930 經》，《別譯雜阿含 155 經》

23. Godhā 沙陀（Godhasakka）　！！！

《雜阿含 935 經》，《別譯雜阿含 159 經》

24. Sarakāni 百手（1）（Saraṇānisakka）　！，！！！，00

《雜阿含 936 經》，《別譯雜阿含 160 經》

25. Sarakāni 百手（2）（Saraṇānisakka）　↔^（上邊）

26. Dussīlya 破戒（1）（Anāthapiṇḍika）　÷

27. Dussīlyaṁ 破戒（2）（Anāthapiṇḍika）　∞

《雜阿含 1031 經》

28. Duveraṁ 怨讎（Bhayaverūpasanta）　！∞，÷

《雜阿含 846 經》

29. Bhayaṁ 怖畏（Bhayaverūpasanta）　↔^（上邊）

《雜阿含 845 經》

30. Licchavi 離車（Nandakalicchavi）

！，÷，↔^i.ii-Ogadha 預流（Brahmacariyogadha）

《雜阿含 833 經》

（四）Puññābhisanda-vaggo 福德潤澤品　∞÷

31. Abhisanda 潤澤（1）（Puññābhisanda）　∞

《雜阿含 838 經》，cf.《雜阿含 1131 經》

32. Abhisanda 潤澤（2）（Puññābhisanda）　∞

《雜阿含 840 經》，cf.《雜阿含 1132～1133 經》

33. Abhisanda 潤澤（3）（Puññābhisanda） ∞
《雜阿含 1134 經》
34. Devapada 天道（1） ÷
《雜阿含 847 經》
35. Devapadaṁ 天道（2） ÷（上邊）
《雜阿含 847、850 經》
36. Devasabhāgaṁ 朋輩 ÷（上邊）
《雜阿含 1124 經》
37. Mahānāmo 摩訶男 ∞
《雜阿含 927 經》、《別譯雜阿含 152 經》
38. Vassaṁ 雨 ∞
A.3.93、A.4.147、A.10.61
39. Kāḷi 沙陀（Kāḷigodha） ∞
《雜阿含 1036 經》
40. Nandiya 難提（Nandiyasakka） ！∞
《雜阿含 855 經》

（五）Sagāthakapuññābhisanda-vaggo 有偈福德潤澤品 ↔^（上邊）

41. Abhisanda 潤澤（1）
《雜阿含 841 經》
42. Abhisanda 潤澤（2）
《雜阿含 841 經》
43. Abhisanda 潤澤（3）
44. Mahaddhana 大寶（1）
《雜阿含 834 經》
45. Mahaddhana 大寶（2）
《雜阿含 834 經》
46. Bhikkhū 比丘（Suddhaka）
《雜阿含 1126～1127 經》
47. Nandiya 難提
《雜阿含 856 經》
48. Bhaddiya 跋提

《雜阿含 1123 經》

49. Mahānāma 摩訶男

《雜阿含 928 經》，《別譯雜阿含 153 經》

50. Aṅga 支

《雜阿含 1125 經》

（六）Sappañña-vaggo 有慧品 ！÷

51. Sagāthakaṁ 有偈 ∞

52. Vassaṁvutthaṁ 雨安居 ！÷

53. Dhammadinna 達摩提那 ！∞

《雜阿含 1033 經》

54. Gilānaṁ 疾病 ÷

《雜阿含 1122 經》

55. Caturo phalā 果（1）（Sotāpattiphala）

《雜阿含 1125、1128～1129 經》

56. Caturo phalā 果（2）（Sakadāgāmiphala）

《雜阿含 1128 經》

57. Caturo phalā 果（3）（Anāgāmiphala）

《雜阿含 1128 經》

58. Caturo phalā 果（4）（Arahattaphala）

《雜阿含 1128 經》

59. Paṭilābho 獲得（慧）（Paññāpaṭilābha）

60. Vuddhi 增長（慧）（Paññāvuddhi）

61. Vepulla 廣大（慧）（Paññāvepulla）

（七）Mahāpañña-vaggo 大慧品

62. Mahā 大（慧）（Mahāpaññā）

63. Puthu 廣（慧）（Puthupaññā）

64. Vipula 廣大（慧）（Vipulapaññā）

65. Gambhīra 深（慧）（Gambhīrapaññā）

66. Appamatta 無等（慧）（Appamattapaññā）

67. Bhūri 宏慧（慧）（Bhūripaññā）

68. Bahulla 多多（慧）（Paññābāhulla）
69. Sīgha 迅（慧）（Sīghapaññā）
70. Lahu 輕（慧）（Lahupaññā）
71. Hāsa 捷（慧）（Hāsapaññā）
72. Javana 速（慧）（Javanapaññā）
73. Tikkha 利（慧）（Tikkhapaññā）
74. Nibbedhika 抉擇（慧）（Nibbedhikapaññā）

五十六、Sacca-saṁyutta 諦相應　∞！！÷

（一）Samādhi-vaggo 定品　∞

1. Samādhi 定　∞
《雜阿含 429 經》
2. Paṭisallāna 宴默　↔^（上邊）
《雜阿含 428 經》
3. Kulaputta 善男子（1）　∞
《雜阿含 393 經》
4. Kulaputta 善男子（2）　↔^（上邊）
《雜阿含 393 經》
5. Samaṇabrāhmaṇā 沙門婆羅門（1）　↔^iii（上邊）
《雜阿含 390～391 經》
6. Samaṇabrāhmaṇā 沙門婆羅門（2）　↔^iv（上邊）
《雜阿含 390～391 經》
7. Vitakkā 尋　！！
《雜阿含 409～410 經》
8. Cintā 思　！！
《雜阿含 408 經》
9. Viggāhikakathā 諍　！！
《雜阿含 412 經》
10. Kathā 論（Tiracchānakathā 畜生論）　！！
《雜阿含 411 經》

（二）轉法輪品　∞

11. Tathāgatena vatta 如來所說（1）（Dhammacakkappavattana 轉法輪經）
    ！！÷∞∞（非常重要）
    《雜阿含 379 經》，大正 No.109《佛說轉法輪經》、No.110《佛說三轉法輪經》，《律藏》.〈大品〉Vin. I，10-12，《四分律》卷 32（大正 22.788），《五分律》卷 15（大正 22.104）；《法蘊足論》（大正 26.479-482）經》，M.141.Saccavibhaṅgasuttaṁ 諦分別經
12. Tathāgatena vatta 如來所說（2）（Tathāgata）
    《雜阿含 379 經》，大正 No.109《佛說轉法輪經》、No.110《佛說三轉法輪經》，《律藏》.〈大品〉Vin. I，10-12，《四分律》卷 32（大正 22.788），《五分律》卷 15（大正 22.104）；《法蘊足論》（大正 26.479-482）經》，M.141 Saccavibhaṅgasuttaṁ 諦分別經
13. Khandha 蘊　∞！！
    《雜阿含 388 經》
14. Āyatana 處（Ajjhattikāyatana 內入處）　∞！！
    《雜阿含 388 經》
15. Dhāraṇa 受持（1）　！
    《雜阿含 416 經》
16. Dhāraṇa 受持（2）　↔^（上邊）
    《雜阿含 418、836 經》，S.55.26.
17. Avijjā 無明　∞
18. Vijjā 明（Avijjā）　∞
19. Saṅkāsanā 辯
20. Tathā 如
    《雜阿含 417 經》

（三）Koṭigāma-vaggo 拘利村品　！！！

21. Vijjā 跋耆（1）（Koṭigāma）　÷！！！0，≈ ii.vii-Avijjā 無明
    《雜阿含 392、403 經》，《增壹阿含 25.1 經》
22. Vijjā 跋耆（2）（Koṭigāma）　≈（上邊）
    《雜阿含 390、392 經》
23. Sammāsambuddho 正等覺者　↔^ii.i-Tathāgatena vatta 如來所說（1）

《雜阿含 402、393 經》

24. Arahaṁ 阿羅漢（Arahanta）

↔^i.v 沙門婆羅門（1）& i.vi 沙門婆羅門（2）

《雜阿含 402 經》

25. Āsavakkhayo 漏盡 ↔^ii.i-Tathāgatena vatta 如來所說（1）

《雜阿含 384 經》

26. Mittā 友 ∞！

cf.《雜阿含 836 經》，cf. S.55.16-17.

27. Tathā 如

《雜阿含 417 經》

28. Loko 世間 00

29. Pariññeyyam 應徧知

《雜阿含 382 經》，《雜阿含 427 經》

30. Gavampati 伽梵婆提 ∞

《雜阿含 383 經》

（四）Sīsapāvana-vaggo 申恕林品 ∞，÷，！！！

31. Siṁsapā 申恕林（Sīsapāvana） ！！！，！，≈.i.8 思，i.9 諍，i.10 論

《雜阿含 404 經》

32. Khadiro 佉提羅（Khadirapatta） ∞，↔^v.iv（44）-Kūṭāgāra 重閣

《雜阿含 397 經》

33. Daṇḍo 杖 000

《雜阿含 430～431 經》，S.15.9.

34. Cela 衣 ！

《雜阿含 400 經》

35. Sattisata 百槍 ÷！！！

《雜阿含 401 經》

36. Pāṇā 生類 ∞

《雜阿含 438 經》

37. Suriyupamā 日喻（1）（Sūriya） ↔^日輪廣說

《雜阿含 394、395 經》

38. Suriyupamā 日喻（2）（Sūriya） ∞

《雜阿含 394、395 經》

39. Indakhīlo 因陀羅柱 ∞

《雜阿含 398 經》

40. Vādino 論師（Vādatthika） ↔^（上邊）

《雜阿含 399 經》

（五）Papāta-vaggo 深嶮品 ∞÷！！！

41. Cintā 思惟（Lokacintā 世間思惟） ！！！，↔^i.viii-Cint①思

《雜阿含 407 經》

42. Papāto 深嶮 ∞！

《雜阿含 421 經》

43. Mahāpariḷāho 熱煩 ÷！！！

《雜阿含 422 經》

44. Kūṭāgāra 重閣 ∞，↔^iv.ii（32）-Khadiro 佉提羅（Khadirapatta）

《雜阿含 436～437 經》

45. Chiggaḷa 毛（Vāla） ∞！

《雜阿含 405 經》

46. Andhakāra 闇黑 ∞，↔^42.ii-Papāto 深嶮

《雜阿含 423～426 經》

47. Chiggaḷa 孔（1）（Chiggaḷayuga） ÷0

《雜阿含 406 經》

48. Chiggaḷa 孔（2）（Chiggaḷayuga） ∞

《雜阿含 406 經》

49. Sineru 須彌（1）（Sinerupabbatarāja）

∞，↔ vi.ix-Pabbatūpamā 山喻（1）

《雜阿含 439 經》

50. Sineru 須彌（2）（Sinerupabbatarāja）

∞，↔ vi.x-Pabbatūpamā 山喻（2）

《雜阿含 439 經》

（六）Abhisamaya-vaggo 現觀品 ！！！

51. Nakhasikho 爪尖

《雜阿含 442 經》
52. Pokkharaṇī 湖池
《雜阿含 440 經》
53. Saṁbhejja 合流（1）
《雜阿含 440 經》
54. Saṁbhejja 合流（2）
《雜阿含 440 經》
55. Pathavī 地（1）（Mahāpathavī）
《雜阿含 441 經》
56. Pathavī 地（2）（Mahāpathavī）
《雜阿含 441 經》
57. Samudda 海（1）（Mahāsamudda）
58. Samudda 海（2）（Mahāsamudda）
59. Pabbatūpamā 山喻（1）
60. Pabbatūpamā 山喻（2）

（七）Cakkapeyyāla-vaggo 輪廣說品 ÷！！！0

61. Aññatra 餘處 00
《雜阿含 442 經》，S.56.51.
62. Paccantaṁ 邊地 00
《雜阿含 442 經》，S.56.51.
63. Paññā 慧
《雜阿含 442 經》，S.56.51.
64. Surāmeraya 酒
《雜阿含 442 經》，S.56.51.
65. Odakā 水 00
《雜阿含 442 經》，S.56.51.
66. Matteyyā 母
《雜阿含 442 經》，S.56.51.
67. Petteyyā 父
《雜阿含 442 經》，S.56.51.
68. Sāmañña 沙門

《雜阿含 442 經》，S.56.51.

69. Brahmañña 婆羅門

《雜阿含 442 經》，S.56.51.

70. Pacāyika 尊重

《雜阿含 442 經》，S.56.51.

（八）Appaka-Viratam-vaggo 少離品　∞！！！

71. Pāṇā 生（Pāṇātipāta 殺生）

72. Adinnaṁ 予（Adinnādāna 不予）

73. Kāmesu 欲（Kāmesumicchācāra 邪淫行）

74. Musāvāda 妄語

75. Pesunaṁ 離間語（Pesuñña）

76. Pharusaṁ 麤惡語（Pharusavācā）

77. Samphappalāpaṁ 雜穢語

78. Bījaṁ 種子（Bījagāma）

79. Vikāle 非時（Vikālabhojana 非時食）

80. Gandhavilepanaṁ 薰香塗香

（九）Āmakadhaññapeyyāla-vaggo 生穀廣說品　∞

81. Naccaṁ 舞踊（Naccagīta 歌舞）

82. Sayanaṁ 床（Uccāsayana 高床）

83. Rajata 銀（Jātarūparajata 金銀）

84. Dhaññaṁ 穀（Āmakadhañña）

85. Maṁsaṁ 肉（Āmakamaṁsa）

86. Kumāriyaṁ 童女（Kumārika）

87. Dāsi 婢（Dāsidāsa）

88. Ajeḷakaṁ 山羊、羊

89. Kukkuṭasūkara 雞、豚

90. Hatthino 象（Hatthigavassa）

（十）多眾生品　∞！！！

91. Khetta 田（Khettavatthu 田事）

92. Kayavikkaya 賣買

93. Dūteyyaṁ 使
94. Tulākūṭaṁ 偽秤
95. Ukkoṭana 虛偽
96～101.（6～11）Vadha-ālopa-sāhasakāram 掠奪強盜

（十一）Gatiyo Pañcakā Vaggo 五趣品　00÷

102.（1）Pañcagati 五趣
103.（2）Pañcagati 五趣
104.（3）Pañcagati 五趣
105～107.（4～6）Pañcagati 五趣
108～110.（7～9）Pañcagati 五趣
111～113.（10～12）Pañcagati 五趣
114～116.（13～15）Pañcagati 五趣
117～119.（16～18）Pañcagati 五趣
120～122.（19～21）Pañcagati 五趣
123～125.（22～24）Pañcagati 五趣
126～128.（25～27）Pañcagati 五趣
129～130.（28～29）Pañcagati 五趣
131.（30）Pañcagati 五趣

致　謝

時光飛逝，轉眼間博士就要畢業了，在畢業論文完成之際，謹向所有關心和幫助我的老師、同學表示衷心的感謝和美好的祝福。

我首先要感謝我的博士導師段玉明教授。我作為外國留學生，又是一位出家人，生活習慣與大家有所不同，漢語基礎又很薄弱，承蒙段老師不棄，使我有幸成為段門弟子。段老師不僅在生活中給予我很多關心和幫助，使身在異國的我倍感溫暖，在學習上更是對我耐心指導，使我順利地完成各門功課的學習和畢業論文的寫作。特別是在畢業論文的寫作過程中，從論文選題、觀點提煉、提綱設計、結構安排到文字表達等方面，段老師都給予我全方位的悉心指導。由於我的中文表達能力有限，論文中錯字病句不勝枚舉，段老師費盡心思，花費很多時間和精力，逐字逐句地幫我修改，更讓我感動不已。在此，我向段老師表達最真摯的感謝：「感恩您段老師，您辛苦了！」同時也把最美好的祝福送給老師和家人。

在論文寫作過程中我還得到其他老師和同學的指導和幫助，在此也表達衷心的感謝。

鄧黃雪恒

2019 年 5 月於四川大學